언어이해 상위 1%
초고난도 언어이해
유일한 해결사
LEET 언어이해
이재빈

이재빈 언어이해의
" LEET 합격 공략 "

"이과와 문과를 모두 접해본 강사로서
근본력과 테크닉을 가지고
시험 준비하는 **고독한 길을 함께 갈 수 있는 동료**가 되겠습니다."

해커스로스쿨 LEET 언어이해 단과강의 10% 할인쿠폰

K0899A9F40C9C000

해커스로스쿨 사이트(lawschool.Hackers.com) 접속 후 로그인 ▶
우측 퀵메뉴 내 [쿠폰/수강권 등록] 클릭 ▶ 위 쿠폰번호 입력 후 이용

* 등록 후 7일간 사용 가능(ID당 1회에 한해 등록 가능)
* 3만원 미만 단과강의, 첨삭 포함 강의에는 사용 불가

해커스로스쿨 lawschool.Hackers.com

해커스 LEET
이재빈
언어이해
독해의 기초

이재빈

이력
- 서울대학교 경제학부 졸업
- (현) 해커스로스쿨 언어이해 교수
- (전) 예섬학원 고등수학 강사
- 2025학년도 LEET 언어이해 백분위 99.1
- 2022학년도 LEET 언어이해 백분위 99.1
- 대산대학문학상 수상

저서
- 해커스 LEET 이재빈 언어이해 기초(2024)
- 해커스 LEET 이재빈 언어이해 기본(2022)
- 해커스 LEET 이재빈 언어이해 심화(2022)

언어이해의
독해 전략 학습을 위한
필수 기초서!

LEET 언어이해는 단순히 사용하는 어휘나 문장의 길이 등의 측면뿐만이 아니라 지문이 담고 있는 인지적 사고의 깊이 면에서 매우 난도가 높은 시험입니다. 정규 교육과정을 학습하신 수험생이라고 하더라도, 대부분의 경우 LEET 언어이해 시험이 요구하는 인지적 사고 과정은 접해보지 않았을 경우가 많기 때문에, 미리 대비하지 않으면 LEET 언어이해가 요구하는 인지적 사고 과정을 현장에서 바로 해내기가 매우 어렵습니다. 2009년에 로스쿨 제도가 도입되면서 LEET 언어이해라는 시험에서 처음으로 요구하고 테스트하기 시작하였던 'LEET 인지적 사고 과정'은 최근에는 수능 국어와 PSAT 등 다양한 시험에서도 확대 적용되기 시작하여 많은 시험에서 공통적인 테스트 요소로 활용되고 있습니다.

LEET 언어이해와 최근 난도가 높아진 수능 국어는 본질적으로 개념을 고차원적으로 다루는 인지적 사고 단계를 요구하는 시험입니다. LEET 언어이해는 법학이라는 독자적인 특색을 지닌 학문을 학습할 수 있는지 평가하기 위하여 법학 전공 교수들이 출제위원이 되어 고안한 시험이기 때문에, 법학 학습 과정에서 요구하는 인지적 사고 단계들을 적용한 텍스트들을 독해할 능력을 평가합니다. 따라서 법학 학습에 필수적인 능력인 범주화 사고능력을 평가하기 위해 LEET 언어이해의 지문들은 최적화되어 구성되어 있습니다. LEET 언어이해 지문의 구성적 특성에 대한 메타적 이해가 선행되지 않으면, 잘못된 학습 방향에 시간 낭비를 하게 되어 여러분들이 꿈꾸는 목표로부터 멀어지는 발걸음을 걷게 될 수도 있습니다.

『해커스 LEET 이재빈 언어이해 독해의 기초』는 LEET 언어이해 지문에 요구되는 인지적 사고 능력을 체화하기 위한 8단계의 스킬들로 구성되어 있습니다. 각 스킬당 4개의 지문이 배치되어 있으며, 특히 법학 소재 지문을 4번째에 배치하여, LEET 언어이해 지문에서 공통적으로 나타나는 인지적 사고 단계가 어떻게 법학이라는 학문과 연결되어 있는지를 보여주고자 했습니다. 특히 스킬 2, 3, 4 순으로 이어지는 과정은 LEET 언어이해에서 가장 빈번히 등장하는 범주화 사고능력의 가장 기본적인 과정을 다루고 있기 때문에 면밀한 학습이 필요합니다. 스킬 5는 LEET 언어이해에서 고유하게 등장하는 '비판과 재반박 찾기 문제'를 해결하기 위해 요구되며, 스킬 6과 스킬 7은 LEET 언어이해의 지문 구조를 파악하기 위한 논리적 틀을 제공합니다. 마지막으로 스킬 8은 LEET 언어이해의 철학과 과학 제재에서 종종 나타나는 가설과 실험에 대한 접근 방법을 체계적으로 제시합니다.

향후 LEET 언어이해 기본 및 심화 과정에서는 LEET 언어이해 지문의 패턴과 제재를 중심으로 가장 실전적인 연습이 시작되기에 기초 단계에 해당하는 사고력 훈련을 접하게 될 기회가 많지 않습니다. 따라서 LEET 언어이해라는 시험을 처음 접하는 분들은 본격적인 학습에 들어서거나 기출 문제를 풀어 보시기 전에 기초 단계에 해당하는 본 교재로 LEET 언어이해 독해의 기초 체력을 충실히 다질 것을 권유드립니다.

앞으로도 여러분들이 LEET 언어이해라는 시험을 준비하는 데 있어, 가장 신뢰할 수 있고 가장 효율적인 학습 방법을 제시할 수 있는 강사가 되기 위해 최선을 다하겠습니다.
감사합니다.

이재빈

목차

언어이해 고득점을 위한 이 책의 활용법　6
기간별 맞춤 학습 플랜　8
언어이해 고득점 가이드　10

스킬 1 질문 던지기 　16
스킬 2 개념 획정 　30
스킬 3 포섭과 배제 　42
스킬 4 다중 분할 　54
스킬 5 숨은 전제 찾기 　66
스킬 6 모순과 역설 　78
스킬 7 정반합 　92
스킬 8 가설과 실험 설계 　106

정답 및 해설

언어이해 고득점을 위한 이 책의 활용법

1 최신 출제 경향을 파악하여 시험을 전략적으로 대비한다.

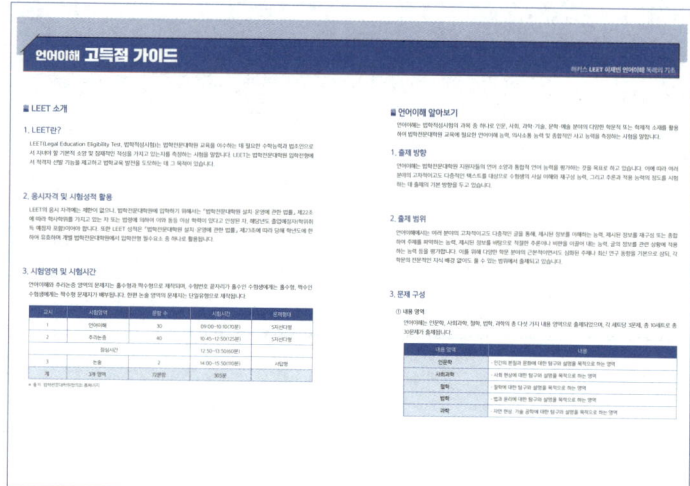

LEET 언어이해의 최신 출제 경향을 반영한 고득점 가이드

최신 기출문제를 포함한 역대 기출문제의 출제 경향을 학습하여 언어이해에 대한 이해를 높이고 효과적으로 LEET 언어이해를 대비할 수 있습니다.

2 기초 독해 스킬을 학습하여 독해력을 향상시킨다.

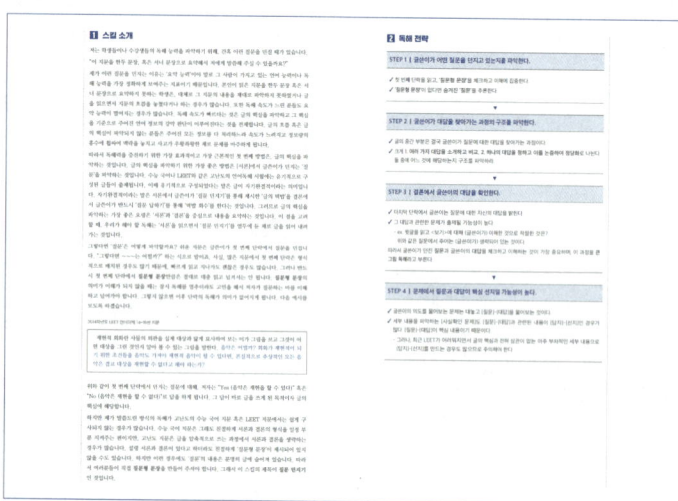

지문 완벽 이해를 위한 기초 독해 스킬

LEET 언어이해 지문에 특화된 8가지 기초 독해 스킬을 통해 문제풀이의 기본이 되는 독해력을 향상시킬 수 있습니다. 이를 통해 올바른 문제 접근 방법을 탄탄하게 익힐 수 있습니다.

③ 기출문제를 풀면서 실전 감각을 극대화한다.

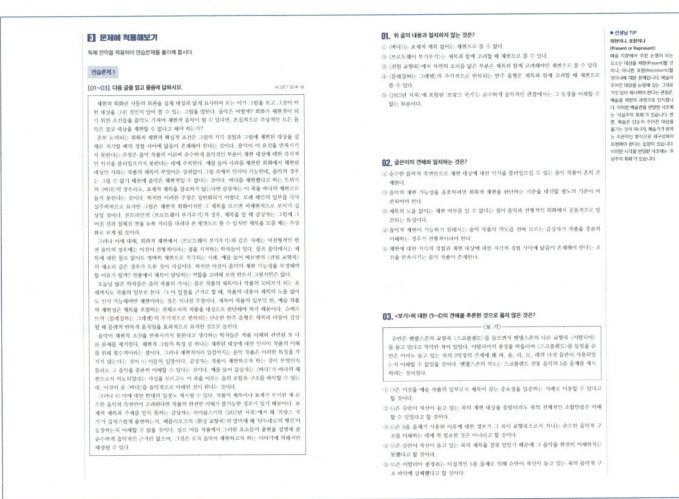

기초 독해 스킬을 적용하여 풀어보는 기출문제

언어이해 문제에 대한 기초 독해 스킬을 학습 후 관련 기출문제에 바로 적용해보면서 문제풀이 능력을 기를 수 있습니다.

④ 상세한 해설로 완벽하게 정리한다.

문제 접근법을 제시하는 지문 분석과 선택지 해설

- 지문 분석 및 접근법으로 기출문제의 출제 의도와 효과적인 풀이법을 명확하게 파악할 수 있습니다.
- 정답 및 오답의 이유가 상세하고 이해하기 쉽게 제시되어 있어 꼼꼼히 학습할 수 있습니다.

기간별 맞춤 학습 플랜

자신의 학습 기간에 맞는 학습 플랜을 선택하여 계획을 수립하고, 그 날에 해당하는 분량을 공부합니다.

2주 완성 학습 플랜

👍 단기간 집중하여 빠르게 기초를 쌓고 싶은 분에게 추천합니다.

	___월___일	___월___일	___월___일	___월___일	___월___일
1주차	스킬 1	스킬 2	스킬 3	스킬 4	스킬 5
2주차	___월___일	___월___일	___월___일	___월___일	___월___일
	스킬 6	스킬 7	스킬 8	스킬 1~4 복습	스킬 5~8 복습

4주 완성 학습 플랜

👍 충분히 시간을 들여 꼼꼼히 학습하고 싶은 분에게 추천합니다.

	___월___일	___월___일	___월___일	___월___일	___월___일
1주차	스킬 1 이론 & 연습문제 1~2	스킬 1 연습문제 3~4	스킬 2 이론 & 연습문제 1~2	스킬 2 연습문제 3~4	스킬 3 이론 & 연습문제 1~2
	___월___일	___월___일	___월___일	___월___일	___월___일
2주차	스킬 3 연습문제 3~4	스킬 4 이론 & 연습문제 1~2	스킬 4 연습문제 3~4	스킬 5 이론 & 연습문제 1~2	스킬 5 연습문제 3~4
	___월___일	___월___일	___월___일	___월___일	___월___일
3주차	스킬 6 이론 & 연습문제 1~2	스킬 6 연습문제 3~4	스킬 7 이론 & 연습문제 1~2	스킬 7 연습문제 3~4	스킬 8 이론 & 연습문제 1~2
	___월___일	___월___일	___월___일	___월___일	___월___일
4주차	스킬 8 연습문제 3~4	스킬 1~2 복습	스킬 3~4 복습	스킬 5~6 복습	스킬 7~8 복습

언어이해 고득점 가이드

■ LEET 소개

1. LEET란?

LEET(Legal Education Eligibility Test, 법학적성시험)는 법학전문대학원 교육을 이수하는 데 필요한 수학능력과 법조인으로서 지녀야 할 기본적 소양 및 잠재적인 적성을 가지고 있는지를 측정하는 시험을 말합니다. LEET는 법학전문대학원 입학전형에서 적격자 선발 기능을 제고하고 법학교육 발전을 도모하는 데 그 목적이 있습니다.

2. 응시자격 및 시험성적 활용

LEET의 응시 자격에는 제한이 없으나, 법학전문대학원에 입학하기 위해서는 「법학전문대학원 설치·운영에 관한 법률」 제22조에 따라 학사학위를 가지고 있는 자 또는 법령에 의하여 이와 동등 이상 학력이 있다고 인정된 자, 해당년도 졸업예정자(학위취득 예정자 포함)이어야 합니다. 또한 LEET 성적은 「법학전문대학원 설치·운영에 관한 법률」 제23조에 따라 당해 학년도에 한하여 유효하며 개별 법학전문대학원에서 입학전형 필수요소 중 하나로 활용됩니다.

3. 시험영역 및 시험시간

언어이해와 추리논증 영역의 문제지는 홀수형과 짝수형으로 제작되며, 수험번호 끝자리가 홀수인 수험생에게는 홀수형, 짝수인 수험생에게는 짝수형 문제지가 배부됩니다. 한편 논술 영역의 문제지는 단일유형으로 제작됩니다.

교시	시험영역	문항 수	시험시간	문제형태
1	언어이해	30	09:00~10:10(70분)	5지선다형
2	추리논증	40	10:45~12:50(125분)	5지선다형
점심시간			12:50~13:50(60분)	
3	논술	2	14:00~15:50(110분)	서답형
계	3개 영역	72문항	305분	

※ 출처: 법학전문대학원협의회 홈페이지

■ 언어이해 알아보기

언어이해는 법학적성시험의 과목 중 하나로 인문, 사회, 과학·기술, 문학·예술 분야의 다양한 학문적 또는 학제적 소재를 활용하여 법학전문대학원 교육에 필요한 언어이해 능력, 의사소통 능력 및 종합적인 사고 능력을 측정하는 시험을 말합니다.

1. 출제 방향

언어이해는 법학전문대학원 지원자들의 언어 소양과 통합적 언어 능력을 평가하는 것을 목표로 하고 있습니다. 이에 따라 여러 분야의 고차적이고도 다층적인 텍스트를 대상으로 수험생의 사실 이해와 재구성 능력, 그리고 추론과 적용 능력의 정도를 시험하는 데 출제의 기본 방향을 두고 있습니다.

2. 출제 범위

언어이해에서는 여러 분야의 고차적이고도 다층적인 글을 통해, 제시된 정보를 이해하는 능력, 제시된 정보를 재구성 또는 종합하여 주제를 파악하는 능력, 제시된 정보를 바탕으로 적절한 추론이나 비판을 이끌어 내는 능력, 글의 정보를 관련 상황에 적용하는 능력 등을 평가합니다. 이를 위해 다양한 학문 분야의 근본적이면서도 심화된 주제나 최신 연구 동향을 기본으로 삼되, 각 학문의 전문적인 지식 배경 없이도 풀 수 있는 범위에서 출제되고 있습니다.

3. 문제 구성

① 내용 영역

언어이해는 인문학, 사회과학, 철학, 법학, 과학의 총 다섯 가지 내용 영역으로 출제되었으며, 각 세트당 3문제, 총 10세트로 총 30문제가 출제됩니다.

내용 영역	내용
인문학	· 인간의 본질과 문화에 대한 탐구와 설명을 목적으로 하는 영역
사회과학	· 사회 현상에 대한 탐구와 설명을 목적으로 하는 영역
철학	· 철학에 대한 탐구와 설명을 목적으로 하는 영역
법학	· 법과 윤리에 대한 탐구와 설명을 목적으로 하는 영역
과학	· 자연 현상, 기술 공학에 대한 탐구와 설명을 목적으로 하는 영역

② 인지 활동 유형

언어이해는 지문에 따른 문제들을 인지 활동 유형에 따라 독해 능력을 균형 있게 평가하도록 출제됩니다. 언어이해에서 주로 출제되는 인지 활동 유형의 종류와 특징은 다음과 같습니다.

인지 활동 유형	내용
주제, 요지, 구조 파악	· 지문 전체 또는 부분의 주제, 중심 생각과 요지를 파악할 수 있는지 묻는 유형
의도, 관점, 입장 파악	· 글쓴이 또는 지문에 소개된 인물이 가진 의도, 관점, 입장, 태도를 파악할 수 있는지 묻는 유형
정보의 확인과 재구성	· 지문에 나타난 정보 및 정보의 관계를 정확히 파악하여 다른 표현으로 재구성할 수 있는지 묻는 유형
정보의 추론과 해석	· 지문에 제시된 정보를 바탕으로 새로운 정보를 추론할 수 있는지 묻는 유형
정보의 평가와 적용	· 지문에 제시된 논증이나 설명의 타당성을 평가하거나 지문에 소개된 원리를 새로운 사례나 상황에 적용할 수 있는지 묻는 유형

■ 최신 출제 경향

1. 난이도

LEET 언어이해는 법학전문대학원 입학에 필요한 언어적 적성을 평가한다는 시험의 목적상 여러 전공의 석사 논문을 수월하게 읽고 이해할 수 있는 능력을 요구하기 때문에 내용을 파악하는 데 상당한 시간을 소요하도록 지문과 문제가 구성됩니다. 특히 2019학년도부터 풀이 시간 70분, 30문제(총 10개 지문) 체제로 개편됨에 따라 난이도는 이전에 비해 매우 어려워졌고, 2021학년도와 2022학년도 시험에서는 전체 30문제 중 절반에 해당하는 15문제를 기준으로 평균 점수가 형성될 정도의 어려운 난이도로 출제되었습니다. 특히 2024학년도 시험에서는 역대 LEET 언어이해 시험 중 가장 낮은 개수의 평균이 형성될 정도로 고난도로 출제되었습니다. 다만, 2025학년도 시험에서는 최근 경향에 비해서는 다소 쉽게 출제되었으나, 여전히 국내에 존재하는 언어 관련 시험 중 가장 어려운 시험이라는 점에서는 변함이 없습니다.

2. 제재

최근 LEET 언어이해는 난이도와 일정한 비중을 정하여 다양한 제재가 출제되고 있습니다. LEET 언어이해에서 자주 출제되는 제재를 학문 영역, 세부 제재, 출제 비중, 난이도에 따라 분류하면 다음과 같습니다.

학문 영역	세부 제재	출제 비중	난이도
법학	법철학, 법제사학	2지문 출제	중~상
사회과학	경제학, 정치학	2지문 출제	중~상
인문학	역사학, 문학	2지문 출제	하~중
철학	근대철학, 현대철학	2지문 출제	하~중
과학	물리학, 생명과학, 데이터과학	2지문 출제	상

■ 대비 전략

① **언어이해 지문 독해에 요구되는 법학적 사고 능력을 훈련해야 합니다.**

LEET 언어이해의 시험 성적을 좌우하는 것은 타고난 독해력보다는 그 시험 지문의 구성적 특성에 대한 친숙도입니다. LEET 언어이해 지문은 수능 국어 비문학 지문보다 한 차원 더 높은 단계의 논리적 사고 능력을 요구합니다. 따라서 유사한 논리적 구성의 지문들을 연결하여 학습함으로써 LEET 언어이해가 요구하는 법학적 사고 능력을 학습하여야 합니다.

② **언어이해의 세밀한 정오 판단 기준을 가늠할 수 있는 논리력을 갖추어야 합니다.**

LEET 언어이해 시험을 접한 수험생들은 지문의 내용이 이해가 갔는데도 문제를 풀 수가 없었다고 토로하는 경우가 종종 있습니다. 이는 LEET 언어이해가 지문 자체의 난이도가 높을 뿐만 아니라 선지 구성의 난이도 또한 높기 때문입니다. 따라서 촘촘하고 세밀하게 구성된 LEET 언어이해 선지의 정오 판단을 수행할 수 있는 논리력을 학습하는 것이 필수적입니다.

③ **난이도가 쉬운 지문을 빠르고 정확하게 해결하는 연습을 해야 합니다.**

LEET 언어이해는 난이도가 매우 어렵게 출제되기 때문에 만점을 목표로 하기 어렵습니다. 또한 LEET 시험은 원점수를 기준으로 표준점수를 산정하는 상대평가이기 때문에 다른 수험생보다 많은 문제를 맞히는 것이 더욱 중요합니다. 따라서 고득점을 위해서는 쉬운 지문은 모두 맞힌다는 전략으로 빠르고 정확하게 해결하여 점수를 확보함과 동시에, 어려운 제재의 지문을 해결할 시간을 확보해야 합니다.

합격을 꿈꾼다면, 해커스로스쿨
lawschool.Hackers.com

해커스 LEET 이재빈 언어이해 독해의 기초

스킬 1
질문 던지기

1 스킬 소개

저는 학생들이나 수강생들의 독해 능력을 파악하기 위해, 간혹 이런 질문을 던질 때가 있습니다. "이 지문을 한두 문장, 혹은 서너 문장으로 요약해서 저에게 말씀해 주실 수 있을까요?"

제가 이런 질문을 던지는 이유는 '요약 능력'이야 말로 그 사람이 가지고 있는 언어 능력이나 독해 능력을 가장 정확하게 보여주는 지표이기 때문입니다. 본인이 읽은 지문을 한두 문장 혹은 서너 문장으로 요약하지 못하는 학생은, 대체로 그 지문의 내용을 제대로 파악하지 못하였거나 글을 읽으면서 지문의 흐름을 놓쳤다거나 하는 경우가 많습니다. 또한 독해 속도가 느린 분들도 요약 능력이 떨어지는 경우가 많습니다. 독해 속도가 빠르다는 것은 글의 핵심을 파악하고 그 핵심을 기준으로 주어진 언어 정보의 강약 판단이 이루어진다는 것을 전제합니다. 글의 흐름 혹은 글의 핵심이 파악되지 않는 분들은 주어진 모든 정보를 다 처리하느라 속도가 느려지고 정보량의 홍수에 휩싸여 맥락을 놓치고 사고가 우왕좌왕한 채로 문제를 마주하게 됩니다.

따라서 독해력을 증진하기 위한 가장 효과적이고 가장 근본적인 첫 번째 방법은, 글의 핵심을 파악하는 것입니다. 글의 핵심을 파악하기 위한 가장 좋은 방법은 [서론]에서 글쓴이가 던지는 '질문'을 파악하는 것입니다. 수능 국어나 LEET와 같은 고난도의 언어독해 시험에는 유기적으로 구성된 글들이 출제됩니다. 이때 유기적으로 구성되었다는 말은 글이 자기완결적이라는 의미입니다. 자기완결적이라는 말은 서론에서 글쓴이가 '질문 던지기'를 통해 제시한 '글의 떡밥'을 결론에서 글쓴이가 반드시 '질문 답하기'를 통해 '떡밥 회수'를 한다는 것입니다. 그러므로 글의 핵심을 파악하는 가장 좋은 요령은 '서론'과 '결론'을 중심으로 내용을 요약하는 것입니다. 이 점을 고려할 때, 우리가 해야 할 독해는 '서론'을 읽으면서 '질문 던지기'를 염두에 둔 채로 글을 읽어 내려가는 것입니다.

그렇다면 '질문'은 어떻게 파악할까요? 쉬운 지문은 글쓴이가 첫 번째 단락에서 질문을 던집니다. "그렇다면 ~~~는 어떨까?" 하는 식으로 말이죠. 사실, 많은 지문에서 첫 번째 단락은 형식적으로 배치된 경우도 많기 때문에, 빠르게 읽고 지나가도 괜찮은 경우도 많습니다. 그러나 반드시 첫 번째 단락에서 **질문형 문장**만큼은 절대로 대충 읽고 넘겨서는 안 됩니다. **질문형 문장**의 의미가 이해가 되지 않을 때는 잠시 독해를 멈추더라도 고민을 해서 저자가 질문하는 바를 이해하고 넘어가야 합니다. 그렇지 않으면 이후 단락의 독해가 의미가 없어지게 됩니다. 다음 예시를 보도록 하겠습니다.

2014학년도 LEET 언어이해 14~16번 지문

> 재현적 회화란 사물의 외관을 실제 대상과 닮게 묘사하여 보는 이가 그림을 보고 그것이 어떤 대상을 그린 것인지 알아 볼 수 있는 그림을 말한다. 음악은 어떨까? 회화가 재현적이 되기 위한 조건들을 음악도 가져야 재현적 음악이 될 수 있다면, 본질적으로 추상적인 모든 음악은 결코 대상을 재현할 수 없다고 해야 하는가?

위와 같이 첫 번째 단락에서 던지는 질문에 대해, 저자는 "Yes (음악은 재현을 할 수 있다)" 혹은 "No (음악은 재현을 할 수 없다)"로 답을 하게 됩니다. 그 답이 바로 글을 쓰게 된 목적이자 글의 핵심에 해당합니다.

하지만 제가 말씀드린 방식의 독해가 고난도의 수능 국어 지문 혹은 LEET 지문에서는 쉽게 구사되지 않는 경우가 많습니다. 수능 국어 지문은 그래도 친절하게 서론과 결론의 형식을 일정 부분 지켜주는 편이지만, 고난도 지문은 글을 압축적으로 쓰는 과정에서 서론과 결론을 생략하는 경우가 많습니다. 설령 서론과 결론이 있다고 하더라도 친절하게 '질문형 문장'이 제시되어 있지 않을 수도 있습니다. 하지만 이런 경우에도 '질문'의 내용은 분명히 글에 숨어져 있습니다. 따라서 여러분들이 직접 **질문형 문장**을 만들어 주셔야 합니다. 그래서 이 스킬의 제목이 **질문 던지기**인 것입니다.

2024학년도 수능 국어 8~11번 지문

> 데이터를 처리할 때 데이터와 정확성은 매우 중요하다. 그런데 데이터에 결측치와 이상치가 포함되면 데이터의 특징을 제대로 나타내기 어렵다.

위 단락은 2024학년도 수능 국어 지문의 첫 번째 단락(서론 단락)을 가져온 것입니다. 이처럼 서론에 **질문형 문장**이 없을 때는 다음과 같이 직접 만들어 주면 됩니다.

2024학년도 수능 국어 8~11번 지문

> 데이터를 처리할 때 데이터와 정확성은 매우 중요하다. 그런데 데이터에 결측치와 이상치가 포함되면 데이터의 특징을 제대로 나타내기 어렵다. 그렇다면 왜 결측치와 이상치가 포함되면 데이터의 특징을 제대로 나타내기 어려운 것일까? (WHY) 또 이러한 경우에는 어떻게 데이터의 특징을 제대로 나타낼 수 있을까? (HOW)

이처럼 첫 번째 단락이 **질문**이라면, 지문의 마지막 단락은 **질문에 대한 글쓴이의 대답**입니다. 대표적으로 이런 식입니다. 첫 번째 단락에서 질문을 던지고, 그 질문에 대한 가능한 답안을 A, B, C를 소개합니다. 지문을 다 읽고 나서 세부적인 정보들이 전부 기억이 나지 않아서 문제를 풀면서 다시 지문에 돌아간다고 하더라도, 반드시 글쓴이가 어떤 질문을 던졌고 그 질문에 대해서 어떤 대답을 했는지만큼은 반드시 머리에 남아야 합니다.

저는 이 과정을 **큰 그림 독해** 혹은 **(나무가 아닌) 숲을 보는 독해**라고 부릅니다.

큰 그림 독해(= 숲을 보는 독해)란?
글쓴이가 던진 "질문"과 글쓴이가 택한 "대답"을 읽고 기억하는 것

질문 던지기와 **큰 그림 독해**는 지문을 독해하는 과정 뿐만 아니라 선지를 판단하는 과정에도 영향을 미칩니다. 출제자는 의식적으로나 무의식적으로나 자신이 지문에서 가장 중요하다고 생각하는 핵심 내용을 '사실 확인 문제'의 킬러 선지 혹은 정답 선지로 내는 경우가 많습니다. LEET는 최근 난이도가 어려워지면서 '사실 확인 문제'의 정답 선지가 매우 사소하고 핵심에서 벗어난 내용인 경우도 많으나, 쉬운 지문에서는 여전히 이러한 출제 원리들이 반영되는 경우가 많습니다. 다음 예시는 제가 2023년 6월 모의평가 '이중차분법' 지문에서 처음 두 단락만을 가져온 것입니다.

2023년 6월 모의평가 국어 14~17번 지문

> 경제학에서는 증거에 근거한 정책 논의를 위해 사건의 효과를 평가해야 할 경우가 많다. 어떤 사건의 효과를 평가한다는 것은 사건 후의 결과와 사건이 없었을 경우에 나타났을 결과를 비교하는 일이다. 그런데 가상의 결과는 관측할 수 없으므로 실제로는 사건을 경험한 표본들로 구성된 시행집단의 결과와, 사건을 경험하지 않은 표본들로 구성된 비교집단의 결과를 비교하여 사건의 효과를 평가한다. 따라서 이 작업의 관건은 그 사건 외에는 결과에 차이가 날 이유가 없는 두 집단을 구성하는 일이다. 가령 어떤 사건이 임금에 미친 효과를 평가할 때, 그 사건이 없었다면 시행집단과 비교집단의 평균 임금은 같을 수밖에 없도록 두 집단을 구성하는 것이다. 이를 위해서는 두 집단에 표본이 임의로 배정되도록 사건을 설계하는 실험적 방법이 이상적이다. 그러나 사람을 표본으로 하거나 사회 문제를 다룰 때에는 이 방법을 적용할 수 없는 경우가 많다.

이중차분법은 시행집단에서 일어난 변화에서 비교집단에서 일어난 변화를 뺀 값을 사건의 효과라고 평가하는 방법이다. 이는 사건이 없었더라도 비교집단에서 일어난 변화와 같은 크기의 변화가 시행집단에서도 일어났을 것이라는 평행추세 가정에 근거해 사건의 효과를 평가한 것이다. 이 가정이 충족되면 사건 전의 상태가 평균적으로 같도록 두 집단을 구성하지 않아도 된다.

윗글에 대한 이해로 적절하지 않은 것은?

① 실험적 방법에서는 시행집단에서 일어난 평균 임금의 사건 전후 변화를 어떤 사건이 임금에 미친 효과라고 평가한다.

② 사람을 표본으로 하거나 사회 문제를 다룰 때에도 실험적 방법을 적용하는 경우가 있다.

③ 평행추세 가정에서는 특정 사건 이외에는 두 집단의 변화에 차이가 날 이유가 없다고 전제한다.

④ 스노의 연구에서 시행집단과 비교집단의 콜레라 사망률은 사건 후뿐만 아니라 사건 전에도 차이가 있었을 수 있다.

⑤ 스노는 수원이 바뀐 주민들과 바뀌지 않은 주민들 사이에 공기의 차이는 없다고 보았을 것이다.

보시는 것처럼, 처음 두 단락에 지문의 핵심이 전부 들어가 있습니다. 지문의 핵심은 "이중차분법을 사용하는 실험적 방법에서는 사건 전후 변화를 사건이 미친 효과라고 가정(평행 추세 가정)하지 않는다." 이를 거짓으로 만든 선지가 사실 확인 문제의 정답으로 곧바로 출제되었습니다. 이는 출제자가 지문에서 가장 중요한 요소를 선지에 출제한 결과입니다.

> **핵심 한 줄 요약**
>
> **큰 그림 독해란?**
> 글쓴이가 던진 '질문'과 글쓴이가 택한 '대답'을 읽고 기억하는 것

2 독해 전략

STEP 1 | 글쓴이가 어떤 질문을 던지고 있는지를 파악한다.

✓ 첫 번째 단락을 읽고, '질문형 문장'을 체크하고 이해에 집중한다.
✓ '질문형 문장'이 없다면 숨겨진 '질문'을 추론한다.

STEP 2 | 글쓴이가 대답을 찾아가는 과정의 구조를 파악한다.

✓ 글의 중간 부분은 결국 글쓴이가 질문에 대한 대답을 찾아가는 과정이다.
✓ 크게 1. 여러 가지 대답을 소개하고 비교, 2. 하나의 대답을 정하고 이를 논증하여 정당화로 나뉜다. 둘 중에 어느 것에 해당하는지 구조를 파악하라.

STEP 3 | 결론에서 글쓴이의 대답을 확인한다.

✓ 마지막 단락에서 글쓴이는 질문에 대한 자신의 대답을 밝힌다.
✓ 그 대답과 관련한 문제가 출제될 가능성이 높다.
  - ex. 윗글을 읽고 <보기>에 대해 (글쓴이가) 이해한 것으로 적절한 것은?
    위와 같은 질문에서 주어는 (글쓴이가) 생략되어 있는 것이다.
따라서 글쓴이가 던진 **질문**과 글쓴이의 **대답**을 체크하고 이해하는 것이 가장 중요하며, 이 과정을 **큰 그림 독해**라고 부른다.

STEP 4 | 문제에서 질문과 대답이 핵심 선지일 가능성이 높다.

✓ 글쓴이의 의도를 물어보는 문제는 대놓고 [질문]-[대답]을 물어보는 것이다.
✓ 세부 내용을 파악하는 [사실확인 문제]도 [질문]-[대답]과 관련된 내용이 [답지]-[선지]인 경우가 많다. [질문]-[대답]이 핵심 내용이기 때문이다.
  - 그러나, 최근 LEET가 어려워지면서 글의 핵심과 전혀 상관이 없는 아주 부차적인 세부 내용으로 [답지]-[선지]를 만드는 경우도 많으므로 주의해야 한다.

3 문제에 적용해보기

독해 전략을 적용하여 연습문제를 풀이해 봅시다.

연습문제 1

[01~03] 다음 글을 읽고 물음에 답하시오.

14 LEET 문14~16

재현적 회화란 사물의 외관을 실제 대상과 닮게 묘사하여 보는 이가 그림을 보고 그것이 어떤 대상을 그린 것인지 알아 볼 수 있는 그림을 말한다. 음악은 어떨까? 회화가 재현적이 되기 위한 조건들을 음악도 가져야 재현적 음악이 될 수 있다면, 본질적으로 추상적인 모든 음악은 결코 대상을 재현할 수 없다고 해야 하는가?

흔히 논의되는 회화적 재현의 핵심적 조건은 그림의 지각 경험과 그림에 재현된 대상을 실제로 지각할 때의 경험 사이에 닮음이 존재해야 한다는 것이다. 음악이 이 요건을 만족시키지 못한다는 주장은 음악 작품의 이른바 순수하게 음악적인 부분이 재현 대상에 대한 즉각적인 인식을 불러일으키지 못한다는 데에 주목한다. 예를 들어 사과를 재현한 회화에서 재현된 대상인 사과는 작품의 제목이 무엇이든 상관없이 그림 속에서 인식이 가능한데, 음악의 경우는 그럴 수 없기 때문에 음악은 재현적일 수 없다는 것이다. 바다를 재현했다고 하는 드뷔시의 〈바다〉의 경우라도, 표제적 제목을 참조하지 않는다면 감상자는 이 곡을 바다의 재현으로 듣지 못한다는 것이다. 하지만 이러한 주장은 일반화되기 어렵다. 모래 해안의 일부를 극사실주의적으로 묘사한 그림은 재현적 회화이지만 그 제목을 모르면 비재현적으로 보이기 십상일 것이다. 몬드리안의 〈브로드웨이 부기우기〉의 경우, 제목을 알 때 감상자는 그림에 그어진 선과 칠해진 면을 뉴욕 거리를 내려다 본 평면도로 볼 수 있지만 제목을 모를 때는 추상화로 보게 될 것이다.

그러나 이에 대해, 회화적 재현에서 〈브로드웨이 부기우기〉와 같은 사례는 비전형적인 반면 음악의 경우에는 이것이 전형적이라는 점을 지적하는 학자들이 있다. 물론 음악에서는 제목에 대한 참조 없이도 명백히 재현으로 지각되는 사례, 예를 들어 베토벤의 〈전원 교향곡〉의 새소리 같은 경우가 드문 것이 사실이다. 하지만 이것이 음악의 재현 가능성을 부정해야 할 이유가 될까? 작품에서 제목이 담당하는 역할을 고려해 보면 반드시 그렇지만은 않다.

오늘날 많은 학자들은 음악 작품의 가사는 물론 작품의 제목이나 작품의 모티브가 되는 표제까지도 작품의 일부로 본다. ㉠이 입장을 근거로 할 때, 작품의 내용이 제목의 도움 없이도 인식 가능해야만 재현이라는 것은 지나친 주장이다. 제목이 작품의 일부인 한, 예술 작품의 재현성은 제목을 포함하는 전체로서의 작품을 대상으로 판단해야 하기 때문이다. 슈베르트의 〈물레질하는 그레첸〉의 주기적으로 반복되는 단순한 반주 음형은 제목과 더불어 감상될 때 물레의 반복적 움직임을 효과적으로 묘사한 것으로 들린다.

음악이 재현의 조건을 만족시키지 못한다고 생각하는 학자들은 작품 이해와 관련된 또 다른 문제를 제기한다. 재현적 그림의 특징 중 하나는 재현된 대상에 대한 인식이 작품의 이해를 위해 필수적이라는 점이다. 그러나 재현적이라 일컬어지는 음악 작품은 이러한 특징을 가지지 않는다는 것이 ㉡이들의 입장이다. 감상자는 작품이 재현하고자 하는 것이 무엇인지 몰라도 그 음악을 충분히 이해할 수 있다는 것이다. 예를 들어 감상자는 〈바다〉가 바다의 재현으로서 의도되었다는 사실을 모르고도 이 곡을 이루는 음의 조합과 구조를 파악할 수 있는데, 이것이 곧 〈바다〉를 음악적으로 이해한 것이 된다는 것이다.

그러나 ㉢이에 대한 반대의 입장도 제시될 수 있다. 작품의 제목이나 표제가 무시된 채 순수한 음악적 측면만이 고려된다면 작품의 완전한 이해가 불가능한 경우가 있기 때문이다. 표제적 제목과 주제를 알지 못하는 감상자는 차이콥스키의 〈1812년 서곡〉에서 왜 '프랑스 국가'가 갑작스럽게 출현하는지, 베를리오즈의 〈환상 교향곡〉의 말미에 왜 '단두대로의 행진'이 등장하는지 이해할 수 없을 것이다. 실로 이들 작품에서 그러한 요소들의 출현을 설명해 줄 순수하게 음악적인 근거란 없으며, 그것은 오직 음악이 재현하고자 하는 이야기에 의해서만 해명될 수 있다.

01. 위 글의 내용과 일치하지 않는 것은?

① 〈바다〉는 표제적 제목 없이는 재현으로 볼 수 없다.
② 〈브로드웨이 부기우기〉는 제목과 함께 고려할 때 재현으로 볼 수 있다.
③ 〈전원 교향곡〉에서 자연의 소리를 닮은 부분은 제목과 함께 고려해야만 재현으로 볼 수 있다.
④ 〈물레질하는 그레첸〉의 주기적으로 반복되는 반주 음형은 제목과 함께 고려할 때 재현으로 볼 수 있다.
⑤ 〈1812년 서곡〉에 포함된 '프랑스 국가'는 순수하게 음악적인 관점에서는 그 등장을 이해할 수 없는 부분이다.

★ 선생님 TIP
재현이냐, 표현이냐
(Present or Represent)
예술 지문에서 주된 논쟁이 되는 요소는 대상을 재현(Present)할 것이냐, 아니면 표현(Represent)할 것이냐에 대한 문제입니다. 예술이 주어진 대상을 눈앞에 있는 그대로 거짓 없이 제시해야 한다는 관점은, 예술을 재현의 과정으로 인지합니다. 이러한 예술관을 반영한 사조에는 '사실주의 회화'가 있습니다. 반면, 예술은 단순히 주어진 대상을 옮기는 것이 아니라, 예술가가 원하는 주관적인 방식으로 재구성하여 표현해야 한다는 입장이 있습니다. 이러한 시각을 반영한 사조에는 '추상주의 회화'가 있습니다.

02. 글쓴이의 견해와 일치하는 것은?

① 순수한 음악적 측면만으로 재현 대상에 대한 인식을 불러일으킬 수 있는 음악 작품이 흔히 존재한다.
② 음악의 재현 가능성을 옹호하려면 회화적 재현을 판단하는 기준을 대신할 별도의 기준이 마련되어야 한다.
③ 제목의 도움 없이는 재현 여부를 알 수 없다는 점이 음악과 전형적인 회화에서 공통적으로 발견되는 특성이다.
④ 음악적 재현이 가능하기 위해서는 음악 작품의 의도를 전혀 모르는 감상자가 작품을 충분히 이해하는 경우가 전형적이라야 한다.
⑤ 재현에 대한 지각적 경험과 재현 대상에 대한 지각적 경험 사이에 닮음이 존재해야 한다는 조건을 만족시키는 음악 작품이 존재한다.

03. <보기>에 대한 ㉠~㉢의 견해를 추론한 것으로 옳지 않은 것은?

─〈보 기〉─

슈만은 멘델스존의 교향곡 〈스코틀랜드〉를 들으면서 멘델스존의 다른 교향곡 〈이탈리아〉를 듣고 있다고 착각한 적이 있었다. 이탈리아의 풍경을 떠올리며 〈스코틀랜드〉를 들었을 슈만은 아마도 듣고 있는 곡의 2악장의 주제에 왜 파, 솔, 라, 도, 레의 다섯 음만이 사용되었는지 이해할 수 없었을 것이다. 멘델스존의 의도는 스코틀랜드 전통 음악의 5음 음계를 제시하려는 것이었다.

① ㉠은 이것을 예술 작품의 일부로서 제목이 갖는 중요성을 입증하는 사례로 이용할 수 있다고 할 것이다.
② ㉡은 슈만이 자신이 듣고 있는 곡의 재현 대상을 몰랐더라도 곡의 전체적인 조합만큼은 이해할 수 있었다고 할 것이다.
③ ㉡은 5음 음계가 사용된 이유에 대한 정보가 그 곡이 교향곡으로서 지니는 순수한 음악적 구조를 이해하는 데에 꼭 필요한 것은 아니라고 할 것이다.
④ ㉢은 슈만이 자신이 듣고 있는 곡의 제목을 잘못 알았기 때문에 그 음악을 완전히 이해하지는 못했다고 할 것이다.
⑤ ㉢은 이탈리아 풍경과는 이질적인 5음 음계로 인해 슈만이 자신이 듣고 있는 곡의 음악적 구조 파악에 실패했다고 할 것이다.

연습문제 2

[04~06] 다음 글을 읽고 물음에 답하시오.

16 LEET 문23~25

건초 더미를 가득 싣고 졸졸 흐르는 개울물을 건너는 마차, 수확을 앞둔 밀밭 사이로 양 떼를 몰고 가는 양치기 소년과 개, 이른 아침 농가의 이층 창밖으로 펼쳐진 청록의 들녘 등, 이런 평범한 시골 풍경을 그린 컨스터블(1776~1837)은 오늘날 영국인들에게 사랑을 받는 영국의 국민 화가이다. 현대인들은 그의 풍경화를 통해 영국의 전형적인 농촌 풍경을 떠올리지만, 사실 컨스터블이 활동하던 19세기 초반까지 이와 같은 소재는 풍경화의 묘사 대상이 아니었다. ㉠ 그렇다면 평범한 농촌의 일상 정경을 그린 컨스터블은 왜 영국의 국민 화가가 되었을까?

컨스터블의 그림은 당시 풍경화의 주요 구매자였던 영국 귀족의 취향에서 어긋나 그다지 인기를 끌지 못했다. 당시 유행하던 픽처레스크 풍경화는 도식적이고 이상화된 풍경 묘사에 치중했지만, 컨스터블의 그림은 평범한 시골의 전원 풍경을 사실적으로 묘사한 것처럼 보인다. 이 때문에 그의 풍경화는 자연에 대한 과학적이고 객관적인 관찰을 바탕으로, 아무도 눈여겨보지 않았던 평범한 농촌의 아름다운 풍경을 포착하여 표현해 낸 결과물로 여겨져 왔다. 객관적 관찰과 사실적 묘사를 중시하는 관점에서 보면 컨스터블은 당대 유행하던 화풍과 타협하지 않고 독창적인 화풍을 추구한 화가이다.

그러나 1980년대에 들어서면서 이와 같은 관점에 대해 의문을 제기하는 ⓐ 비판적 해석이 등장한다. 새로운 해석은 작품이 제작될 당시의 구체적인 사회적 상황을 중시하며 작품에서 지배 계급의 왜곡된 이데올로기를 읽어내는 데 중점을 둔다. 이 해석에 따르면 컨스터블의 풍경화는 당시 농촌의 모습을 있는 그대로 전달해 주지 않는다. 사실 컨스터블이 활동하던 19세기 전반 영국은 산업혁명과 더불어 도시화가 급속히 진행되어 전통적 농촌 사회가 와해되면서 농민 봉기가 급증하였다. 그런데 그의 풍경화에 등장하는 인물들은 거의 예외 없이 원경으로 포착되어 얼굴이나 표정을 알아보기 어렵다. 시골에서 나고 자라 복잡한 농기구까지 세밀하게 그릴 줄 알았던 컨스터블이 있는 그대로의 자연을 포착하려 했다면 왜 농민들의 모습은 구체적으로 표현하지 않았을까? 이는 풍경의 관찰자인 컨스터블과 풍경 속 인물들 간에는 항상 일정한 심리적 거리가 유지되고 있기 때문이다. 수정주의 미술사학자들은 컨스터블의 풍경화에 나타나는 인물과 풍경의 불편한 동거는 바로 이러한 거리 두기에서 비롯된다고 주장하면서, 이 거리는 계급 간의 거리라고 해석한다. 지주의 아들이었던 그는 19세기 전반 영국 농촌 사회의 불안한 모습을 애써 외면했고, 그 결과 농민들은 적당히 화면에서 떨어져 있도록 배치하여 결코 그들의 일그러지고 힘든 얼굴을 볼 수 없게 하였다는 것이다.

여기서 우리는 위의 두 견해가 암암리에 공유하는 기본 전제에 주목할 필요가 있다. 두 견해는 모두 작품이 가진 의미의 생산자를 작가로 보고 있다. 유행을 거부하고 남들이 보지 못한 평범한 농촌의 아름다움을 발견한 '천재' 컨스터블이나 지주 계급 출신으로 불안한 농촌 현실을 직시하지 않으려 한 '반동적' 컨스터블은 결국 동일한 인물로서 작품의 제작자이자 의미의 궁극적 생산자로 간주된다. 그러나 생산자가 있으면 소비자가 있게 마련이다. 기존의 견해는 소비자의 역할에 주목하지 않았다. 하지만 ㉡ 소비자는 생산자가 만들어낸 작품을 수동적으로 수용하는 존재가 아니다. 미술 작품을 포함한 문화적 텍스트의 의미는 그 텍스트를 만들어 낸 생산자나 텍스트 자체에 내재하는 것이 아니라 텍스트를 수용하는 소비자와의 상호 작용에 의해 결정된다. 다시 말해 수용자는 이해와 수용의 과정을 통해 특정 작품의 의미를 끊임없이 재생산하는 능동적 존재인 것이다. 따라서 앞에서 언급한 해석들은 컨스터블 풍경화가 함축한 의미의 일부만 드러낸 것이고 나머지 의미는 그것을 바라보는 감상자의 경험과 기대가 투사되어 채워지는 것이라고 할 수 있다. 즉 컨스터블의 풍경화가 지니는 가치는 풍경화 그 자체가 아니라 감상자의 의미 부여에 의해 완성되는 것이다. 이런 관점에서 보면 컨스터블의 풍경화에 담긴 풍경이 실재와 얼마나 일치하는가는 크게 문제가 되지 않는다.

04. 컨스터블의 풍경화에 대한 설명으로 적절한 것은?

① 목가적인 전원을 그려 당대에 그에게 큰 명성을 안겨 주었다.
② 사실적 화풍으로 제작되어 당시 영국 귀족들에게 선호되지 못했다.
③ 서정적인 농촌 정경을 담고 있는 전형적인 픽처레스크 풍경화이다.
④ 세부 묘사가 결여되어 있어 그가 인물 표현에는 재능이 없었음을 보여준다.
⑤ 객관적 관찰에 기초하여 19세기 전반 영국 농촌의 현실을 가감 없이 그려 냈다.

05. ⓒ을 바탕으로 ㉠에 대해 답한 내용으로 가장 적절한 것은?

① 현대 영국인들은 컨스터블의 풍경화에 담긴 농민의 구체적인 삶에 대해 연대감을 느꼈기 때문이다.
② 컨스터블이 풍경화를 통해 당대의 농촌 현실을 비판적으로 그려 내려 했던 의도에 공감했기 때문이다.
③ 컨스터블의 풍경화는 화가가 인물과 풍경에 대해 심리적 거리를 제거하여 고향의 모습을 담아냈기 때문이다.
④ 컨스터블의 풍경화에 나타난 재현의 기법이 현대 풍경화의 기법과는 달리 감상자가 이해하기 쉽기 때문이다.
⑤ 고향에 대한 향수를 지닌 도시인들이 컨스터블의 풍경화에서 자신이 마음속에 그리는 고향의 모습을 발견했기 때문이다.

06. ⓐ의 시각에 따른 작품 해석과 가장 가까운 것은?

① 시민들의 희생을 추도할 목적으로 제작된 것으로 알려진 로댕의 조각 〈칼레의 시민〉은 인간의 내면적 고뇌를 독창적으로 표현하려는 작가 정신의 소산이다.
② 원시에의 충동을 잘 표현한 것으로 알려진 고갱의 그림 〈타히티의 여인〉은 그 밑바탕에 비서구 식민지에 대한 서구인의 우월적 시각이 자리 잡고 있다.
③ 바로크 양식을 충실하게 구현하였다고 알려진 렌의 〈세인트 폴 대성당〉 설계는 건물의 하중을 지탱하는 과학적 원리의 도입에 중점을 두고 있다.
④ 팬 포커스와 같은 탁월한 촬영 기법을 창안한 것으로 알려진 웰스의 영화 〈시민 케인〉은 내용과 형식의 완벽한 조화를 추구한 결과이다.
⑤ 레오나르도 다빈치의 〈모나리자〉를 모방한 것으로 알려진 뒤샹의 사진 〈모나리자〉는 원전에 대한 풍자의 의도가 깔려 있다.

연습문제 3

[07~09] 다음 글을 읽고 물음에 답하시오.

17 LEET 문4~6

개인의 복지 수준이 향상되었다거나 또는 한 개인의 복지 수준이 다른 사람들보다 높다고 할 때, 이는 무엇을 의미하는가? 이 물음에 대한 답변은 인간 복지의 본성이나 요건에 대한 이해를 요구하는데, 이와 관련된 대표적인 도덕철학적 입장은 다음과 같다.

첫째, '쾌락주의적 이론'은 긍정적인 느낌으로 구성된 심리 상태인 쾌락의 정도가 복지 수준을 결정한다고 본다. 어떤 개인이 느끼는 쾌락이 증진될 때 그의 복지가 향상된다는 것이다. 둘째, '욕구 충족 이론'은 개인이 욕구하는 것이 충족되는 정도에 따라 복지 수준이 결정된다고 본다. 어떤 개인이 지닌 욕구들이 좌절되지 않고 더 많이 충족될 때 그의 복지가 향상된다는 것이다. 셋째, '객관적 목록 이론'은 개인의 삶을 좋게 만드는 목록을 기준으로 그것이 실현되는 정도에 따라 복지 수준이 결정된다고 본다. 그러한 목록에는 통상적으로 자율적 성취, 지식, 친밀한 인간관계, 미적 향유 등이 포함되는데, 그것의 내재적 가치는 그것이 개인에게 쾌락을 주는지 또는 그것이 개인에 의해 욕구되는지 여부와는 직접적 관련이 없다. 이 중에서 '쾌락주의적 이론'과 '객관적 목록 이론'은 어떤 것들이 내재적 가치가 있는지를 말해준다는 점에서 실질적인 복지 이론이며, '욕구 충족 이론'은 사람들에게 좋은 것들을 찾아내는 방법을 알려주지만 그것들이 무엇인지를 말해 주지 않는다는 점에서 형식적인 복지 이론이라고 할 수 있다.

이러한 복지 이론들 중에서 많은 경제학자들의 지지를 받는 것은 '욕구 충족 이론'이다. 그들은 이 이론을 바탕으로 복지 수준의 높고 낮은 정도를 평가할 수 있다고 본다. 그리고 우리가 직관적으로 복지의 증가에 해당한다고 믿는 모든 활동과 계기들이 쾌락이라는 심리 상태를 항상 동반하는 것은 아니기 때문에 '쾌락주의적 이론'은 복지에 관해서 너무 협소하다고 비판하면서 더 개방적인 입장을 가져야 한다고 주장한다. 욕구의 대상이 현실에서 구현되는 것이 중요하지 그 구현 사실이 인식되어 개인들이 어떤 느낌을 갖게 되는 것이 필수적이지는 않다고 보기 때문이다. 그 이론의 옹호자들은 '객관적 목록 이론'도 한계를 지니고 있다고 비판한다. 복지 목록에 있는 항목들이 대체로 개인들의 복지에 기여한다는 점은 인정할 수 있지만 그 항목들이 복지에 기여하는 이유에 대해서는 제대로 해명하지 못하고 있다는 것이다. 또한 개인들이 실제로 욕구하는 것들 중에는 그 목록에 포함되지 않지만 복지에 기여하는 경우도 있다는 것이다.

하지만 이러한 '욕구 충족 이론'도 다음과 같은 문제점을 갖고 있다. 첫째, 욕구의 충족과 복지가 어느 정도 연관성이 있기는 하지만 모든 욕구의 충족이 복지에 기여하는 것은 아니라는 문제가 있다. 사람들이 정보의 부족이나 잘못된 믿음으로 자신에게 나쁜 것을 욕구할 수 있으며, ㉠ 타인의 삶에 대해 내가 원하는 것이 이루어졌다고 할지라도 그것이 나의 복지 증진과는 무관할 수 있기 때문이다. 둘째, 사람들이 타인에 대한 가학적 욕구와 같은 반사회적인 욕구를 추구하는 경우도 문제가 된다. 셋째, ㉡ 개인이 일관된 욕구 체계를 갖고 있지 않아서 욕구들 사이에 충돌이 발생할 때 이를 해결하기 어렵다는 문제가 있다.

이러한 문제들에 대응하는 방식으로는 '욕구 충족 이론'을 버리고 다른 복지 이론을 수용하는 방식도 있지만 그 이론을 변형하는 방식도 있다. '욕구 충족 이론'과 구별되는 '합리적 욕구 충족 이론'은 개인들이 가진 모든 욕구들의 충족이 아니라, 관련된 정보에 입각하여 타인이 아닌 자기에게 이익이 되는 합리적인 욕구의 충족만이 복지에 기여한다고 본다. 이것은 사람들이 욕구하는 것이 합리적이라면 그것이 바로 좋은 것이라는 입장이다. 이 이론은 '욕구 충족 이론'이 봉착한 난점들을 상당히 해결해 준다는 점에서 장점을 갖고 있다. 하지만 이 이론은 어떤 욕구가 합리적인지에 대해 답변을 해야 하는 부담을 안고 있다. 만약 이 이론의 옹호자가 이에 대한 답변을 시도한다면 이 이론은 형식적 복지 이론에서 실질적 복지 이론으로 한 걸음 나아가게 된다.

07. 윗글에서 이끌어낼 수 있는 내용으로 적절하지 않은 것은?

① '쾌락주의적 이론'은 개인의 쾌락이 감소하면 복지도 감소한다고 본다.
② '욕구 충족 이론'은 개인들 간의 복지 수준을 서로 비교할 수 없다고 본다.
③ '객관적 목록 이론'은 쾌락이 증가하더라도 복지 수준은 불변할 수 있다고 본다.
④ '객관적 목록 이론'은 내재적 가치를 지닌 것들이 복지를 증진할 수 있다고 본다.
⑤ '합리적 욕구 충족 이론'은 모든 욕구의 충족이 복지에 기여하는 것은 아니라고 본다.

08. '욕구 충족 이론'의 관점과 부합하는 주장만을 <보기>에서 있는 대로 고른 것은?

─〈보 기〉─

ㄱ. 욕구를 충족하는 것은 복지 증진의 필요조건이기는 하지만 충분조건은 아니다.
ㄴ. 복지에 기여하는 행위는 그 전후로 개인의 심리 변화를 유발하지 않아도 된다.
ㄷ. 미적 향유가 복지에 기여한다면 그 자체가 좋은 것이기 때문이 아니라 그것이 내가 원하는 것이기 때문이다.

① ㄱ ② ㄴ ③ ㄷ
④ ㄱ, ㄴ ⑤ ㄴ, ㄷ

★ 선생님 TIP
충분조건, 필요조건은 추리논증뿐만 아니라 언어이해의 선지에서도 종종 등장하기 때문에 그 개념을 명확하게 알아두어야 합니다.

09. <보기>의 사례들에 대한 반응으로 적절하지 않은 것은?

─〈보 기〉─

(가) '갑'은 기차에서 우연히 만난 낯선 사람의 질병이 낫기를 간절히 원하였는데, 그 후에 그를 다시 만난 적이 없어서 그의 질병이 나았다는 것을 전혀 모른다. 그래서 그의 질병이 나았다는 사실은 갑에게 아무런 영향도 주지 않았다.
(나) '을'은 A학점을 받기 위해 시험 전날 밤에 밤새워 공부하기를 원하면서도, 친구들과 어울리는 것이 좋아 밤늦게까지 파티에 참석하기도 원한다. 그래서 그는 어떻게 해야 할지 갈등하고 있다.
(다) '병'은 인종 차별적 성향 때문에, 의약품이 더 필요한 흑인보다는 그렇지 않은 백인에게 의약품을 분배하기를 원한다. 그래서 그는 백인에게만 그 의약품을 분배하였다.

① (가)는 '욕구 충족 이론'의 문제점과 관련하여 ㉠의 사례로 활용할 수 있겠군.
② (가)는 '쾌락주의적 이론'과 '합리적 욕구 충족 이론' 모두의 관점에서는 갑의 복지가 증진된 사례로 활용할 수 없겠군.
③ (나)는 '욕구 충족 이론'의 문제점과 관련하여 ㉡의 사례로 활용할 수 있겠군.
④ (나)에 나타난 갈등은 항목들 간의 우선순위를 설정하지 않은 '객관적 목록 이론'에서는 해결하기 어렵겠군.
⑤ (다)는 '욕구 충족 이론'의 관점에서는 병의 복지가 증진된 사례가 될 수 없겠군.

★ 선생님 TIP
09번 문제는 전형적인 법학의 케이스 문제에 해당합니다.

연습문제 4

[10~12] 다음 글을 읽고 물음에 답하시오.

14 LEET 문30~32

계약의 본질을 당사자들의 자유로운 의사의 합치로 보는 사비니 이래의 근대적인 계약 이해 방식에 따르면 특정한 내용의 계약을 체결한 당사자들이 그 계약을 준수해야 하는 까닭은 바로 스스로가 그 계약 내용의 실현을 원했기 때문이다. 그렇다면 가령 계약 당사자들이 민법의 규정을 무시하고 선량한 풍속에 위반하는 사항의 실현을 자발적으로 원했을 경우에는 어떻게 할 것인가? 여전히 당사자들 사이에 자유로운 의사의 합치가 있었음을 이유로 그와 같은 계약도 그들을 구속한다고 보아야 할 것인가? 아니면 아무리 당사자들이 원했다 하더라도 법률이 정하고 있는 바에 어긋나는 내용의 계약은 당사자들을 구속할 수 없다고 봄으로써 근대적인 계약 이해 방식을 포기해야 할 것인가?

많은 경우 법률가들은 계약을 당사자들 사이의 자유로운 의사의 합치로 이해하면서도, 다른 한편으로는 선량한 풍속에 위반하는 내용의 계약이 무효인 까닭은 법률이 그렇게 정하고 있기 때문이라는 설명에 만족한다. 그러나 이러한 태도는 딜레마를 이루는 두 축을 동시에 붙들고 있는 것이라 할 수 있다. 이 지점에서 근대적인 계약 이해 방식에 대한 근본적인 문제 제기가 이루어진다.

의사표시 이론의 논쟁과 관련해서도 비슷한 문제를 생각해 볼 수 있다. 전통적인 '의사주의적 관점'은 계약의 핵심을 어디까지나 의사의 합치에서 찾으려 한다. 이에 따르면 내심의 의사 내용과 외부로 표시된 내용이 일치하지 않는 경우에는 전자에 따른 법적 효과를 인정해야 한다. 하지만 이렇게 할 경우 표시된 내용만을 믿고 거래에 응한 상대방은 예기치 못한 손해를 입을 수 있다. 이 점을 고려하여 내심의 의사 내용보다는 외부로 표시된 내용을 기준으로 법적 효과를 인정해야 한다는 '표시주의적 관점'이 등장하게 되었는데, 이는 계약 당사자들 사이의 신뢰와 거래질서의 안정성을 보호하려는 법적 추세와 일맥상통하는 것이었다. 이 관점에 따르면 계약을 준수해야 하는 이유 역시 '표시된 바에 의할 때' 당사자들이 그 내용의 실현을 원했다는 점에서 찾게 된다.

이러한 논란은 결국 당사자들이 진정 무엇을 원했는가보다는 법이 무엇을 승인했는가가 더 중요하다는 사고로 이어짐으로써, 계약을 이해하는 기존의 방식 자체에 문제가 있음을 인정하고, 계약에 따른 책임의 본질을 의사의 내용에 기초한 책임(약정 책임)이 아니라 궁극적으로 법률의 규정에 기초한 책임(법정 책임)일 뿐이라고 보려는 '급진적 관점'의 도래를 예정하게 된다. 예를 들어 불법행위를 저지른 사람이 피해자에게 배상하고 싶지 않다고 해서 면책될 수 없는 것과 마찬가지로, 자신의 의사와 다른 내용의 계약을 체결하거나 이행해야 할 경우가 있다는 것이다. 일부 학자들이 이른바 '계약의 죽음'을 이야기하는 이유도 바로 이러한 맥락에서 이해될 수 있을 것이다.

계약을 이해하는 방식의 이와 같은 변화는 자본주의적 경제 체제의 발달과 맞물려 있는 것으로 평가되고 있다. 근대적 법제는 중세의 신분적 제약을 타파하고 만인이 자유롭고 평등한 존재로서 자신이 처하게 될 법률 관계를 스스로 결정할 수 있음을 선언했지만, 얼마 지나지 않아 인간의 자유와 평등은 단지 형식적인 전제로 머물러서는 안 되며 실질적인 목표가 되어야 한다는 실천적 반성을 불러일으키게 되었다. '계약 당사자들 사이의 자발적인 의사의 합치'는 취약한 사회·경제적 지위를 갖는 한쪽 당사자의 의사를 자유와 평등의 이름으로 상대방의 의사에 종속시키는 결과를 초래했기 때문이다. 이러한 상황에서 사회 정의와 공정성을 확보하기 위해 출현한 각종 규제 입법들은 결국 계약의 당사자들이 표면적으로 동의했던 바에 구속력을 인정하지 않을 수도 있고, 그들이 미처 생각지도 못했던 바를 강제할 수도 있다는 점을 수용하고 있는 것이다.

10. 위 글의 내용과 부합하지 않는 것은?

① 의사주의적 관점은 모든 사람이 자유로운 의사 결정의 권리를 가지고 있음을 전제한다.
② 의사주의적 관점은 의사표시의 주체에게 자신의 의사와 일치된 표시를 할 부담을 부과한다.
③ 표시주의적 관점은 의사표시의 주체보다는 그 의사표시를 신뢰한 상대방을 보호하고자 한다.
④ 표시주의적 관점은 의사주의적 관점이 야기할 수 있는 문제점을 해결하는 과정에서 등장하였다.
⑤ 급진적 관점은 계약상 채무의 불이행으로 인한 책임을 법정 책임의 일종으로 보고자 한다.

11. 근대적인 계약 이해 방식 의 문제점을 지적한 것으로 옳은 것만을 <보기>에서 있는 대로 고른 것은?

―〈보 기〉―

ㄱ. 의사와 표시가 일치하지 않는 것이 당연하다는 전제에서 출발하고 있다.
ㄴ. 계약의 자유라는 문제에 비해 계약의 공정성이라는 문제를 소홀히 하고 있다.
ㄷ. 규제 입법을 통해 계약의 자유를 제한해야 할 경우가 있음에도 불구하고 이런 개입을 정당화하기 어렵다.

① ㄱ
② ㄴ
③ ㄱ, ㄷ
④ ㄴ, ㄷ
⑤ ㄱ, ㄴ, ㄷ

12. 위 글을 바탕으로 <보기>의 주장 A~E를 평가한 것으로 적절하지 않은 것은?

―〈보 기〉―

갑은 자기 소유의 토지를 시세에 따라 m^2당 10만 원에 팔고자 하였으나, 을과 매매 계약을 체결할 당시 평당 10만 원에 팔고자 한다고 말하였다(1평은 $3.3m^2$). 을은 평당 10만 원의 가격이 합당하다고 생각하여 갑과 매매 계약을 체결하였다.

A: 갑은 평당 10만 원에 팔고자 하는 의사를 가지고 있지 않았을 것이므로, 평당 10만 원에 토지를 넘겨줄 의무는 없다.
B: 을은 갑이 평당 10만 원에 팔고자 한다는 말을 신뢰하여 계약을 체결한 것이므로, m^2당 10만 원에 해당하는 대금을 지급할 의무가 없다.
C: 갑은 평당 10만 원에 팔고자 하는 의사를 가지고 있지 않았을 것이지만, 스스로 그렇게 말했으므로 그 가격에 팔아야 한다.
D: 갑이 평당 10만 원에 팔고자 하는 의사를 가지고 있지 않았다는 사실을 스스로 입증한다면, 그 가격에 토지를 넘기지 않아도 된다.
E: 을은 평당 10만 원의 가격이 합당하다고 생각하여 계약을 체결한 것이므로, 폭리 취득을 금지하는 규정의 유무와 상관없이 그 대금만 지급하면 된다.

① A는 의사주의적 관점에 부합한다.
② B는 표시주의적 관점에 부합한다.
③ C는 표시주의적 관점에 부합한다.
④ D는 의사주의적 관점에 부합한다.
⑤ E는 급진적 관점에 부합한다.

합격을 꿈꾼다면, 해커스로스쿨
lawschool.Hackers.com

해커스 LEET 이재빈 언어이해 독해의 기초

스킬 2
개념 획정

1 스킬 소개

법학이 하는 일이 바로 **개념**을 다루는 것입니다. 이를 보다 어려운 말로 **개념 획정**이라고 합니다. **개념**을 쪼개고 덧붙여서 **개념**의 외연을 법학의 영역에서 새롭게 다시 정의하는 것입니다. 예를 들어서, 우리가 일상적으로 A라고 부르는 개념이 있다고 한다면, 법학에서는 법적 효력을 지니는 개념으로 이를 다시 정의해야 합니다.

A를 A1, A2, A3로 쪼갭니다. 그리고 A2, A3만을 묶어서 법적 효력을 지니는 A로 다시 정의합니다. 이렇게 하면 (일상어 A)와 (법학 용어 A)는 서로 다른 개념이 됩니다. 이런 식의 개념을 가지고 노는 게 법학에서 매우 큰 비중을 차지합니다. 따라서 법학 전공 교수이거나, 법학과 관련된 영역에서 종사하는 교수들이 내는 LEET 언어이해 지문은 이렇게 개념을 다루는 지문들의 비중이 굉장히 높습니다.

따라서 지문을 읽어나가면서 개념이 어떻게 쪼개지고 붙어서 새롭게 정의되는지를 면밀하게 파악해야 합니다. 이때, 주의해야 할 지점은 우리가 통념적으로 알고 있는 개념에 현혹되면 안 된다는 것입니다. 우리의 편견과는 다른 방식으로 개념을 새롭게 정의하는 지문이 상당하기 때문입니다.

예전에 한 예능 프로그램에서 이런 일이 있었습니다. 가수 A 씨와 B 씨가 출연했는데, B 씨의 노래 C를 두고 A 씨가 "노래 C는 진보적인 음악이다."라고 평가했습니다. 그러자 B 씨가 "나 진보 아닌데? 나 보수야."라고 대답하여 큰 웃음이 터진 적이 있었습니다. 왜 웃음이 터진 것일까요? A 씨가 말한 '진보적'의 개념과 B 씨가 말한 '진보적'의 개념은 전혀 다른 개념이기 때문입니다. 별개의 개념을 우리가 같은 이름으로 부르기 때문에 개념적 혼란이 발생한 것입니다. LEET 언어이해 지문에서 개념을 어설프게 다루다 보면, 해당 예능 프로그램의 저 장면에서와 같은 실수를 범할 때가 많습니다.

> **핵심 한 줄 요약**
>
> **개념 쪼개기**
> A라는 개념을 A1, A2, A3로 분리하기
>
> **개념 정의하기**
> A1, A2, A3 중 A2, A3만 묶어서 A'로 새롭게 정의하기

2 독해 전략

STEP 1 | 지문의 핵심 개념을 체크한다.

✓ 지문에 존재하는 단어는 평등하지 않다. 중요한 단어가 있고 덜 중요한 단어가 있다. 중요한 단어가 무엇인지를 빠르게 파악한다.
✓ 중요한 단어가 글에서 어떻게 정의되는지를 파악한다.

▼

STEP 2 | 개념을 가지고 글쓴이가 무슨 일을 하는지를 유심히 지켜본다.

✓ 만약, 중요한 단어가 내가 아는 일상어적 개념과 다르다면,
 → 내가 알고 있는 편견을 버리고, 철저하게 제시문에서 정의한 방식 그대로 그 개념을 새롭게 받아들여야 한다.
✓ 만약, 중요한 단어를 새롭게 정의하려고 한다면,
 → 개념의 외연(테두리)가 어떻게 설정되는지를 파악한다. 난도가 있는 지문일 경우, 그 외연을 획정하는 과정에서 [이론]을 사용할 것이다.
 → [이론]의 목적은 결국 개념의 영토를 설정하는 것이다.

▼

STEP 3 | 개념에 번호를 붙여서 구별한 후, 문제로 들어간다.

✓ 유사한 이름이지만, 다른 개념이 글에서 존재하는 경우, 넘버링을 한다.
✓ 두 개념 사이의 혼동을 유발하여 오답을 유도하는 문제가 출제된다. 개념의 차이를 정확히 구분하고 있다면, 오히려 문제만 읽고도 어떠한 답/오답을 설정했는지를 유추하는 경지까지 가능해진다.

3 문제에 적용해보기

독해 전략을 적용하여 연습문제를 풀이해 봅시다.

연습문제 1

[01~03] 다음 글을 읽고 물음에 답하시오.

22 LEET 문22~24

미국 헌법은 권력 기관 간 견제와 균형의 원리에 기초한 대통령제를 규정하고 있다. 이는 특정 정치인이나 집단이 권력을 독식하거나 남용하지 못하도록 하여 민주주의를 지키도록 설계된 것이다. 이러한 제도 설계는 미국 역사에서 상당 기간 성공적으로 기능했다. 그러나 헌법이라는 보호 장치는 그 자체로 민주주의 정치 체제를 지키기에 충분치 않다. 여기에는 헌법이나 법률에 명문화되지 않은 민주주의 규범도 중요한 역할을 해왔다.

민주주의 규범이 무너지면 민주주의도 위태로워진다. 민주주의 유지에 핵심적 역할을 하는 규범은 민주주의보다 오랜 전통을 가진 '상호 관용'과 '제도적 자제'이다. 상호 관용은 경쟁자가 권력을 차지할 권리를 나와 동등하게 가진다는 사실을 인정하는 것이다. 반면 상대를 위협적인 적으로 인식할 때는 모든 수단을 동원해 이기려 한다. 제도적 자제는 제도적으로 허용된 권력을 신중하게 행사하는 태도이다. 합법적 권력 행사라도 자제되지 않을 경우 기존 체제를 위태롭게 할 수 있다. 제도적 자제의 반대 개념은 '헌법적 권력의 공격적 활용'이다. 이는 규칙을 벗어나지 않으면서도 그것을 최대한 활용하여 경쟁자를 경쟁의 장 자체에서 제거하려는 태도를 의미한다.

이 두 가지 규범은 상호 연관되어 있다. 상대를 경쟁자로 받아들일 때, 제도적 자제도 기꺼이 실천한다. 제도적 자제의 실천은 관용적인 집단이라는 이미지를 갖게 함으로써 선순환이 이뤄진다. 반면 서로를 적으로 간주할 때 상호 관용의 규범은 무너진다. 이러한 상황에서 정치인은 제도가 부여한 법적 권력을 최대한 활용하려 하며, 이는 상호 관용의 규범을 잠식해 경쟁자가 적이라는 인식을 심화하는 악순환을 가져온다.

민주주의 규범이 붕괴하면 견제와 균형에 기초한 민주주의는 두 가지 상황에서 위기를 맞게 된다. 첫 번째 상황은 야당이 입법부를 장악하면서 행정부 권력과 입법부 권력이 분열되었을 때이다. 이 경우 야당은 대통령을 공격하기 위해 헌법에서 부여한 권력을 최대한 휘두른다. 두 번째는 여당이 입법부를 장악함으로써 권력이 집중되는 상황이다. 여당은 민주주의 규범을 무시하고 대통령의 권력 강화를 위해 노력하며, 야당을 제거하기 위한 대통령의 탄압적 행위를 묵인하기도 한다.

미국 민주주의는 건국 이후 두 번의 큰 위기를 겪는다. ㉠첫 번째 위기는 남북 전쟁으로 초래되었다. 노예제를 찬성한 남부의 백인 농장주들, 그리고 그들과 입장을 같이 한 민주당은 당시 노예제 폐지를 주장한 공화당을 심각한 위협으로 인식했다. 남부는 미국 연방에서 탈퇴했고 결국 내전이 일어났다. 민주주의 규범이 다시 형성되기 시작한 것은 북부의 공화당과 남부의 민주당이 인종 문제를 전후 협상 대상에서 제외하면서부터이다. 전쟁에서 승리한 북부는 연방의 유지 등 정치적 필요에 의해 남부에서 군대를 철수하고 흑인의 인권 보장 노력도 중단한다. 민주당은 남부에서 흑인 인권을 억누르면서 그 지역에서 일당 지배의 기반을 구축한다. 이러한 일련의 사건으로 공화당에 대한 민주당의 적대감은 완화되었고, 그 결과 상호 관용의 규범도 회복된다. 역설적이게도 남북 전쟁 이후의 민주주의 규범은 인종 차별을 묵인한 비민주적인 타협의 산물이었다. 그리고 오랜 기간 백인 중심으로 작동했던 민주주의를 유지하는 데 기여했다.

㉡두 번째 위기는 1960년대 이후 민주주의의 확대와 함께 일어났다. 흑인의 참정권이 제도적으로 보장되었고, 대규모 이민으로 다양한 민족과 인종이 정치 체제로 유입되었다. 공화당과 민주당은 각기 다른 집단의 이익과 가치를 대변하게 되었다. 이후 양당 간 경쟁은 '당파적 양극화'로 치달았다. 보수와 진보 간 정책적 차이뿐만 아니라 인종과 종교, 삶의 방식을 기준으로 첨예하게 나뉘어 정당 간 경쟁이 적대적 갈등으로까지 확대되었다. 이러한 상황에서 인종 차별에 의존한 기존의 민주주의 규범은 한계를 보이면서 붕괴했다. 따라서 미국 민주주의가 건강하게 작동하기 위해서는 새로운 민주주의 규범을 확립할 필요가 있다.

01. 윗글의 내용과 일치하는 것은?

① 상호 관용이 강화되면 제도적 자제는 약화되고 상호 관용이 약화되면 제도적 자제는 강화된다.
② 대통령과 입법부의 권력 행사가 합법적인 한, 민주주의 정치 체제 보호에 긍정적으로 작용한다.
③ 민주주의 규범은 민주주의 이념으로부터 탄생한 것으로 민주주의 제도의 확립을 통해 발전된다.
④ 민주주의 규범은 헌법이나 법률로 성문화될 때 민주주의 정치 체제를 보호하는 효과가 극대화된다.
⑤ 견제와 균형의 원리를 통해 민주주의를 보호하고자 한 헌법의 목적을 실현 가능하게 한 것은 민주주의 규범이다.

02. ㉠, ㉡에 대한 설명으로 가장 적절한 것은?

① ㉠을 거치면서 상호 관용과 제도적 자제의 규범이 건국 이후 처음으로 형성되었다.
② ㉠ 이후 형성된 민주주의 규범은 인종 차별적 특성으로 인해 정치 체제를 안정시키는 역할을 하지 못했다.
③ ㉡은 민주주의의 확대로 촉발된 당파적 양극화가 기존의 민주주의 규범을 붕괴시켰다는 데 그 원인이 있다.
④ ㉡은 다양한 집단의 정치 참여를 제도적으로 보장하는 방향으로 민주주의가 확대되면서 점차 완화되었다.
⑤ ㉠에서는 ㉡에서와는 달리 정당별 지지 집단이 뚜렷이 구분되는 현상이 나타났다.

03. 윗글을 바탕으로 <보기>에 대해 반응한 것으로 적절하지 않은 것은?

― 〈보 기〉 ―

칠레는 성공적인 대통령제 민주주의 국가였다. 좌파에서 우파에 이르기까지 다양한 정당이 있었지만, 20세기 초 이후 민주주의 규범이 자리 잡고 있었기 때문이다. 그러나 1960년대에 이념적 대립에 따른 ⓐ 당파적 양극화가 심화되었다. ⓑ 좌파와 우파 정당은 서로를 위협적인 적으로 인식했다. 대통령으로 선출된 좌파 정당의 아옌데는 사회주의 정책 추진을 위해 의회의 협조가 필요했으나 여당은 의회 과반 의석을 확보하지 못한 상태였다. ⓒ 그는 의회를 우회하여 국민투표를 실시하고자 했다. 이에 ⓓ 좌파 야당은 과반 의석을 바탕으로 불신임 결의안을 잇달아 통과시켜 장관들을 해임했다. 칠레 헌법은 의회가 불신임 결의를 극히 예외적인 상황에서만 사용하도록 규정하고 있었고, ⓔ 1970년 이전까지 그것이 사용된 적은 거의 없었다. 결국 1973년 8월 칠레 의회는 아옌데 행정부가 헌법을 위반했다는 결의안을 통과시켰고, 곧이어 군부 쿠데타가 발생함으로써 칠레 민주주의는 붕괴했다.

① ⓐ는 좌·우 이념을 중심으로 심화되었다는 점에서 1960년대 이후 미국에서 심화된 당파적 양극화와 성격이 다르군.
② ⓑ로 인해 1960년대 이후 칠레에서는 상호 관용의 규범이 붕괴되는 과정이 일어났겠군.
③ ⓒ로 볼 때, 아옌데 대통령은 권력을 법의 테두리 내에서 행사함으로써 제도적 자제 규범을 실천하고자 했었군.
④ ⓓ로 볼 때, 민주주의 규범이 붕괴된 상황에서 대통령 소속 정당이 의회 소수당인 경우 야당이 헌법적 권력을 공격적으로 활용할 가능성이 높군.
⑤ ⓔ로 볼 때, 1970년 이전의 칠레 정치인들은 민주주의 규범을 존중함으로써 민주주의 정착에 기여했겠군.

연습문제 2

[04~06] 다음 글을 읽고 물음에 답하시오.

17 LEET 문11~13

공화주의란 공동선을 추구하는 시민의 정치 참여에 기초하여 공동체적 삶에서 자의적 권력에 의한 지배를 배제하고 자치를 실현하고자 하는 사상이다. 이에 적합한 형태의 공동체에 관해서는 주로 그 규모와 관련하여 오랫동안 논의가 이어져 왔다. 시민적 덕성이 제대로 발휘되어 파벌이 통제되기 위해서는 공화국의 크기가 작아야 하지만, 외세의 침략 위험에 맞서 충분한 안전을 시민에게 제공하기 위해서는 그 크기가 커야 할 것이다. 미국 헌법 제정기의 연방주의자 인 『페더럴리스트 페이퍼』(1787. 10~1788. 8)의 저자들은 바로 연방 공화국의 형태가 공동체 내부의 부패와 대외적 취약성을 둘러싼 공화주의의 딜레마를 해결해 줄 수 있다고 보았다. 그것은 파벌 지도자의 영향력이 확산되지 못하게 막는 분할의 이익과, 한데 뭉쳐 외부의 적에 대항하도록 하는 결집의 이익을 함께 가져다준다는 것이다.

공동체에 대한 시민들의 이해관계가 복잡해지는 것을 나쁘게 볼 것만은 아니지만, 가까이 있어서 서로를 잘 아는 사람들보다 불가피하게 소원한 거리에 놓인 사람들이 우정과 연대의 공적 정신을 유지하기란 더 어려울 수 있다. 광대한 영토 위에서 공화주의 정부가 유지되기 위해서는 시민들로 하여금 사익의 추구를 자제하고 공동선을 지향하도록 하는 보다 강력한 조치가 필요할 것이다. 결국 연방주의자들은 대의제와 권력분립 등 헌정주의의 요소를 가미함으로써 이성과 법의 지배를 통하여 파벌과 전제적(專制的) 다수의 출현을 방지하고자 했다. 자치에 대한 시민들의 열정이 사그라지거나 폭주하지 않도록 헌법의 틀을 씌웠던 것이다.

그런데 헌법이라는 것에 대한 공화주의자들의 이해는 오늘날의 지배적인 견해와는 매우 다른 것이었다. 오늘날 헌법은 주로 정치 공동체의 실질적인 가치 기준과 운영 원칙을 정하는 견고한 문서로 이해되고 있다. 여기서 헌법은 헌법적 논쟁들에 대해 판단해 줄 누군가를 필요로 하게 된다. 그의 해석과 판단에 따라 헌법과 충돌하는 것으로 보이는 행정작용이나 법률은 그 효력을 잃게 될 것이다. 이처럼 지극히 법적인 의미로 이해된 헌법과는 달리, 공화주의자들이 생각하고 있던 헌법이란 단순히 정치 공동체 내에서 권력이 분할되는 방식을 나타내거나 그렇게 구성된 특수한 정부 형태를 지칭하는 정치적인 의미의 것이었다. 통치자의 선출과 정치적 지분의 할당을 통해 경쟁적 사회 집단 사이에 이해관계의 균형을 도모하는 것은 로마의 혼합정체 이래 지속 가능한 공화국의 골자를 이루게 되었다고 할 수 있다. 따라서 18세기 후반에 비로소 등장한 법적 의미의 헌법 개념은 당시 미국의 공화주의적 헌법을 구상하는 과정에서조차 의도되었던 바가 아니며, 성문의 헌법을 채택하면서도 여전히 그것은 사법적 헌장이라기보다는 시민의 헌장을 갖는다는 의미였을 것이다.

공화주의와 관련하여 우리가 헌법의 의미에 주목해야 하는 이유는 법적 의미의 헌법 개념을 과거의 공화주의 사상가들이 알지 못했기 때문만은 아니다. 그것은 오히려 헌법을 법적인 의미로 이해하는 전제에서 공화주의를 위하여 제안되는 이른바 ㉠ 헌정주의적 수단들이 역으로 공화주의의 핵심적 목적과 충돌하게 된다는 문제 때문이다. 예컨대, 그러한 수단의 하나로 제안되는 법률의 헌법 기속 개념은 기본적으로 시민의 대표들이 다수결로 도출하는 합의를 불신한다는 면에서 공동체적 삶의 향배를 시민들의 손에 맡기고자 하는 공화주의의 이상에 반하는 것이며, 그보다는 차라리 국가로부터 개인의 권리를 보호하고자 하는 자유주의적 사고의 장치에 가깝다는 비판을 받고 있다. 바꿔 말해서 소수의 현자들에 의한 사법 심사의 과정으로 뒷받침되는 헌법은 더 이상 공화주의적이지 않으며, 나아가 미국의 민주정치가 발전하는 데도 방해가 되어 왔다는 것이다.

그러나 현대 민주정치의 상황에서 시민의 정치 참여는 통치자의 선출이나 할당된 지분의 행사에서처럼 투표 과정을 중심으로 이루어져야 하는 것은 아니며, 오히려 공적인 토론의 과정을 중심으로 이루어질 수도 있다. 만약 사법 심사의 장이 그와 같은 토론의 과정을 촉발시키고 이끎으로써 궁극적으로 법의 지배에 기여하는 것이라면 그에 대한 평가는 달라질 것이다. 무엇보다 여기서 민주주의의 가치를 공동선에 관한 이성적 숙의에서 찾고자 했던 공화주의자들의 관점을 다시 발견할 수 있기 때문이다.

04. 윗글의 내용과 일치하는 것은?

① 공화국의 광대한 영토는 대외적 방어에 불리하다.
② 공화주의자는 시민으로서의 삶보다 개인으로서의 삶을 중시한다.
③ 『페더럴리스트 페이퍼』의 저자들은 안전보다 연대를 추구하였다.
④ 연방주의자는 공화주의의 딜레마가 지닌 정치적 함의를 간과하였다.
⑤ 로마의 혼합정체는 공화국의 대내적 균형을 확보해 주는 장치였다.

05. 연방주의자 의 생각으로 적절하지 않은 것은?

① 연방 공화국의 정부 형태를 출범시키기 위해서 헌법의 개념이 변해야 하는 것은 아니다.
② 선출된 대표가 파벌 지도자로 변질되는 것을 연방이라는 헌정 체제를 통해 견제할 수 있다.
③ 공화국에 대한 내부 위협은 소규모의 파벌이 광대한 영역 기반의 대규모 파벌로 커질 때 오히려 줄어들게 된다.
④ 규모가 커진 공화국은 구성원들의 사회적 다양성도 커져서 정치적 분열이 초래되어 전제적 다수가 형성되기 어렵다.
⑤ 인간 본성에 자리하고 있는 파벌의 싹은 근절될 수 없으므로 그것의 발호를 통제하는 제도적 장치를 갖추어 대응해야 한다.

06. ㉠에 대한 진술로 적절하지 않은 것은?

① 공적인 토론의 과정을 정치적 대표를 선출하는 투표 과정으로 대체한다.
② 헌법적 가치의 선언을 통해 의회의 결정 권한에 대한 제한을 공식화한다.
③ 성문화된 헌법은 최고법적 효력으로 인해 민주주의와 긴장 관계에 놓일 수 있다.
④ 대통령의 법률안 거부권을 인정하여 상호 견제를 통한 권력의 제한을 꾀한다.
⑤ 법의 지배는 그 누구의 지배도 아니라는 점에서는 자의적 권력의 지배를 거부하는 공화주의 이념과 연결된다.

연습문제 3

[07~09] 다음 글을 읽고 물음에 답하시오.

18 LEET 문1~3

전통적인 의미에서 차별은 성별, 인종, 종교, 사상, 장애, 사회적 신분 등에 따라 특정 집단을 소수자로 낙인찍고 불리하게 대우하는 것을 말한다. 일반적으로 민주 국가의 헌법 질서에는 인권 보호의 취지에서 위와 같은 사유에 따른 차별을 금지해야 한다는 가치판단이 포함되어 있다. 이에 따라 우리 헌법도 선언적 의미에서, "누구든지 성별·종교 또는 사회적 신분에 의하여 정치적·경제적·사회적·문화적 생활의 모든 영역에 있어서 차별을 받지 아니한다."라고 규정했다. 특히 고용과 관련된 분야는 소수자에 대한 차별의 문제가 첨예하게 대두하는 대표적인 규범 영역이다. 고용 관계에서의 차별 금지 역시 근로자의 인권 보호가 무엇보다 강조된다. 따라서 노동 시장의 공정한 경쟁과 교환 질서의 확립을 위한 정책적 목적에 의존하더라도, 근로자에 대한 인권 보호의 취지에 부합하지 않는 경우에는 근로자에 대한 차별 금지 입법은 그 정당성이 상실된다.

차별 금지 원칙 내지 평등의 개념은 고용 관계에서도 같은 것을 같게 대우해야 한다는 것이다. 다만 무엇이 같은지를 제시해 주는 구체적인 기준이 존재하지 않는 한, 차별을 금지하는 사유가 어떤 속성을 갖는지에 따라 차별 금지 원칙으로부터 근로자가 보호되는 효과는 달라질 수 있다. 즉 장애인은 그에 대한 차별 금지 법규가 존재함에도 근로의 내용과 관련된 장애의 속성 때문에 근로자로 채용되는 데 차별을 받을 수도 있다. 그리고 구체적인 고용 관계의 근로 조건이 강행 규정에 의하여 제한되는 경우와 당사자의 자유로운 의사에 의거하여 결정되는 경우 중 어디에 해당하는지에 따라, 차별 금지로 인한 근로자의 보호 정도가 달라진다. 강행 규정이 개별 근로자에 대한 임금 차별을 금지하고 있는 경우, 그 차별의 시정을 주장하는 근로자는 비교 대상자와 자신의 근로가 동등하다는 것을 증명함으로써 평등한 대우를 받을 권리를 확인받을 수 있다. 반면 개별 근로자의 임금 차이가 사용자와 근로자 사이의 자유로운 계약에 따른 것이라면, 동일 조건의 근로자에 대한 임금 차별을 금지하는 강행 규정이 없는 한, 그러한 계약이 개별 근로자에 대한 임금 차이를 정당화하는 합리적 이유가 될 수도 있다.

차별 금지 법규가 강행 규정이어서 근로자에 대한 보호가 강화되는 영역에서도, 다시 차별 금지 법규의 취지에 따라 근로자에 대한 보호 정도는 달라진다. 예를 들어, 「남녀고용평등과 일·가정 양립 지원에 관한 법률」에 있는 '남녀의 동일 가치 노동에 대한 동일 임금 지급 규정'이 사용자가 설정한 임금의 결정 요소 중 단지 여성이라는 이유로 불리하게 작용하는 임금 체계를 소극적으로 수정하기 위한 것이라면, 이는 여성에 대한 차별 금지의 보호 정도가 상대적으로 약하게 적용되는 국면으로 볼 수 있다. 반면 위 규정의 취지가 실제 시장에서 여성 노동자의 가치가 저평가되어 있음을 감안하여, 이에 대한 보상을 상향 조정함으로써 남녀 간 임금의 결과적 평등을 도모하려는 것이라면, 이는 차별 금지 원칙의 보호 정도가 강한 범주에 포함된다고 할 수 있다.

같은 근로관계라도 연령이나 학력·학벌에 따른 근로자의 차별 금지는 성별 등 전통적 차별 금지 사유들에 비하여 차별의 금지로 인한 근로자의 보호 정도가 약하다고 보아야 한다. 물론 고령자나 저학력자에 대한 차별 금지 법규나 원칙의 취지 역시 전통적인 차별 금지 사유의 취지와 다를 바 없다. 그러므로 특정 연령대의 근로자를 필요로 하는 사용자의 영업 활동을 과도하게 제한하지 않는 한, 노동 시장의 정책적 목적을 달성하기 위하여 차별 금지 법규를 제정하는 것은 가능하다. 그러나 연령에 따른 노동 능력의 변화는 모든 인간이 피할 수 없는 운명이므로 ㉠ 연령을 이유로 한 차별을 금지하는 것은 정당하지 않다는 주장도 있다.

07. 윗글의 내용과 부합하는 것은?

① 종교적 신념의 차별을 금지하는 법규가 정당하다면 인권 보호라는 취지를 지닌다.
② 장애를 이유로 하는 차별의 금지는 장애의 유형이 다르더라도 보호되는 효과가 달라지지는 않는다.
③ 사회적 신분을 이유로 하는 차별의 금지는 우리 헌법 질서에서 가치 판단의 대상에 포함되지 않는다.
④ 성별에 대한 차별 금지 법규와 연령에 대한 차별 금지 법규는 근로자에 대한 보호의 정도가 동일하다.
⑤ 여성 근로자에 대한 차별 금지 법규는 여성에 대한 차별을 소극적으로 수정하기 위한 경우에는 적용되지 않는다.

08. 윗글을 바탕으로 추론할 때, 적절하지 않은 것은?

① 특정 종교를 갖고 있다는 이유로 기업에서 고용을 거부하는 것은 우리나라의 헌법 질서에 반한다.
② 고령의 전문직 종사자의 노동 시장 참여를 촉진할 목적으로 연령에 대한 차별 금지 법규를 제정하는 것은 가능하다.
③ 동일 조건의 개별 근로자에 대한 임금 차별을 금지하는 강행 규정이 있더라도 당사자들이 자유롭게 계약을 한다면 임금의 차이가 정당화될 수 있다.
④ 근로자에 대한 인권 보호의 취지 및 정책적 목적 없이 연령에 따른 차별을 획일적으로 금지하는 법규는 사용자의 영업에 대한 자유를 침해할 여지가 있다.
⑤ 학력·학벌에 대한 차별 금지 법규가 인권 보호의 취지를 고려하지 않고 특정한 정책적 목적에만 의존하여 제정된 경우에는 그 정당성이 보장되지 않는다.

09. ㉠과 부합하는 진술만을 <보기>에서 있는 대로 고른 것은?

〈보 기〉

ㄱ. 특정 연령층에게 취업 특혜를 부여함으로써 결과적으로 60대 이상 고령자의 취업 기회를 상대적으로 제한하게 된 법규는 국민의 평등권을 침해하지 않을 것이다.
ㄴ. 사용자와 근로자가 자유로운 계약을 통해 정년을 45세로 정했다면 차별 금지 원칙을 위반하지 않을 것이다.
ㄷ. 50세를 넘은 퇴역 군인은 예비군 관련 직책을 맡을 수 없다는 법규를 제정하더라도 차별 금지 원칙에 위배되지 않을 것이다.

① ㄱ
② ㄴ
③ ㄱ, ㄷ
④ ㄴ, ㄷ
⑤ ㄱ, ㄴ, ㄷ

연습문제 4

[10~12] 다음 글을 읽고 물음에 답하시오.

평등은 자유와 더불어 근대 사회의 핵심 이념으로 자리 잡고 있다. 인간은 가령 인종이나 성별과 상관없이 누구나 평등하다고 생각한다. 모든 인간은 평등하다고 말하는데, 이 말은 무슨 뜻일까? 그리고 그 근거는 무엇인가? 일단 이 말을 모든 인간을 모든 측면에서 똑같이 대우하는 절대적 평등으로 생각하는 이는 없다. 인간은 저마다 다르게 가지고 태어난 능력과 소질을 똑같게 만들 수 없기 때문이다. 절대적 평등은 개인의 개성이나 자율성 등의 가치와 충돌하기도 한다.

평등에 대한 요구는 모든 불평등을 악으로 보는 것이 아니라 충분한 이유가 제시되지 않은 불평등을 제거하는 데 목표를 두고 있다. '이유 없는 차별 금지'라는 조건적 평등 원칙은 차별 대우를 할 때는 이유를 제시할 것을 요구하고 있다. 이것은 어떤 이유가 제시된다면 특정한 부류에 속하는 사람들에게는 평등한 대우를, 그 부류에 속하지 않는 사람들에게는 차별적 대우를 하는 것을 허용한다. 그렇다면 사람들을 특정한 부류로 구분하는 기준은 무엇인가? 이것은 바로 평등의 근거에 대한 물음이다.

근대의 여러 인권 선언에 나타난 평등 개념은 개인들 사이의 평등성을 타고난 자연적 권리로 간주하였다. 하지만 이러한 자연권 이론은 무엇이 자연적 권리이고 권리의 존재가 자명한 이유가 무엇인지 등의 문제에 부딪히게 된다. 그래서 롤스는 기존의 자연권 사상에 의존하지 않는 방식으로 인간 평등의 근거를 마련하려고 한다. 그는 어떤 규칙이 공평하고 일관되게 운영되며, 그 규칙에 따라 유사한 경우는 유사하게 취급된다면 형식적 정의는 실현된다고 본다. 하지만 롤스는 형식적 정의에 따라 규칙을 준수하는 것만으로는 정의를 담보할 수 없다고 생각한다. 그 규칙이 더 높은 도덕적 권위를 지닌 다른 이념과 충돌할 수 있기에, 실질적 정의가 보장되기 위해서는 규칙의 내용이 중요한 것이다.

롤스는 인간 평등의 근거를 설명하면서 영역 성질(range property) 개념을 도입한다. 예를 들어 어떤 원의 내부에 있는 점들은 그 위치가 서로 다르지만 원의 내부에 있다는 점에서 동일한 영역 성질을 갖는다. 반면에 원의 내부에 있는 점과 원의 외부에 있는 점은 원의 경계선을 기준으로 서로 다른 영역 성질을 갖는다. 그는 평등한 대우를 받기 위한 영역 성질로서 '도덕적 인격'을 제시한다. 도덕적 인격이란 도덕적 호소가 가능하고 그런 호소에 관심을 기울이는 능력이 있다는 것인데, 이 능력을 최소치만 갖고 있다면 평등한 대우에 대한 권한을 갖게 된다. 도덕적 인격이라고 해서 도덕적으로 훌륭하다는 뜻이 아니라 도덕과 무관하다는 말과 대비되는 뜻으로 쓰고 있다. 그런데 어린 아이는 인격체로서의 최소한의 기준을 충족하고 있는지가 논란이 될 수 있다. 이에 대해 롤스는 도덕적 인격을 규정하는 최소한의 요구 조건은 잠재적 능력이지 그것의 실현 여부가 아니기에 어린 아이도 평등한 존재라고 말한다.

싱어는 위와 같은 롤스의 시도를 비판한다. 도덕에 대한 민감성의 수준은 사람에 따라 다르다. 그래서 도덕적 인격의 능력이 그렇게 중요하다면 그것을 갖춘 정도에 따라 도덕적 위계를 다르게 하지 말아야 할 이유가 분명하지 않다고 말한다. 그리고 평등한 권리를 갖는 존재가 되기 위한 최소한의 경계선을 어디에 그어야 하는지도 문제로 남는다고 본다. 한편 롤스에서는 도덕적인 능력을 태어날 때부터 가지고 있지 않거나 영구적으로 상실한 사람은 도덕적 지위를 가지고 있지 못하게 되는데, 이는 통상적인 평등 개념과 어긋난다. 그래서 싱어는 평등의 근거로 '이익 평등 고려의 원칙'을 내세운다. 그에 따르면 어떤 존재가 이익, 즉 이해관계를 갖기 위해서는 기본적으로 고통과 쾌락을 느낄 수 있는 능력을 갖고 있어야 한다. 그리고 그 능력을 가진 존재는 이해관계를 가진 존재이기 때문에 평등한 도덕적 고려의 대상이 된다. 이때 이해관계가 강한 존재를 더 대우하는 것이 가능하다. 반면에 그 능력을 갖지 못한 존재는 아무런 선호나 이익도 갖지 않기 때문에 평등한 도덕적 고려의 대상이 되지 않는다.

10. '평등'을 설명한 것으로 가장 적절한 것은?

① 형식적 정의에서는 차별적 대우가 허용되지 않는다.
② 조건적 평등과 달리 절대적 평등은 결과적인 평등을 가져온다.
③ 불평등은 충분한 이유가 있더라도 평등의 이념에 부합하지 않는다.
④ 규칙에 따라 유사한 경우는 유사하게 취급해도 결과는 불평등할 수 있다.
⑤ 인간의 능력은 절대적으로 평등하게 만들 수 있지만 자율성에 어긋날 수 있다.

11. 롤스와 싱어를 이해한 것으로 적절하지 않은 것은?

① 롤스에서 평등의 근거가 되는 특성을 가지지 못한 존재는 부도덕하다.
② 롤스에서 영역 성질은 정도의 차를 감안하지 않는 동일함을 가리킨다.
③ 싱어에서는 인간이 아닌 존재가 느끼는 고통과 쾌락도 도덕적으로 고려해야 한다.
④ 싱어에서는 도덕적으로 평등하다고 인정받는 사람들도 차별적 대우를 받을 수 있다.
⑤ 롤스와 싱어는 도덕에 대한 민감성이 사람마다 다름을 인정한다.

12. <보기>에 대한 반응으로 적절하지 않은 것은?

―〈보 기〉―

○ 갑은 고통을 느끼는 능력과 도덕적 능력을 회복 불가능하게 상실하였다.
○ 을은 도덕적 능력을 선천적으로 결여했지만 고통을 느낄 수 있다.
○ 병은 질병으로 인해 일시적으로 도덕적 능력을 상실하였다.

① 갑에 대해 싱어는 도덕적 고려의 대상이 아니라고 보겠군.
② 을이 도덕적 능력이 있는 사람보다 더 고통을 느낀다면 싱어는 더 대우를 받아야 한다고 생각하겠군.
③ 을이 도덕적 고려의 대상임을 설명할 수 있다는 점에서 싱어는 자신의 설명이 통상적인 평등 개념에 부합한다고 생각하겠군.
④ 병에 대해 롤스는 그 질병에 걸리지 않은 사람과 달리 평등하지 않게 생각하겠군.
⑤ 갑과 을에 대해 싱어는 롤스가 도덕적 인격임을 설명하지 못할 것이라고 보겠군.

합격을 꿈꾼다면, 해커스로스쿨
lawschool.Hackers.com

해커스 LEET 이재빈 언어이해 독해의 기초

스킬 3
포섭과 배제

1 스킬 소개

법학에서 개념이 획정되었다면, 그다음에 하는 논리 전개의 단계가 바로 **포섭과 배제**라는 사고과정입니다. 이는 외연이 획정된 개념 안에 어떠한 대상이 포함되는지 여부를 판단하는 과정입니다. 가령 앞서 다루었던 개념 획정을 거쳐서 A라는 개념의 외연이 정해졌다고 할 때, a라는 대상이 A라는 개념 안의 하위 범주로 포함될 수 있는지를 판단하는 것입니다. 만약 a가 A 개념의 하위 범주에 포함된다면, a는 A에 포섭되는 것이고, 반면에 b는 그렇지 않다고 한다면, b는 A에서 배제되는 것입니다. 이처럼 여러 사례에 대한 포섭과 배제를 거쳐서 A라는 개념의 외연은 더욱 견고해지고 명료해집니다.

그렇다면 어떻게 포섭과 배제에 대한 판단이 이루어질까요? A라는 개념을 필수적으로 구성하는 요소가 존재할 것이고, 그 구성 요소가 갖추어진 대상은 A에 포함될 것이지만, 그렇지 않다면 배제될 것입니다. 반면에 A라는 개념을 필수적으로 구성하는 요소가 아니라면, 그 구성 요소가 설령 갖추어지지 않았다고 하더라도 A에서 배제되지 않을 것입니다.

즉, 포섭과 배제의 사고과정에서 반드시 요구되는 것은 대상을 구성하는 요소를 포함하고 있는지 여부를 판단하는 것이고, 이를 통해서 대상이 외연에 속하는지 여부가 결정됩니다. 철학에서는 이러한 포섭과 배제를 통해 어떤 대상을 예술이라고 부를 수 있는지 혹은 기술이라고 부를 수 있는지 등을 논하게 되며, 법학에서는 어떠한 행위가 법률이 금지 혹은 처벌하는 행위에 포섭될 수 있는지를 판단하게 됩니다.

이처럼 포섭과 배제를 통해 논지가 전개되는 글의 흐름이 LEET 언어이해 지문으로 빈번하게 등장하기 때문에 이러한 사고방식에 대한 훈련이 요구됩니다.

> **핵심 한 줄 요약**
>
> **포섭과 배제**
> 어떠한 대상이 A라는 개념에 포함되는지 여부를 A라는 개념에 포함되기 위한 구성 요소를 갖추고 있는지 여부를 따져감으로써 판단하기

2 독해 전략

> **STEP 1 |** 지문에서 포섭과 배제의 사고방식을 요구하는 문제제기가 등장하는지를 확인한다.

✓ 포섭과 배제가 등장하는 지문이라면, 어떠한 현상이나 사례를 제시한 뒤, 그 현상이나 사례가 어떠한 개념의 범주하에 포함되는지 여부에 대해 문제를 제기하거나, 질문을 던지는 방식으로 글의 서두가 시작하게 되어있다. 가령 "A는 예술이라고 볼 수 있을까?" 혹은 "B의 행위는 법에 저촉되는 것일까?"와 같은 질문이 등장하였다면, 포섭과 배제의 사고방식을 염두에 두고 지문을 독해해야 한다.

▼

> **STEP 2 |** 개념의 범주를 구획하는 구성 요소가 무엇인지를 파악한다.

✓ 포섭과 배제를 적용하기 위해서는, 어떠한 개념이 존립하기 위해 요구되는 필수적인 구성 요소에 대한 서술이 제기되어야 한다. 특히 글의 중심부에서 개념의 구성 요소가 무엇인지를 설명한 뒤에, 그러한 구성 요소를 대상이 갖추고 있는지 여부를 결론지으면서 글이 전개되는 경우가 많으므로 글의 논지가 전개되는 흐름을 예상할 수 있고, 이를 통해 더욱 효율적인 독해가 가능해진다.

▼

> **STEP 3 |** 개념의 구성 요소가 필수적인지, 필수적이지 않은지와 관련하여 문제를 해결한다.

✓ 지문에서는 개념을 구성하는 요소 중 필수적인 부분과 필수적이지 않은 부분을 모두 제시할 것이며, 문제의 선지에서는 그에 따라 대상이 개념에 포함되는지 여부를 명확히 이해하였는지 확인하는 내용들을 반영할 것이다. 따라서 구성 요소가 필수적인지의 여부가 서술되는 부분에 밑줄을 그으면서, 이를 통해 포섭과 배제에 대한 판단을 내린 후에 문제에 접근한다면, 효율적이고 정확하게 답을 골라낼 수 있을 것이다.

3 문제에 적용해보기

독해 전략을 적용하여 연습문제를 풀이해 봅시다.

연습문제 1

[01~03] 다음 글을 읽고 물음에 답하시오.

11 LEET 문15~17

　　20세기에 들어서면서 물리학은 크게 변모했다. 특히 특수상대성이론과 양자역학의 등장은 가히 혁명적인 변화를 가져왔다. 그런데 이 두 예는 과학의 진보가 어떤 방식으로 이루어지는가 하는 물음의 관점에서 볼 때 상이한 특징을 드러낸다.

　　1905년 발표된 특수상대성이론은 시간과 공간 같은 물리학의 개념들을 변화시켰을 뿐만 아니라, 물리학에 등장하는 여러 공식들을 고쳐 쓰게 만들었다. 오랫동안 상대 운동에 관한 유효한 공식으로 승인되었던 속도의 덧셈 법칙도 이에 해당한다. 이 법칙은 시속 150km로 달리는 기차 안에서 반대 방향으로 시속 150km로 달리는 옆 선로의 기차를 볼 때 그것이 시속 300km로 도망가는 듯 보인다는 상식적인 사실을 설명해 주지만, 특수상대성이론에 따르면 이와 같은 덧셈 법칙은 정확하지 않다.

　　그렇다고 해서 고전물리학이 새 이론에 의해 완전히 부정된 것은 아니다. 특수상대성이론의 관점에서 보더라도 고전물리학의 식들은 대부분의 상황에서 아무 문제가 없을 만큼 정확한 설명과 예측을 제공하기 때문이다. 예컨대 앞에서 말한 기차가 만일 초속 15만 km로 달린다면 새 이론과 고전물리학의 계산에 뚜렷한 차이가 나겠지만, 음속을 넘는 시속 1,500km 정도에서도 두 계산의 결과는 충분히 훌륭한 근사를 보여 준다. 특수상대성이론은 고전물리학의 설명력을 고스란히 포섭하는 반면, 고전물리학은 특수상대성이론이 설명할 수 있는 영역 중 '속도가 그다지 크지 않다면'이라는 조건으로 제한되는 영역에서 여전히 유효하다. 이렇게 볼 때 특수상대성이론은 고전물리학을 포섭하면서 설명과 예측의 영역을 확장시켰다는 점에서 물리학의 진보를 이루었다고 확언할 수 있다.

　　양자역학의 경우는 어떠한가? 1910년대에 물리학자들은 원자에 속한 전자들의 동역학적 상태를 설명하려 했지만 고전물리학으로는 그런 설명이 불가능했다. 결국 물리학자들은 고전물리학과 양립 불가능한 전제들을 토대로 삼아 양자역학의 체계를 구축함으로써 비로소 문제의 현상에 대한 정확하고도 일관성 있는 설명을 제공할 수 있었다. 원자에 구속되지 않은 자유로운 전자의 운동은 고전물리학으로 설명되는 반면, 원자 안의 전자를 설명하는 데는 양자역학이 필요하다. 원자 안의 전자가 충분한 에너지를 얻으면 자유로운 전자가 되는데, 마치 그렇게 풀려나면서 양자역학의 영토로부터 고전물리학의 영토로 건너오는 꼴이었다.

　　문제는 양자역학의 식들이 고전물리학이 효과적으로 설명해 온 현상들을 설명하는 데 힘을 발휘하지 못한다는 점이다. 이 때문에 양자역학의 등장이 물리학의 진보를 의미한다고 확신할 수 없다는 의견도 있을 수 있다. 양자역학만으로는 설명할 수 없는 당구공의 충돌 같은 현상이 고전물리학 고유의 영역에 버티고 있기 때문이다. 1980년대부터 발달한 혼돈이론의 경우는 두 이론 간 관계의 또 다른 면을 보여 준다. 혼돈이론은 아주 미세하게 다른 두 초기 상태가 시간의 흐름 속에서 어떻게 발달해 가는지를 살피는데, 양자역학에서는 '아주 미세하게 다른 두 초기 상태'라는 개념의 의미가 명확히 규정될 수 없는 경우가 존재한다. 이는 혼돈이론이 고전물리학의 토대 위에서만 성립할 수 있음을 의미한다.

　　그러나 양자역학과 고전물리학은 절묘하게 서로 연결된다. 원자에서 막 풀려나오는 순간의 전자에 대응되는 극한 조건을 가정하면 신통하게도 양자역학의 식은 고전물리학이 내놓는 식과 일치하는 형태를 띤다. 이는 각기 다른 현상 영역을 맡아 설명하고 있는 두 이론이 극한 조건 아래 두 영역의 경계에서 만나 매끄러운 이음매를 만들며 연결되고 있음을 의미한다. 이런 연결을 통해 고전물리학과 양자역학은 물리학을 구성하는 상보적인 부분들로 자리를 잡는다.

　　만일 고전물리학이 폐기되어 사라졌거나 고전물리학과 양자역학이 매끄럽게 하나로 연결되지 못했다면, 20세기 물리학의 진보에 대한 평가는 논쟁거리가 될 수 있을 것이다. 그러나 우리가 가진 물리학 전체를 놓고 볼 때 분명해진 사실은 ㉠양자역학의 등장 역시 물리학의 진보로 귀결되었다는 것이다. 고전물리학과 특수상대성이론과 양자역학 덕분에 우리는 '다

채로우면서도 하나로 연결된 세계'에 대한 '다채로우면서도 하나로 연결된 물리학'을 가지고 있다.

01. 윗글의 내용을 바르게 이해한 것은?

① 혼돈 현상을 설명하는 데는 양자역학이 적용된다.
② 원자에 속한 전자의 운동을 설명하는 데는 고전물리학이 적용된다.
③ 고전물리학에 등장하는 모든 개념은 특수상대성이론에서도 유지된다.
④ 특수상대성이론에서 속도의 덧셈 법칙은 고전물리학에서와 동일한 식으로 표현된다.
⑤ 음속과 비슷한 속력의 운동은 고전물리학과 특수상대성이론 중 어느 것으로 설명하든 거의 차이가 없다.

02. ⊙의 판단을 가능하게 하는 위 글의 시각과 일치하지 않는 것은?

① 과학의 진보를 평가할 때는 이미 한계를 드러낸 옛 이론도 고려해야 한다.
② 물리학의 진보는 물리학으로 설명할 수 있는 현상의 범위가 확장되는 것을 의미한다.
③ 두 이론의 영역이 만나는 경계에서 두 이론의 식이 일치한다면 두 이론은 하나로 연결될 수 있다.
④ 두 이론이 기초하고 있는 전제가 서로 양립 불가능하다면 두 이론은 서로 매끄럽게 연결될 수 없다.
⑤ 옛 이론으로 풀 수 없던 문제를 새 이론이 해결했다고 해도 그것으로 과학의 진보가 보장되는 것은 아니다.

03. 윗글의 관점을 <보기>의 사례에 적용한 설명으로 가장 적절한 것은?

― 〈보 기〉 ―

갈릴레오 낙하 법칙 $s=\frac{1}{2}gt^2$은 자유롭게 낙하하는 물체의 낙하 거리(s)와 낙하 시간(t)의 관계를 나타낸다. 뉴턴 역학의 중력 법칙과 운동 방정식을 쓰면 갈릴레오의 법칙이 왜 성립하는지 설명할 수 있지만, 뉴턴 역학의 관점을 엄격히 적용하면 갈릴레오의 법칙은 정확한 진술이 아니다. 물체가 낙하함에 따라 물체와 지구 중심 사이의 거리가 변하고 그에 따라 둘 사이의 중력도 변하기 때문에, 낙하 법칙에서 상수로 가정된 중력가속도 g는 사실 상수가 아니다. 그러나 우리가 경험하는 낙하운동은 지구의 반지름에 비해 아주 작은 구간에서 일어나기 때문에 낙하하는 동안 중력이 일정하다고 간주할 수 있다.

① 특수상대성이론이 고전물리학의 식들을 포섭하는 것처럼 뉴턴 역학은 충분히 훌륭한 근사를 통해 갈릴레오의 법칙을 포함한다.
② 고전물리학과 양자역학의 영토가 매끄럽게 하나로 연결되고 있는 것처럼 갈릴레오의 법칙이 유효한 범위는 뉴턴 역학의 영토와 잇닿아 있다.
③ 갈릴레오의 법칙은 뉴턴 역학의 관점에서 상수가 아닌 g를 상수로 간주한다는 점에서 뉴턴 역학과 '하나로 연결된 물리학'을 형성할 수 없다.
④ 혼돈이론이 고전물리학과 양자역학을 연결하는 것과 마찬가지로 갈릴레오의 법칙은 뉴턴 이전의 역학과 뉴턴 역학을 연결하는 이음매 역할을 한다.
⑤ 갈릴레오의 법칙과 뉴턴 역학은 서로 상충하는 이론적 전제 위에 구축되었지만, 전자로 후자를 근사적으로 설명할 수 있기 때문에 한 이론의 상보적 부분들이 된다.

연습문제 2

[04~07] 다음 글을 읽고 물음에 답하시오.

김소월은 낭만적인 슬픔을 소박하고 서정적인 시구로 가장 아름답게 노래한 시인이다. 그러나 김소월의 슬픔은 「불놀이」의 슬픔과 그 역학을 달리한다. 주요한의 「불놀이」에는 슬픔에 섞여 생(生)의 잠재적 가능성에 대한 갈망이 강력하게 표현되었다가 곧 사라지고 만다. 이러한 주요한의 슬픔이 실현되지 아니한 가능성의 슬픔이라면, 소월의 슬픔은 차단되어 버린 가능성을 깨닫는 데서 오는 슬픔이다. 그는 쓰고 있다.

> 살았대나 죽었대나 같은 말을 가지고 사람은 살아서 늙어서야 죽나니, 그러하면
> 그 역시 그럴 듯도 한 일을, 하필코 내 몸이라 그 무엇이 어째서 오늘도 산마루에 올라서서 우느냐.

김소월에게서 우리는 생에 대한 깊은 허무주의를 발견한다. 이 허무주의는 소월이 보다 큰 시적 발전을 이루는 데 커다란 장애물이 된다. 허무주의는 그로 하여금 보다 넓은 데로 향하는 생의 에너지를 상실하게 하고, 그의 시로 하여금 한낱 자기 탐닉의 도구로 떨어지게 한다. 소월의 슬픔은 말하자면 자족적인 것이다. 그것은 그것 자체의 해결이 된다. 슬픔의 표현은 그대로 슬픔으로부터의 해방이 되는 것이다.

시에서의 부정적인 감정의 표현은 대개 이러한 일면을 갖는다. 문제는 그것의 정도와 근본적인 지향에 있다. 그것은 자기 연민의 감미로움과 체념의 평화로써 우리를 위로해 준다. 그렇다고 해서 모든 시가 멜로드라마의 대단원처럼 분명한 긍정을 제시해야 한다는 말은 아니다. 우리는 소월의 경우보다 더 깊이 생의 어둠 속으로 내려간 인간들을 안다. 횔덜린이나 릴케의 경우가 그렇다. 이들에게 있어서 고통은 깊은 절망이 된 다음 난폭하게 다시 세상으로 튕겨져 나온다. 그리하여 절망은 절망을 만들어 내는 세계에 대한 맹렬한 반항이 된다. 이들이 밝음을 긍정했다면, 어둠을 거부하는 또는 어둠을 들추어내는 행위 그 이상의 것으로서 긍정한 것은 아니다. 앞에서 말한 바와 같이 소월의 부정적 감정주의의 잘못은 그것이 부정적이라는 사실보다 밖으로 향하는 에너지를 가지고 있지 않다는 데에 있다.

안으로 꼬여든 감정주의의 결과는 시적인 몽롱함이다. 밖에 있는 세계나 정신적인 실체의 세계는 분명한 현상으로 파악되지 아니한다. 모든 것은 감정의 안개 속에 흐릿한 모습을 띠게 된다. 앞에서 우리는 부정적인 감정주의가 밖으로 향하는 에너지를 마비시킨다는 사실을 언급하였는데, 이 밖으로 향하는 에너지란 '보려는' 에너지와 표리일체를 이룬다. 시에서 가장 중요한 것은 바르게 보는 것이며, 여기서 바르게 본다는 것은 가치의 질서 속에서 본다는 것이다. 그러니까 시는 겉으로 그렇게 나타나지 않을 경우에 있어서도 인간에 대한 신념을 전제로 가지고 있다. 따라서 완전히 수동적인 허무주의가 시적 인식을 몽롱한 것이 되게 하는 것은 있을 수 있는 일인 것이다. 가령 랭보에게 있어서 어둠에로의 하강은 '보려는' 에너지와 불가분의 것이며, 이 에너지에 있어서 이미 수동적인 허무주의는 부정되어 있다고 할 수 있다.

소월의 경우를 좀 더 일반화하여 우리는 여기에서 ⊙ 한국 낭만주의의 매우 중요한 일면을 지적할 수 있다. 서구의 낭만 시인들이 감정으로 향해 갔을 때, 그들은 감정이 주는 위안을 찾고 있었다기보다는(그런 면이 없지 않아 있었지만), 리얼리티를 인식하는 새로운 수단을 찾고 있었던 것이다. 다시 말하여 그들에게는 이성이 아니라 감정과 직관이 진실을 아는 데 보다 적절한 수단으로 느껴졌던 것이다. 그러니까 ⓒ 서구 낭만주의의 가장 근원적인 충동의 하나는 영국의 영문학자 허버트 그리슨 경의 말을 빌면, 형이상학적 전율 이었다. 이 전율은 감정의 침례(浸禮)를, 보다 다양하고 새로운 가능성에 관한 직관으로 변용시킨다. 한국의 낭만주의가 결하고 있는 것은 이 전율, 곧 사물의 핵심에까지 꿰뚫어 보고야 말겠다는 형이상학적 충동이었다. 이 결여가 성급한 허무주의와 불가분의 관계에 있다는 것은 위에서 말한 바 있다.

그러면 소월의 허무주의의 밑바닥에 있는 것은 무엇인가? 시인의 개인적인 기질이나 자전적인 사실이 거기에 관여되었음을 생각할 수도 있다. 그러나 그 원인이 된 것은 무엇보다도 한국인의 정신적 지평에 장기(瘴氣)*처럼 서려 있어 그 모든 활동을 힘없고 병든 것이게 한 일제 점령의 중압감이었을 것이다. 소월은 산다는 것이 무엇을 위한 것인가 하고 되풀이하여

묻는다. 그러나 이 물음은 진정한 물음이 되지 못한다. 그는 이 물음을 진정한 탐구의 충동으로 변화시키지 못한다. 그는 이미 산다는 것은 죽는다는 것과 같다는 답을, "잘 살며 못 살며 할 일이 아니라 죽지 못해 산다는 ……"(「어버이」) 답을 가지고 있다.

그러나 그는 또 한 번 물을 수가 있었을 것이다. 무엇이 "죽지 못해 사는" 인생의 원인인가 하고. 앞에서도 말한 바와 같이 그에게는 '보려는' 에너지, '물어보는' 에너지가 결여되어 있다. 그는 너무나 수동적으로 허무주의적인 것이다. 그러나 질문의 포기는 이해할 만한 것이다. "죽지 못해 사는" 인생의 첫째 원인은 누구나 알면서 말로 표현할 수 없는 것이기 때문이다. 소월이 그의 절망의 배경에 있는 것을 분명하게 이야기할 수 있을 때, 그의 시는 조금 선명해진다. 「바라건대는 우리에게 우리의 보습 대일 땅이 있었더면」은 그의 절망에 정치적인 답변을 준 드문 시 가운데 하나이다.

* 장기: 축축하고 더운 땅에서 생기는 독한 기운

04. 윗글에 나타난 김소월 시에 대한 설명으로 적절한 것은?

① 어둠에 대한 합리적 인식을 통하여 삶의 의미를 탐구하고 있다.
② 시대상황 때문에 어둠의 세계 바깥으로 나가는 것을 포기하고 있다.
③ 자기 연민과 체념의 감미로움을 부정하고 어둠 자체를 지향하고 있다.
④ 어둠의 세계에 대한 깊은 절망을 생의 에너지로 전환하여 표출하고 있다.
⑤ 생의 잠재적 가능성을 통해 밝음이 사라진 세계의 슬픔을 극복하고 있다.

05. ㉠과 ㉡의 관계에 대한 설명으로 적절한 것은?

① ㉠과 ㉡은 모두 내적인 고통과 절망에서 벗어나지 못하고 있다.
② ㉠이 ㉡처럼 성공하지 못한 것은 목표를 향한 조급한 열정 때문이다.
③ ㉡은 ㉠과 달리 선명한 시적 인식에 도달하고 있다.
④ ㉡은 ㉠과 마찬가지로 허무주의에서 벗어날 수 있는 가능성을 포기하고 있다.
⑤ ㉠은 밖으로 향하는 에너지를 가지고 있고, ㉡은 보려는 에너지를 가지고 있다.

06. 형이상학적 전율 에 대한 진술로 적절하지 않은 것은?

① 이상세계에 대한 뚜렷한 전망을 제시한다.
② 리얼리티에 대한 새로운 인식을 지향한다.
③ 자기 밖으로 향하는 의지가 전제되어야 한다.
④ 가능성의 세계에 대한 직관적 통찰을 가능하게 한다.
⑤ 가치와 의미에 대한 진정한 탐구의 충동을 바탕으로 한다.

07. 필자가 지향하는 바에 가장 가까운 시는?

① 시각적 이미지를 통해 일상을 명징하게 표현한 시
② 세계에 대해 인식하고 정치적으로 반항하는 시
③ 한(恨)을 통해 직접적으로 감정을 위로하는 시
④ 현실의 진면모를 파악하려는 열의를 담은 시
⑤ 집단적 슬픔으로써 개인적 슬픔을 초월한 시

연습문제 3

[08~10] 다음 글을 읽고 물음에 답하시오.

15 LEET 문24~26

인격체는 인간이나 유인원과 같은 동물처럼 자기의식을 지닌 합리적 존재인데, 이들은 자율적 판단 능력을 가지고 있고 자신의 삶이 미래에도 지속될 것을 인식할 수 있다. 반면에 그러한 인격적 특성을 지니고 있지 않은 물고기와 같은 동물은 비인격체로서 자기의식이 없으며 단지 고통과 쾌락을 느낄 수 있는 감각적 능력만을 갖고 있다. 그렇다면 인격체를 죽이는 것이 비인격체를 죽이는 것보다 더 심각한 문제가 되는 이유는 무엇인가?

사람을 죽이는 행위를 나쁘다고 간주하는 이유들 중의 하나는 그것이 살해당하는 사람에게 고통을 주기 때문이다. 그런데 그 사람에게 전혀 고통을 주지 않고 그 사람을 죽이는 경우라고 해도 이를 나쁘다고 볼 수 있는 근거는 무엇인가? '고전적 공리주의'는 어떤 행위가 불러일으키는 쾌락과 고통의 양을 기준으로 그 행위에 대해 가치 평가를 내린다. 이 관점을 따를 경우에 그러한 살인은 그 사람에게 고통을 주지도 않고 고통과 쾌락을 느낄 주체 자체를 아예 없애기 때문에 이를 나쁘다고 볼 근거는 없다. 따라서 피살자가 겪게 되는 고통의 증가라는 '직접적 이유'를 내세워 그러한 형태의 살인을 비판하기는 어렵다. 고전적 공리주의의 관점에서는 피살자가 아니라 다른 사람들이 겪게 되는 고통의 증가라는 '간접적 이유'를 내세워 인격체에 대한 살생을 나쁘다고 비판할 수 있다. 살인 사건이 주변 사람들에게 알려지면 이를 알게 된 사람들은 비인격체와는 달리 자신도 언젠가 살해를 당할 수 있다는 불안과 공포를 느끼게 되고 이로 인해 고통이 증가하는 결과가 발생하므로 살인이 나쁘다는 것이다.

이에 비해 '선호 공리주의'는 인격체의 특성과 관련하여 그러한 살인을 나쁘다고 보는 직접적 이유를 제시한다. 이 관점은 어떤 행위에 의해 영향을 받는 선호들의 충족이나 좌절을 기준으로 그 행위에 대해 가치 평가를 내린다. 따라서 고통 없이 죽이는 경우라고 해도 계속 살기를 원하는 사람을 죽이는 것은 살려고 하는 선호를 좌절시켰다는 점에서 나쁜 것으로 볼 수 있다. 특히 인격체는 비인격체에 비해 대단히 미래 지향적이다. 그러므로 인격체를 죽이는 행위는 단지 하나의 선호를 좌절시키는 것이 아니라 그가 미래에 하려고 했던 여러 일들까지 좌절시키는 것이므로 비인격체를 죽이는 행위보다 더 나쁘다.

'자율성론'은 공리주의와는 다른 방식으로 이 문제에 접근하여 살인을 나쁘다고 비판하는 직접적 이유를 제시한다. 이 입장은 어떤 행위가 자율성을 침해하는지 그렇지 않은지를 기준으로 그 행위에 대해 가치 평가를 내린다. 인격체는 비인격체와는 달리 여러 가능성을 고려하면서 스스로 선택하고, 그 선택에 따라 행동하는 능력을 지닌 자율적 존재이며, 그러한 인격체의 자율성은 존중되어야 한다. 인격체는 삶과 죽음의 의미를 파악하여 그 중 하나를 스스로 선택할 수 있다. 이러한 선택은 가장 근본적인 선택인데, 죽지 않기를 선택한 사람을 죽이는 행위는 가장 심각한 자율성의 침해가 된다. 이와 관련하여 공리주의는 자율성의 존중 그 자체를 독립적인 가치나 근본적인 도덕 원칙으로 받아들이지는 않지만 자율성의 존중이 대체로 더 좋은 결과를 가져온다는 점에서 통상적으로 그것을 옹호할 가능성이 높다.

인격체의 살생과 관련된 이러한 논변들은 인간뿐만 아니라 유인원과 같은 동물에게도 적용되어야 한다. 다만 고전적 공리주의의 논변은 유인원과 같은 동물에게 적용하는 데 조금 어려움이 있을 수도 있다. 왜냐하면 인간에 비해 그런 동물은 멀리서 발생한 동료의 살생에 대해 알기 어렵기 때문이다. 여러 실험과 관찰을 통해 확인할 수 있듯이 침팬지와 같은 유인원은 자기의식을 지닌 합리적 존재로서 선호와 자율성을 지니고 있다. 따라서 이러한 인격적 특성을 지닌 존재를 단지 종이 다르다고 해서 차별적으로 대하는 것은 옳지 않으며, 그런 존재를 죽이는 것은 인간을 죽이는 것과 마찬가지로 나쁜 일이다. 인격체로서의 인간이 특별한 생명의 가치를 가진다면 인격체인 유인원과 같은 동물도 그러한 특별한 생명의 가치를 인정받아야 한다.

08. 윗글의 내용과 부합하지 않는 것은?

① 자율성의 존재 여부는 인간과 동물을 구분하는 중요한 기준이다.
② 모든 동물이 인간과 같은 정도의 미래 지향성을 갖는 것은 아니다.
③ 죽음과 관련하여 모든 동물의 생명이 같은 가치를 가지는 것은 아니다.
④ 자기 존재에 대한 의식은 인격체와 비인격체를 구분하는 중요한 기준이다.
⑤ 인격적 특성을 가진 동물의 생명은 인간의 생명과 비교하여 차별되어서는 안 된다.

09. 윗글에서 추론한 것으로 적절하지 않은 것은?

① 어떠한 선호도 가지지 않는 존재를 죽이는 행위가 다른 존재에게 아무런 영향도 주지 않는다면, 선호 공리주의는 그 행위를 나쁘다고 비판하기 어렵다.
② 아무도 모르게 고통을 주지 않고 살인을 하는 경우라면 고전적 공리주의는 '간접적 이유'를 근거로 이를 비판하기 어렵다.
③ 아무런 고통을 느낄 수 없는 존재를 죽이는 행위에 대해 고전적 공리주의는 '직접적 이유'를 근거로 비판하기 어렵다.
④ 인격체 살생에 대한 찬반 문제에서 공리주의와 자율성론은 상반되는 입장을 취할 가능성이 높다.
⑤ 자율성론에서는 불치병에 걸린 환자가 죽기를 원하는 경우에 안락사가 허용될 수 있다.

10. <보기>의 갑과 을의 행위에 대한 아래의 평가 중 적절한 것만을 있는 대로 고른 것은?

─〈보 기〉─

○ 갑은 미래에 대한 다양한 기대, 삶의 욕망 등을 갖고 행복하게 살던 고릴라를 약물을 사용하여 고통 없이 죽였다. 이 죽음은 다른 고릴라들에게 커다란 슬픔과 죽음의 공포를 주었으며, 그 이외의 영향은 없다.
○ 을은 눈앞에 있는 먹이를 먹으려는 욕구만을 지닌 채 별 어려움 없이 살아가던 물고기를 고통을 주는 도구를 사용하여 죽였으며, 그 죽음에 의해 영향을 받는 존재는 없다.

ㄱ. 고전적 공리주의는 갑의 행위는 나쁘지만 을의 행위는 나쁘지 않다고 본다.
ㄴ. 선호 공리주의는 갑의 행위가 을의 행위에 비해 더 나쁘다고 본다.
ㄷ. 자율성론은 갑의 행위와 을의 행위가 모두 나쁘다고 본다.

① ㄱ ② ㄴ ③ ㄱ, ㄴ
④ ㄱ, ㄷ ⑤ ㄴ, ㄷ

연습문제 4

[11~13] 다음 글을 읽고 물음에 답하시오.

17 LEET 문1~3

넓은 바다에서 여러 사람을 태운 배가 난파하였다. 바다에 빠진 선원 A는 바다 위에 떠 있는 널판을 발견하였다. 널판은 한 사람을 겨우 지탱할 만큼밖에 되지 않았다. 선원 A가 널판으로 헤엄쳐 갈 때, 마침 미처 붙잡을 만한 것을 찾지 못한 선원 B도 널판 쪽으로 헤엄쳐 왔다. 선원 A와 선원 B는 동시에 그 널판을 붙잡게 되었다. 두 사람이 계속 붙잡고 있다가는 널판이 가라앉을 것이기 때문에 선원 A는 둘 다 빠져 죽을까 걱정하여 선원 B를 널판에서 밀어내었다. 선원 B는 결국 물에 빠져 죽었고 선원 A는 구조되었다. 이는 고대 그리스의 철학자 카르네아데스가 만든 가상의 사건 '카르네아데스의 널'을 바탕으로 재구성한 사례이다. 이 사례는 윤리적으로 허용될 수 있는지도 논란거리가 되지만, 형법상 처벌되어야 하는지도 따져 볼 만하다.

범죄는 '(1) 구성요건에 해당하고, (2) 위법하며, (3) 유책한 행위'라고 정의된다. 이 세 가지 요소 가운데 하나라도 빠지면 범죄는 성립하지 않는다. 이 중 구성요건이란 형벌을 부과할 대상이 되는 위법한 행위를 형법에 유형화하여 기술해 놓은 것을 말한다. 예를 들면, 형법 제250조 제1항은 "사람을 살해한 자는 사형, 무기 또는 5년 이상의 징역에 처한다."라고 규정하는데, 여기서 사람을 살해한다는 것이 구성요건이다. 따라서 구체적인 사실이 구성요건에 해당할 때에는 일반적으로 위법하다.

구성요건에 해당하더라도 위법하다고 볼 수 없을 때가 있다. 잘 알려진 것으로는 정당방위, 긴급피난에 해당하는 경우가 있다. 정당방위는 자기 또는 타인의 법익을 현재의 위법한 침해로부터 방위하기 위하여 상당한 이유가 있는 행위를 하는 것을 말한다. 여기에는 법이 불법에 양보할 필요가 없다는 전제가 깔려 있다. 긴급피난은 자기 또는 타인의 법익에 대한 현재의 위난을 피하기 위하여 상당한 이유가 있는 행위를 하는 것을 말한다. 생명과 같이 대체할 수 없는 큰 법익을 지키기 위해 어쩔 수 없이 재산과 같은 법익을 희생시킨 일을 가지고 사회적인 해악을 일으킨 위법한 행위라 하지 않는 것이다. 긴급피난은 꼭 위법한 침해 행위로 일어난 위난에 대하여만 인정하는 것이 아니라는 점에서 정당방위와 다르다.

앞의 사례에서 선원 A와 선원 B가 동시에 널판을 잡은 행위는 저마다의 생명을 생각할 때 불가피한 일이었다. 이 상황은 선원 A의 입장에서 급박한 위난이었고, 선원 A의 이어진 행위는 위난을 피하는 데 절실한 것이었다. 이러한 선원 A의 행위에 대해 ⊙ 정당방위가 인정된다고 생각하는 이나, ⓒ 긴급피난이 성립하여 위법성이 없다고 파악하는 이가 있을지 모른다. 그러나 그 어느 쪽도 해당하지 않는다고 해야 한다.

우선 정당방위의 요건을 생각할 때 위난에 빠진 선원 B의 행위에 대한 선원 A의 행위를 정당방위로 볼 수는 없으며, 또한 긴급피난이 성립하려면 보호한 법익이 침해한 법익보다 훨씬 커야 하는데 이 사례는 여기에 해당하지 않는다. 그렇다고 해서 곧바로 선원 A에게 범죄가 성립한다고 단정할 수는 없다. 범죄가 성립하기 위해서는 '책임'이라고 하는 점도 고려해야 하기 때문이다. 범죄는 유책한 행위, 곧 행위자에게 책임을 물을 수 있는 행위여야 성립할 수 있는 것이다. 따라서 유책하지 않은 행위를 들어 형벌을 부과할 수 없다.

위법성은 개인의 행위를 법질서와의 관계에서 판단하는 것이어서, 행위자 개인의 특수성은 위법성 판단의 기준이 되지 않는다. 형법에서 위법한 행위를 한 행위자 개인을 비난할 수 있는가 하는 것이 바로 책임의 문제이다. 형법상 책임은 행위자에 대한 법적 비난 가능성의 문제인 것이다. 이는 구체적인 상황에서 행위자가 위법한 행위 말고 다른 행위를 할 수 있었겠는가 하는 기대 가능성으로 볼 수 있다. 적법한 행위를 할 수 있었는데도 위법한 행위를 한 데에 대하여는 윤리적인 비판뿐만 아니라 법적인 비난이 가해져야 하기 때문이다. '카르네아데스의 널'을 재구성한 사례에서 선원 A가 자신의 목숨을 희생하는 쪽을 선택하였다면 숭고한 선행임에 틀림없지만, 그렇게 하지 않은 데 대하여 윤리적인 비판은 몰라도 법적인 비난을 하기는 어렵다고 보는 것이 일반적이다.

11. 사례 에 관한 윗글의 이해로 적절한 것은?

① 선원 A나 선원 B의 행위는 모두 위난을 벗어나고자 한 것이라 할 수 있다.
② 선원 B가 만약 선원 A를 밀어 빠져 죽게 하였다면 그 행위는 범죄가 된다.
③ 선원 A와 선원 B의 행위는 형법상 살인죄의 구성요건에 해당하지 않는다.
④ 선원 B에 대한 선원 A의 행위는 윤리적으로 타당하기 때문에 형법상 비난받지 않는 것이다.
⑤ 선원 A가 선원 B를 살리는 선택을 하였더라도 그것을 윤리적으로 드높은 덕행이라 할 수 없다.

12. ㉠, ㉡에 대해 추론한 내용으로 적절하지 않은 것은?

① ㉠은 선원 B의 행위가 위법한 침해라고 주장할 것이다.
② ㉠은 선원 A의 행위가 현재 자기에게 닥친 침해를 해결하려 한 것이라고 주장할 것이다.
③ ㉡은 선원 B의 행위가 위법한 침해라고 주장하지 않아도 된다.
④ ㉡은 선원 A의 행위에 대한 범죄 성립 여부는 그의 책임에 대한 문제까지 따져야 결정될 것이라고 볼 것이다.
⑤ ㉠과 ㉡은 모두 선원 A의 행위가 현재 직면한 위난을 해결하는 데 상당한 이유가 있는 것이었다고 볼 것이다.

13. 윗글에 따를 때, 선원 A의 '책임'에 대한 설명으로 가장 적절한 것은?

① 구성요건에 해당하지 않는 행위는 책임을 따질 필요가 없기 때문에, 선원 A의 책임은 인정되지 않는다.
② 형법상 책임이 있다는 것은 적법한 다른 행위를 할 수 있는 상황임을 전제하기 때문에, 선원 A는 책임이 있다.
③ 선원 A의 책임 유무를 따지는 것은, 자신의 생명에 대한 위난을 피하기 위해 남의 생명을 침해한 행위가 위법하다고 인정되기 때문이다.
④ 유책하지 않은 행위에 대하여는 정당방위가 성립할 수 없기 때문에, 선원 A의 행위에 대하여는 정당방위를 따지지 않고 책임의 문제를 검토하는 것이다.
⑤ 선원 A의 행위가 위법한지는 따져 보지 않아도 되는 것은, 위법성은 행위에 대한 법규범적 판단인 데 반하여 책임은 행위자에 대한 윤리적인 비난 가능성을 검토하는 것이기 때문이다.

합격을 꿈꾼다면, 해커스로스쿨
lawschool.Hackers.com

해커스 LEET 이재빈 언어이해 독해의 기초

스킬 4
다중 분할

1 스킬 소개

LEET 언어이해 지문이 수능 국어 비문학 지문이나 PSAT 언어논리 지문 등 여타의 언어 시험에 비해 훨씬 더 강한 인지적 부하를 두뇌에 부여하는 이유 중 하나는 논지 전개 과정의 복잡성이 더 높기 때문입니다. LEET 언어이해 지문의 인지적 부하가 더 강하다는 점을 단적으로 보여주는 부분이 개념을 분할하는 과정에서 다른 언어 시험은 일반적으로 두 개로 분할하는 사고가 등장하는 것에 비해, LEET 언어이해 지문의 경우에는 세 개 이상으로 분할하는 사고가 등장한다는 점입니다.

예를 들어 2006학년도 MDEET 언어추론 20~22번 문항 지문과 2022학년도 LEET 언어이해 19~21번 문항 지문은 주주와 경영자 사이의 이해 상충이라는 매우 유사한 소재를 다루고 있습니다. 그러나 전자에 비해 후자가 지문의 난도가 훨씬 더 높은데, 그 이유는 MDEET 언어추론 20~22번 문항 지문은 기업의 행위를 '소유'와 '경영'으로만 분할하여 논지를 전개하는 것에 비해, LEET 언어이해 19~21번 문항 지문은 '소유', '지배', '경영'의 세 가지로 분할하여 논지를 전개하였기 때문에, 훨씬 더 독해하기가 난해하고 지문의 흐름을 파악하기가 어렵습니다.

가령 다중 분할된 개념을 각각 A1, A2, A3라 할 때, A1, A2, A3에 대한 각각의 서술이 진행되기 때문에 서술된 내용이 A1, A2, A3 중 어느 내용에 대응되는지를 파악하면서 독해하지 않으면, 글을 읽어도 머리에 남은 내용이 아무것도 없는 결과에 직면하게 될 것입니다. 이 부분에 어려움을 겪는 학생들은 A1 관련 내용에는 동그라미, A2 관련 내용에는 네모, A3 관련 내용에는 세모를 그리는 방식으로 지문에 표지하는 것을 연습하시고, 더 나아가서는 그러한 표지에 의존하지 않더라도 머리에 다중 분할된 개념이 논지 전개되는 것이 그려지도록 사고하는 방식을 지속적으로 훈련하셔야 합니다.

이처럼 대한민국에서 출제되는 여타 언어 관련 시험 중에서도 가장 난도가 높은 LEET 언어이해는 개념을 다중 분할하는 사고 과정이 빈번하게 출제되기 때문에, 여러분들의 언어 독해의 메커니즘을 다중 분할이 제시되는 지문을 원활하게 독해할 수 있는 정도의 수준으로 한 차원 업그레이드하여야 만이 LEET 언어이해라는 시험에서 요구하는 독해력 수준을 갖출 수 있습니다.

핵심 한 줄 요약

다중 분할
A라는 개념을 A1, A2, A3 등 세 개 이상의 개념으로 분할하기

2 독해 전략

STEP 1 | 지문의 핵심 개념이 다중 분할됨을 확인한다.

✓ 지문의 서두에 주어진 개념을 여러 개로 분할하는 사고가 등장함을 확인한다.
✓ 분할된 개념에 서로 다른 표지를 취함으로써 다중 분할된 개념을 중심으로 여러 갈래로 전개되는 글의 논지를 파악할 준비를 한다.

▼

STEP 2 | 해당하는 개념에 따라 주어진 내용을 연결하며 읽는다.

✓ 다중 분할이 등장하는 지문의 경우, "A1은 어떻고, A2는 어떻고, A3는 어떻고"와 같은 방식으로 지문이 전개되기 때문에, 각각의 내용에 해당되는 서술이 혼동되지 않도록 명확하게 체크하여야 한다. 혼동되는 경우 표지를 분명하게 활용하는 편이 오독을 줄일 수 있다.

▼

STEP 3 | 서로 다른 개념에 대한 서술을 혼동하지 않는지 유의하면서 문제에 접근한다.

✓ 다중 분할이 등장하는 지문의 경우, 문제의 선지에서 주어를 A1으로 놓고, A2에 대한 서술을 연결하는 등의 방식으로 오답 선지를 만드는 경우가 많으므로 오답 선지를 만드는 출제자의 의도를 명확하게 파악하여 정확히 답을 골라낼 수 있도록 한다.

3 문제에 적용해보기

독해 전략을 적용하여 연습문제를 풀이해 봅시다.

연습문제 1

[01~03] 다음 글을 읽고 물음에 답하시오.

10 LEET 문33~35

　철학적 글쓰기 방식에 대한 규정은 철학의 학문적 성격에 대한 규정과 직결된다. 현상에 대한 실증적 자료를 통해 그 타당성이 판정되는 경험과학과는 달리, 철학은 현상 너머의 메타 원리를 알고자 한다. 동시에 그것이 학문인 한 철학은 결코 정당화의 책무에서 자유로울 수 없기에, 주장의 선언이 아닌 엄밀한 논증의 형태로 존립해야 한다. 따라서 어떤 텍스트에 '철학적'이라는 수식어가 붙을 수 있는지는, 그 내용 기술이 이 조건을 충족하는지에 따라 결정될 수 있으므로, 그것이 구체적으로 어떤 양식으로 작성되는가 하는 것은 단순한 사적 취향의 문제에 그치는 것이 아니라, 어떤 양식이 철학의 학적 건강도를 얼마나 높일 수 있느냐 하는 문제와 연관된 쉽지 않은 사안이다.

　이 점에서 회슬레의 철학 장르론은 주목을 끈다. 그의 이론은 '객관성', '주관성', '간주관성'이라는 범주를 중심으로 전개되는데, 범주의 이러한 삼분화에는 그 나름의 이유가 있다. 우선 이 세 범주는 각각 존재, 인식, 의사소통이라는 영역을 포섭하는 것으로서, 철학적 주제의 전 영역을 가리킨다. 즉 철학적 진술은 어떤 개성을 지닌 저자가 어떤 입장에서 어떤 주제에 집중하건, 결국 객관적 대상에 관한 진술, 그 대상을 마주하는 주체에 관한 진술, 또는 주체들끼리의 관계에 관한 진술 중 적어도 하나에 속한다. 나아가 이 범주들은 철학적 글쓰기 양식의 유형학적 분류에 유용하다. 즉 철학적 진술은 문제의 주제를 전면에 내세워 다루는 방식, 주제에 대한 자신의 내면적 사유의 흐름을 기술하는 방식, 또는 문제를 둘러싼 여러 주장들을 직접 대결시켜 보는 방식으로 전개될 수 있는데, 이 세 유형의 철학 텍스트 양식을 그는 각각 ⓐ '객관성의 장르', ⓑ '주관성의 장르', ⓒ '간주관성의 장르'라고 부른다. 물론 세 범주에 포섭되는 세 주제 영역과 세 유형의 텍스트 양식 사이에 어떤 필연적인 일대일 대응이 요구되지는 않는다. 즉 하나의 범주에 속하는 주제는 다른 범주에 속하는 글쓰기 양식으로도 기술될 수 있다.

　먼저 객관성의 장르에서는 주로 주제 그 자체가 주어로 등장하며, 문체상 저자의 개성이 확연히 드러나는 경우에도 저자 개인이 텍스트에 직접 등장하지는 않는다. 가령 헤겔은 〈논리학〉에서 결코 그 자신에 관해 말하지 않거니와, 이 저작은 철저히 개념들의 논리적 규정 및 그것들 간의 이행 관계 등에 대한 기술로만 구성된다. 이는 진술의 진행이 저자의 자의적 구성에 의해서가 아니라 주제 자체의 논리에 의해 이루어지도록 하기 위함이다. 반면 주관성의 장르에서는 저자 개인 또는 주제와 관련된 그의 사유의 전개 과정이 직접적으로 드러난다. 가령 데카르트의 〈성찰〉에서 대부분의 문장은 1인칭 단수의 동사나 대명사로 구성되어 있다. 이러한 텍스트를 통해 독자는 저자의 사유 과정을 생생하게 따라가며 확인할 수 있다. 끝으로 플라톤의 〈국가〉와 같은, 간주관성의 장르의 전형인 대화편에서는 저자 개인뿐 아니라 타인 또한 명시적 발화 주체로 등장하며, 심지어 저자 자신이 타인의 형태로 등장하기도 한다. 이로써 주장들은 좀 더 생생하게 전달될 뿐 아니라 그것들 간의 대립 및 친화 관계도 잘 드러난다.

　회슬레는 특히 대화편이라는 장르에 관심을 보이는데, 이는 간주관성의 범주에 각별한 지위를 부여하기 때문이다. 즉 철학적 주제는 그 자체로는 드러날 수 없으며 발화자인 저자에 의해 비로소 주제로서 표면화된다. 그리고 저자의 발화 행위는 이미 그것을 읽고 이해하고 물음 또는 반론을 던지는 독자의 존재를 전제로 성립한다. 다시 말해 객관성은 주관성을 요청하고, 주관성은 또 다른 주관성과의 관계를 통해 비로소 의미를 얻기 때문에, 결국 앞의 두 범주는 간주관성으로 수렴된다. 이러한 원론적인 측면을 논외로 하더라도 대화편은 철학의 본원적 난제, 즉 메타 차원의 문제에 대한 이론을 정당화된 논변으로 구성하기가 극히 어렵다는 사정을 해소하려는 노력에서 상대적으로 유리하다. 왜냐하면 저자의 주장이 설득력을 지니려면 예상되는 반론들을 견뎌야 하는데, 대화편에서는 저자의 견해를 대변하는 인물뿐 아니라 그에 맞선 반론의 주체 등, 그 나름의 논리로 무장한 다양한 관점의 인물들이 동격의 토론 참여자로 등장하며, 저자는 그 반론들과 자신의 재반론을 지속적으로 경합시키는 과정을 통해 자신의 정당성을 강화해 나아가기 때문이다.

요즘 철학에서 대화편이 저술되는 경우는 드물다. 간주관성의 옹호자 회슬레에게 이는 유감스러울 수밖에 없다. 이러한 상황은 철학적 텍스트의 생명을 좌우하는 논증의 엄밀성은 '주제 그 자체'를 중심으로 개진되는 객관성의 장르에서 잘 성취될 수 있다는 일반적인 확신에서 비롯된 것이다. 그러나 논증의 폭과 반론에 대한 면역성이라는 차원에서 볼 때는 오히려 대화편이 더 유리할 수 있다는 점을 생각하면, 이 장르의 저술이 거의 없다는 현재의 상황에 대한 회슬레의 유감은 이해할 만하다.

01. 위 글의 '철학적 텍스트'에 대한 설명으로 옳지 않은 것은?

① 양식의 선택이 주장의 타당성을 결정한다.
② 주장의 정당화 전략에 따라 양식이 선택된다.
③ 반론을 견디는 힘이 주장의 정당성을 강화한다.
④ 양식에 대한 저자의 사적 취향은 부차적 문제이다.
⑤ 진술 내용에 대한 실증적인 자료를 제시하기 어렵다.

02. ⓐ, ⓑ, ⓒ를 바르게 이해한 것만을 <보기>에서 있는 대로 고른 것은?

─〈보 기〉─

ㄱ. ⓐ와 ⓑ도 '간주관성'을 주제로 다룰 수 있다.
ㄴ. ⓐ와 ⓒ도 저자를 '나'로 전면에 내세울 수 있다.
ㄷ. ⓑ와 ⓒ도 저자의 개성을 드러낼 수 있다.

① ㄱ　　　　　　② ㄴ　　　　　　③ ㄱ, ㄴ
④ ㄱ, ㄷ　　　　⑤ ㄴ, ㄷ

03. '회슬레'가 <보기>의 '심사위원'이라고 할 때 취할 만한 입장으로 가장 적절한 것은?

─〈보 기〉─

철학과의 한 학생이 박사학위 청구논문을 대화편 형식으로 써서 심사위원회에 제출했다. 심사위원들 간에는 이 글이 심사 대상 논문으로서 자격을 갖추었는지를 둘러싸고 격렬한 논쟁이 벌어졌다.

① 대화편이라는 양식이 논문의 일차적인 목적인 논증의 정당화에 기여한다면, 이러한 방식의 글쓰기도 용인할 수 있다.
② 논증하기 어려운 고급 문제들을 다루는 것이 철학 논문이므로, 희곡 형식과 유사한 방식의 글쓰기는 용인할 수 없다.
③ 필자가 학생이라면 아직 엄밀한 논증을 전개할 수 있는 능력을 갖추지 못했으므로, 이러한 양식 채택은 용인할 수 없다.
④ 틀에 박힌 글쓰기 양식의 한계를 넘어 철학적 상상력의 무제한적 실험을 감행한 용기 있는 시도이므로, 이러한 양식 채택을 용인할 수 있다.
⑤ 주장들의 대결 구도가 명확히 드러나고 등장인물들 사이의 갈등 관계가 박진감 있게 진행된다면, 이러한 양식 채택을 용인할 수 있다.

연습문제 2

[04~06] 다음 글을 읽고 물음에 답하시오.

흔히 자유에는 두 가지가 있다고 한다. 자기가 원하는 것을 할 수 있는 적극적 자유와, 자기가 원하는 바를 하지 못하게 막는 속박으로부터의 자유, 즉 소극적 자유가 그것이다. 이렇게 적극적 자유와 소극적 자유를 구분하는 견해는 적극적 자유를 속박 개념으로 설명하지 않고 소극적 자유만을 속박 개념으로 설명하고 있다. 하지만 이것은 속박 개념의 분석에 의해 효과적으로 비판할 수 있다.

우리가 일상에서 경험하는 속박들 사이에 두 가지 중요한 구분이 이루어질 수 있다. 그 구분이란 적극적 속박과 소극적 속박, 그리고 내적 속박과 외적 속박 간의 구분이다. 나아가 이러한 속박들은 종횡으로 얽혀 네 개의 범주, 곧 내적인 적극적 속박, ㉠ 내적인 소극적 속박, 외적인 적극적 속박, 그리고 외적인 소극적 속박으로 나뉠 수 있다.

적극적 속박은 어떤 것이 있어서 내가 원하는 것을 하는 데에 장애가 되는 경우를 말한다. 협박, 방해, 신체의 구속이 그런 속박의 예이다. 그에 반해 소극적 속박은 어떤 것이 없어서 장애가 되는 경우를 말한다. 예컨대, 돈, 힘, 기술, 지식 등의 부족은 내가 원하는 어떤 것을 하는 데에 장애가 될 수 있다. 이러한 조건들은 부재하는 조건이란 점에서 소극적이다.

내적 속박과 외적 속박을 어떻게 구분하는가 하는 문제는 자아의 경계를 어떻게 정하는가에 달려 있다. 만일 자아를 양심이나 이성으로 좁게 한정하면, 거의 모든 속박들이 외적인 것이 되어 버리는 문제점이 있다. 그래서 내적 속박과 외적 속박의 구분을 현실에 적용하려면, 단순하게 공간을 기준으로 삼아야 한다. 이 경우 외적 속박은 사람의 심신 밖에서 오는 것이고, 그 밖의 모든 속박들은, 근육통이든 두통이든 저급한 욕망이든 그 자신에게는 다 내적인 것이 된다.

이렇게 속박을 구분하고 나서, '소극적/적극적 속박'과 '소극적/적극적 자유'의 관계를 살펴보면 다음과 같다. 소극적 속박으로부터의 자유란 무엇인가 없어서 하고 싶은 것을 하지 못하는 상태로부터의 자유를 의미하며, 이것은 하지 못하던 것을 할 수 있음을 의미한다. 그러므로 그것은 소정의 행위를 할 수 있는 어떤 조건의 현존인 것이다. 조건의 현존이 어떤 사람에게 외적일 때에는 기회라 하고 내적일 때에는 능력이라고 한다. 하지만 그런 조건이 없다고 해서, 그것이 다 소극적 속박인 것은 아니다. 그 조건의 부재가 주체에게 중요한 고려 대상이 되는 그런 것들이 속박이다. 또한 속박은 자연적인 무능력과도 구분되어야 한다. 자연의 법칙이나 신체적 구조로 말미암아 실현이 불가능한 비현실적인 욕구와 관련된 부재는 속박으로 볼 수 없다.

만일 적극적 요인만을 속박으로 간주한다면, 고급 승용차를 사고 싶은 극빈자의 경우 그가 고급 승용차를 사고 싶은 욕구에 대한 적극적 속박이 없어서 자유롭다고 말해야 하는데, 이것은 잘못이다. 왜냐하면 그에게는 고급 승용차를 살 돈이 없으므로 돈의 부족이라는 소극적 속박을 인정해야 하기 때문이다. 마찬가지로 만일 속박을 외적 요인들에만 국한한다면, 고열로 심하게 아픈 사람은 일하러 가지 못하게 하는 외적 속박으로부터 자유롭다고 할 수 있는데, 이것은 잘못이다. 왜냐하면 그의 내부에 그가 일하러 가지 못하게 하는 속박이 있기 때문이다. 그래서 내적 속박을 인정해야만 하는 것이다. 이처럼 우리가 소극적 속박과 내적 속박을 인정한다면, 두 가지 자유 모두를 속박 개념으로 설명할 수 있다. 따라서 나로 하여금 X를 하지 못하도록 막는 것이 없다면 X를 할 자유가 있다. 역으로, 내가 X를 할 자유가 있다면, 아무 것도 나로 하여금 X를 하지 못하게 할 수 없다. 요컨대 속박이 없다면 자유로운 것이고, 자유가 있다면 속박이 없는 것이다.

04. 위 글의 주장에 부합하는 것은?

① 적극적 속박이 없는 사람에게는 소극적 속박도 없다.
② 소극적 속박으로부터의 자유를 소극적 자유라고 한다.
③ 적극적 자유이든 소극적 자유이든 속박의 부재로 설명된다.
④ 속박이 없는 상태에서도 자유가 보장되지 못하는 경우가 있다.
⑤ 소극적 자유는 기회로, 적극적 자유는 능력으로 이해되어야 한다.

05. ㉠에 해당하는 사례로 적절한 것은?

① 스키를 타고 싶은데 고소 공포증이 있어서 타지 못하는 경우
② 스키를 타고 싶은데 스키를 타러 갈 돈이 없어서 타지 못하는 경우
③ 스키를 타고 싶은데 갑자기 심한 두통이 생겨 타지 못하는 경우
④ 스키를 타고 싶은데 부모님이 허락하지 않아서 타지 못하는 경우
⑤ 스키를 타고 싶은데 스키를 타는 방법을 몰라서 타지 못하는 경우

06. <보기>가 뜻하는 바를 해석한 것으로 적절하지 않은 것은?

―〈보 기〉―

독수리처럼 날 수 없고 고래처럼 헤엄칠 수 없는 것은 자유가 없기 때문이 아니다.

① 자유롭지 못해서 생기는 무능력과 자연적인 무능력을 구분해야 한다.
② 자유를 현실적이고 실현 가능한 욕구들에 관련된 것으로 생각해야 한다.
③ 인간 이외의 다른 존재가 아닌 데서 오는 욕구의 좌절은 속박의 문제가 아니다.
④ 인간이 자기가 하고 싶은 것보다 훨씬 더 많은 것을 할 수 있을 때 자유롭다고 보아야 한다.
⑤ 인간이 할 수 있는 것과 원하는 것을 구분해야 하며, 자유는 할 수 있는 것의 범위 내에서 논의되어야 한다.

연습문제 3

[07~09] 다음 글을 읽고 물음에 답하시오.

06 MDEET 문11~13

"서로 같지 않은 두 부분으로 나뉜 선분 하나를 생각해 보세. 그 두 부분을 각각 '눈에 보이는 부류'와 '지성에 의해 알 수 있는 부류'라 부르기로 하고, 이 두 부분을 다시 같은 비율로 나누어 보게나. 그렇게 하면 그것들의 명확성과 불명확성의 정도에 따라 '눈에 보이는 부류' 안에서 다시 나뉜 한 부분으로 영상(映像)이 자네에게 주어질 걸세. 이때 내가 말하는 영상이란 그림자, 물에 비치는 상(像), 거울의 표면에 이루어진 상 같은 것일세. 그리고 '눈에 보이는 부류' 안에서 나뉜 나머지 한 부분은 이 영상이 닮고 있는 실제의 것, 즉 우리 주변의 동물과 식물 그리고 인공적인 것인 일체의 것으로 간주하게."

"이해합니다."

"그렇다면 자네는 애초의 두 부분이 진리에 관여하는 정도에 따라 나뉘었고, 이때 '닮은 것'과 '닮음의 대상'의 관계는 '의견의 대상'과 '인식의 대상'의 관계와 같다고 말하고 싶겠지?"

"그러고 싶고 말고요."

"㉠ 그러면 이번에는 '지성에 의해 알 수 있는 부류'를 어떻게 나누어야 할 것인지 생각해 보게."

"어떻게 말씀입니까?"

"그건 이런 식으로일세. 이 부류의 한 부분에서는 혼(魂, psyche)이 앞서 '닮음의 대상'이었던 것을 이번에는 '닮은 것'으로 다루어, 가정의 원리(arche)로 나아가는 것이 아니라 결론으로 나아가는 식으로 탐구하게 되네. 반면에 나머지 한 부분에서는 '무가정(無假定)의 원리'로 나아가는데 이는 가정에서 나아가 앞부분의 '닮은 것'도 거치지 않고 이데아를 이용하여 탐구를 진행한다는 말이지."

"무슨 말씀이신지요?"

"자네가 충분히 이해하지 못한 것 같으니 다시 말해 봄세. 나는 자네가 이를테면 이 점을 알고 있을 것으로 생각하네. 즉 기하학이나 산술에 종사하는 사람들은 홀수와 짝수, 도형 같은 것들을 이미 알고 있는 것으로 간주한다는 것 말일세. 이것들은 누구에게나 분명한 것들로서 자기 자신에게나 남에게나 어떠한 설명도 해 줄 필요가 없다고 말이지. 이러한 가정에서 출발하여 나머지 것들을 거쳐서는, 애초에 탐구를 시작한 목표에 이르러 모순되지 않게 결론을 내리게 된다는 것도 말일세."

"물론 그거야 알고 있습니다."

"그러면 자네는 이것도 알고 있을 걸세. 즉 기하학이나 산술에 종사하는 사람들은 눈에 보이는 도형을 이용하여 논의를 하지만, 그들이 정작 생각하는 것은 이런 도형이 아니라 그것이 닮아 보이는 원래의 것에 관해서이고, 그들이 논의하고 있는 것은 정사각형 자체나 대각선 자체 때문이지 결코 눈에 보이는 것 때문이 아니라는 것을 말일세. 그러나 이것은 '지성에 의해 알 수 있는 부류'에 속하긴 하지만 이때 혼은 불가피하게 가정을 이용하게 되고 원리로는 나아가지 못하는데, 이는 혼이 가정에서 벗어나 더 높이 오를 수가 없기 때문이라네."

"알겠습니다."

"그런가 하면 '지성에 의해 알 수 있는 부류'의 나머지 한 부분은 이성(logos) 자체가 변증술적 논변의 힘에 의해 파악하게 되는 것으로서, 이때의 이성은 가정을 원리로서가 아니라 문자 그대로 기반(hypothesis)으로 대할 뿐이라네. 다시 말해서 '무가정의 것'에 이르기까지 모든 것의 원리로 나아가기 위한 발판이나 출발점으로 대할 뿐이라는 말일세. 이때 이성은 그 어떤 감각적인 것도 이용하지 않고 이데아만을 이용하며 또 이데아에서 끝을 맺게 마련이지."

"이해는 하겠습니다만, 충분히는 아닙니다. 제가 보기에 선생님께서는 기하학자나 이런 일에 종사하는 사람의 지적 상태를 '추론적 사고'라 일컫지 '직관'이라 일컫지는 않으시는 것 같습니다."

"자네는 내 말뜻을 아주 충분히 납득했네. 그러면 넷으로 나뉜 각 부분에 대응하여 혼 안에서 다음 네 가지 상태가 일어나고 있다고 하세나. 말하자면 최상위의 것에 대해서는 '직관(noesis)'을, 둘째 것에 대해서는 '추론적 사고(dianoia)'를, 셋째 것에 대해서는 '확신(pistis)'을, 그리고 가장 하위의 것에 대해서는 '상상(eikasia)'을 배당하게나. 그리고 이것들을, 그

대상들이 진리에 관여하는 만큼 명확성을 가지는 것으로 생각하고, 이 비례에 따라 차례대로 배열하게나."

— 플라톤, 『국가』 —

07. 위 글로 미루어 <보기>에서 올바른 진술을 모두 고르면?

〈보 기〉

ㄱ. 호수에 비친 달은 '상상'의 대상이다.
ㄴ. 내가 앉아 있는 의자는 '확신'의 대상이다.
ㄷ. 열매 속의 씨앗은 '추론적 사고'의 대상이다.
ㄹ. 칠판에 그려진 직선은 '직관'의 대상이다.

① ㄱ, ㄴ ② ㄱ, ㄷ ③ ㄴ, ㄷ
④ ㄴ, ㄹ ⑤ ㄷ, ㄹ

08. 위 글에서 추론한 것으로 타당하지 <u>않은</u> 것은?

① '선분'이 나뉘는 기준은 명확성 혹은 진리에 관여하는 정도이다.
② 존재하는 것들을 네 가지 부류로 나누는 이면에는 가치의 서열이 개재되어 있다.
③ 존재하는 것들의 단계와 그것을 인식할 수 있는 능력은 일대일 대응 관계에 있다.
④ 기하학이나 산술에 종사하는 사람은 그 어떤 감각적인 것도 이용하지 않고 도형이나 수 자체를 누구나 안다고 가정하고서 탐구한다.
⑤ '눈에 보이는 부류'가 '지성에 의해 알 수 있는 부류'에 대해 갖는 관계는, '의견의 대상'이 '인식의 대상'에 대해 갖는 관계와 같다.

09. ㉠에 대한 대답으로 보기 어려운 것은?

① '추론적 사고'와 '직관'이 갈리는 지점에서 나눈다.
② 이데아만을 이용하여 탐구하느냐, 그렇지 않느냐를 기준으로 나눈다.
③ 변증술적 논변의 힘에 의해 파악되는 영역과 그렇지 않은 영역으로 구별하여 나눈다.
④ 눈에 보이는 도형을 탐구하느냐, 이 도형이 닮아 보이는 사물을 탐구하느냐를 기준으로 나눈다.
⑤ 가정에서 출발하여 결론으로 나아가는 부분과 가정에서 출발하여 '무가정의 것'으로 나아가는 부분을 구별하여 나눈다.

연습문제 4

[10~12] 다음 글을 읽고 물음에 답하시오.

11 MDEET 문17~19

고체는 원자들이 서로 상대적으로 고정된 위치에 배치되어 있는 입체적 구조물인데, 원자의 배열이 규칙적인 결정질과 불규칙적인 비결정질로 구분된다. 고체의 여러 물리적 성질은 고체 내의 전자가 가지는 파동성에 의해 설명된다. 전자의 파동은 변위라는 복소수로 표현되는데, 변위는 크기와 위상의 곱으로 주어진다. 임의의 위치에서 전자가 발견될 확률은 변위 크기의 제곱으로 주어지며, 시간과 공간의 함수인 위상은 전자의 파동성을 나타낸다. 파동의 일부 또는 전부가 일정 영역에 갇혀 진행에 방해를 받는 현상을 국소화(localization)라 하는데, 국소화에는 앤더슨 국소화, 약한 국소화, 동역학적 국소화 세 가지가 있다. 앤더슨 국소화와 약한 국소화는 비결정질 고체 내에서 일어나고, 동역학적 국소화는 비결정질과 상관없이 혼돈계에서 일어난다.

앤더슨 국소화란 파동이 더 이상 진행하지 못하고 일정한 공간 안에 완전히 갇히는 현상을 말한다. 비결정질의 경우 임의의 위치에서 출발한 전자 파동이 다른 임의의 위치에 도달하기 위해서는 불규칙하게 배열된 수많은 원자들과 충돌할 수밖에 없으므로, 전자의 이동 경로가 무수히 존재하게 된다. 각 경로들이 갖는 위상들은 부호(+/−)가 다른 무작위 값을 가지는데, 이 경우 각 경로들에 대응되는 변위를 모두 합하면 그 크기가 0에 가까워진다는 뜻이므로, 전자 파동이 멀리 진행할 수 없고 공간적으로 완전히 갇혀 국소화됨을 의미한다. 이때 파동이 갇힌 공간적 영역의 크기를 '국소화 길이'라 하는데, 국소화 길이가 짧을수록 국소화가 강해진다.

앤더슨 국소화가 일어나려면 우선 파동의 위상이 시간과 공간의 함수로 잘 정의되어야 한다. 이러한 위상을 갖는 파동을 결맞은 파동이라 하는데, 결맞음의 정도를 '결맞음 길이'라는 양으로 표현한다. 결맞음 길이가 국소화 길이보다 길어야 국소화가 일어난다. 온도가 높아지면 전자들 사이의 상호 작용과 원자들의 요동이 커져 결맞음이 어긋나면서 결맞음 길이가 0으로 접근한다. 또한 앤더슨 국소화는 차원에 따라 다른 양상을 보인다. 1차원의 경우 장애물이 있다면 되돌아가지 않고 피해 갈 방법은 없다. 하지만 차원이 높아지면 장애물을 피해가기 쉬워진다. 따라서 비결정질이 1차원인 형태에서는 전자가 국소화되어 부도체가 되지만, 3차원에서는 조건에 따라 전자의 상태가 국소화되지 않아 도체가 될 수도 있다.

약한 국소화는 파동이 폐곡선 경로에 약하게 갇혀 진행에 방해를 받는 현상을 말한다. 약한 국소화는 도체/부도체의 특성 자체를 결정하지 못하지만, 자기장의 유무에 따른 전기 저항의 차이를 설명한다. 비결정질 내부의 임의의 점에서 출발하여 전파되는 파동의 수많은 경로들 중에서 폐곡선 형태를 갖는 것들이 있다. 폐곡선에서는 전자가 시계 방향과 반시계 방향으로 도는 것이 둘 다 가능하다. 이 두 경로는 동일한 곡선상에 위치하여 길이가 같으므로 두 경로를 지나 출발점으로 돌아온 파동의 위상이 같아지고, 이에 따라 전자의 파동이 중첩되어 변위가 커진다. 변위 크기의 제곱은 전자가 발견될 확률이므로, 변위의 크기가 커진다는 것은 전자가 출발점으로 되돌아오기 쉬워져 이동이 방해됨을 뜻한다. 따라서 방해가 없는 경우에 비해 전기 저항이 커진다. 하지만 자기장 안에서는 두 방향으로 도는 파동의 위상에 변동이 생겨 약한 국소화 효과가 거의 나타나지 않는다.

끝으로 동역학적 국소화는 혼돈계에서 일어나는 파동의 국소화를 말한다. 혼돈이란 미세한 초기 조건의 차이가 결과에 엄청난 차이를 일으키는 현상을 말하는데, 혼돈계에서는 모든 입자가 복잡한 운동을 하며 확산해 간다. 반면 파동은 혼돈계에서 확산되지 않고 완전히 갇혀 국소화된다. 왜냐하면 어떤 파동이 혼돈계 내에서 복잡하게 진행하는 것은, 파동이 비결정질에서 불규칙하게 배열된 수많은 원자 사이를 지나가는 앤더슨 국소화의 경우와 유사한 상황이기 때문이다.

10. 앤더슨 국소화 에 대한 설명으로 적절하지 않은 것은?

① 국소화 길이가 결맞음 길이보다 길면 일어난다.
② 무수히 많은 경로들이 갖는 무작위적 위상 때문에 생긴다.
③ 전자들 사이의 상호 작용의 크기에 따라 결맞음 길이가 변한다.
④ 차원에 따라 비결정질이 도체가 될 수도 있는 현상을 설명한다.
⑤ 전자가 비결정질의 한 점에서 다른 점으로 이동할 확률로써 판별된다.

11. 국소화들 사이의 공통점을 바르게 설명한 것은?

① 동역학적 국소화와 약한 국소화는 폐곡선 경로 때문에 생긴다.
② 앤더슨 국소화와 동역학적 국소화는 파동이 완전히 갇히는 현상이다.
③ 앤더슨 국소화와 약한 국소화는 비결정질이 도체인지 부도체인지를 결정한다.
④ 약한 국소화와 동역학적 국소화는 앤더슨 국소화의 개념을 그대로 적용한 것이다.
⑤ 앤더슨 국소화와 동역학적 국소화는 고체를 이루는 원자 배열의 불규칙성 때문에 생긴다.

12. 위 글의 내용을 바탕으로 <보기>의 A, B에 들어갈 말을 바르게 짝지은 것은?

―〈보 기〉―

○ 약한 국소화가 일어난 비결정질 시료에 자기장을 가하고 자기장을 가하기 전의 전기 저항과 비교해 보면, 전기 저항은 (A   )
○ 앤더슨 국소화가 일어난 비결정질에서 국소화가 사라지도록 하려면 온도를 (B   )

	A	B
①	커진다	높인다
②	커진다	낮춘다
③	작아진다	높인다
④	작아진다	낮춘다
⑤	변화가 없다	그대로 유지한다

합격을 꿈꾼다면, 해커스로스쿨
lawschool.Hackers.com

해커스 LEET 이재빈 언어이해 독해의 기초

스킬 5
숨은 전제 찾기

1 스킬 소개

LEET 언어이해가 수능 국어 비문학에 비해 훨씬 더 까다로운 지점은 지문에서 제시된 논증에서 허술한 부분, 즉 '**논리의 허점**'을 찾아서 이를 적절하게 반박하거나 비판하는 입장을 선택해 보는 문제를 출제하거나, 제시문의 글의 '**논리의 허점**'을 보완하는 내용을 〈보기〉에서 제시하여 〈보기〉를 해석하게 하는 문제를 출제한다는 점입니다. 법조인에게는 상대방이 주장하는 내용의 '**논리의 허점**'을 찾아내어 공격하는 사고가 필수적이기 때문에 그러한 지문을 출제하는 것이라고 봅니다. 이러한 **적절한 비판 찾기 문제**는 LEET 언어이해를 준비하는 학생들이 매우 어려워하는 출제 유형 중의 하나입니다.

저는 '**오답을 거르는 논리 강화**'라는 이름의 특강 수업을 통해 LEET 언어이해에 등장하는 **적절한 비판 찾기 문제**에 대한 가장 효율적이고 정확한 솔루션을 제시하고 있습니다. 이러한 **적절한 비판 찾기 문제**를 해결하는 데 가장 중요한 기초적인 독해 스킬은 바로 **숨은 전제**를 찾아내는 능력입니다. 지문의 글쓴이는 자신의 주장을 정당화하기 위해, 어떠한 명제를 전제하거나 혹은 당연시하고서는 그 위에 자신의 주장을 전개합니다. 이때, **논리의 허점**은 글쓴이가 전제하면서 슬그머니 지나간 **숨은 전제**가 되는 경우가 많습니다. 이를 찾아내서 독해를 해야 논증의 구조가 어떻게 이루어지며, 논증의 구조가 어디에서 약점을 지니고 있는지, 이 논증을 반박하거나 보완하여 업그레이드하려면 어느 부분을 공략해야 하는지를 파악할 수 있습니다.

마치 게임에서도 숨겨진 미션, 즉 **히든미션**이 존재하여 게임을 풀어나가는 공략의 핵심 포인트가 되듯이 LEET 언어이해 시험에서도 **숨은 전제**가 **히든미션**이 되어 문제를 푸는 공략의 핵심 포인트가 되는 경우가 많습니다. 특히, 복잡한 논증을 구성하는 글일수록 고난도 지문인 경우가 많은데, 이때 문제를 푸는 실마리가 **숨은 전제**입니다. 따라서 숨은 전제를 파악하면서 지문을 읽어나가는 사고 과정을 평소에 숙달해 놓으셔야, LEET 언어이해에서 요구하는 **적절한 비판 찾기 문제**를 해결할 수 있을 것입니다.

> **핵심 한 줄 요약**
>
> **숨은 전제 찾기**
> 글쓴이의 '숨겨진 명제', '얼버무리고 넘어가는 전제/가정'을 찾아내서 공략해 버리자.

2 독해 전략

STEP 1 | 전제와 결론을 구분하며 읽는다.

✓ 지문을 읽고, 어떠한 논증 단계를 거치면서 결론에 도달하는지를 집중해서 체크한다.
✓ 전제와 결론을 구분하여 이해하는 데 집중한다.

▼

STEP 2 | 주장에 대한 반박과 재반박이 있는지 파악한다.

✓ 논증형 지문은 어떠한 주장과 함께 그 주장에 대한 반박과 재반박이 빈번히 출제된다.
✓ '주장-반박-재반박'의 구조로 이루어진 글이 많으므로 각 주장 단락들이 어떠한 관계를 지니고 있는지를 파악한다.

▼

STEP 3 | 지문의 나머지 내용을 읽으며 어느 단락에 어떤 문제가 연결되었는지 파악한다.

✓ '논증형 지문'은 각 주장 단락과 문제 하나가 연결되는 식으로 문제가 출제되는 경우가 많다.
✓ 문제를 풀이할 때 이 문제가 어느 단락에 연결된 문제인지를 파악하여, 단락과 문제를 눈으로 빠르게 스캔하며 문제를 풀이한다.

3 문제에 적용해보기

독해 전략을 적용하여 연습문제를 풀이해 봅시다.

연습문제 1

[01~03] 다음 글을 읽고 물음에 답하시오.

09 예비 LEET 문29~31

> 베버는 독일의 통일 민법전(民法典)이 제정되자, 이를 서구 근대법의 최상의 형태로 보고자 하였다. 그의 관심은 서구 근대법과 자본주의의 친화 관계를 밝히는 데 있었다.
>
> 베버는 자본가의 관심이 서구 근대법의 추진력으로 작용하였다고 하였다. 근대 자본주의 기업은 계산 가능성을 전제로 하며, 마치 기계의 작동처럼 확정적이고 일반적인 규범에 의하여 그 작용을 합리적으로 예측할 수 있는 법 체계와 행정 체계를 요구한다. 또한 정치적 측면에서는 절대주의 국가의 확대된 행정 업무를 처리하기 위한 군주의 행정 기술적인 관심과 관료 행정의 공리적 합리주의가 서구 근대법의 등장을 촉진하였다. 베버는 특히 관료제에 주목하면서, 관료제는 그 내적인 필요성에서 행정의 합리적 수단을 창출하게 되고, 그 결과로 새로운 법이 요구된다고 지적하였다.
>
> 정치적·경제적 요인 이외에 서구 근대법의 등장에 중대한 역할을 한 것으로 베버가 본 것은 직업적 법률가 계층의 성장이다. 법률가 계층의 양성은 유럽 대륙에서는 대학에서 행해진 이론적 법학 교육에 의하여, 영국에서는 실무자들에 의한 경험적 법 훈련에 의하여 이루어졌다. 서구 근대법의 발달을 촉진한 것은 로마법의 전통에 입각하여 유럽 대륙에서 수행된 근대적 법학 교육이었다. 근대적 법학 교육에서 사용되는 법 개념들은 성문화되어 있는 일반 규칙에 대한 엄격히 형식적인 의미 해석을 통해 형성되었고, 법 이론은 종교적·윤리적 이해관계자들의 요구 사항에서 점차 벗어나 독자적인 논리 체계로 구성되었다. 이러한 법 이론의 지배를 받는 법률가 계층이 성장함에 따라, 법적 추론에 대한 예측 가능성이 보장되었다.
>
> 베버는 서구 근대법이 자본주의의 경제 활동을 촉진하는 방법에 대해 다음과 같이 보았다. 첫째, 계약 당사자 간에 존재하는 권리·의무 관계가 근대법에 구체적으로 규정되어 권리의 실현이 확실히 보장된다는 것이다. 따라서 계약 당사자는 법적 안정성 위에서 자유롭게 활동할 수 있는 범위가 넓어진다. 둘째, 경제 활동의 결과에 대한 예측 가능성을 증대시키는 새로운 법적 수단이 제공됨으로써 자본주의 발달에 기여한다는 것이다. 예를 들어, 법인(法人)과 같은 법 개념의 도입으로 개인의 책임의 한계가 명확히 규정되어 개인의 경제 활동 영역을 크게 확장할 수 있도록 해 주었다.
>
> 자본주의와 서구 근대법의 관계에 관한 베버의 설명에서 벗어난 것으로 보이는 사례가 이른바 '영국 문제'이다. 영국의 보통법(Common Law)은 ⊙ 베버가 말하는 서구 근대법의 특성을 갖추지 못했기 때문이다. 보통법은 구체적 판례에 기초한 경험적 정의를 추구하는 불문법 체계로, 전혀 논리적이지도 추상적이지도 않았다. 그럼에도 불구하고 서구 자본주의는 영국에서 가장 먼저 시작되고 가장 발달했다. 이 점에 대하여 베버는 영국의 법률가 계층이 그들의 고객인 자본가들의 이익에 봉사하고 있으며 이들 중에서 판사는 엄격히 선례에 구속되어 있기 때문에 그의 판결 결과는 예측 가능성을 가지고 있다고 설명하였다.
>
> 요컨대 영국의 보통법이 체계적인 과학성을 결여하고 있었다는 것은 분명한 사실이다. 또한 베버 당시의 독일이 경제적으로 영국에 뒤떨어진 사회였음도 부정할 수 없다. 따라서 영국 문제에 대한 베버의 논의가 암시하는 것은 자본주의 발전에 필요한 정도의 법적 예측 가능성은 법의 체계화뿐만 아니라 다른 방식에 의해서도 실현될 수 있다는 것이다.

01. '서구 근대법과 자본주의의 관계'에 대한 베버의 설명으로 적절한 것은?

① 영국의 자본주의 발전은 불문법 체계의 유연성에서 비롯되었다.
② 자본주의 기업은 구체적이고 경험적인 정의에 입각한 법 체계를 요구하였다.
③ 행정 관료는 자본가의 이익에 봉사하기 위해서 서구 근대법을 필요로 하였다.
④ 기업 책임에 관한 법은 기업가의 행위 결과를 예측할 수 있게 하여 자본주의 확산의 기회를 제공하였다.
⑤ 서구 근대법은 경제적 계약 관계와 법적 권리·의무 관계를 분리시킴으로써 자본주의 성장에 기여하였다.

02. ㉠으로 적절하지 <u>않은</u> 것은?

① 법적 추론의 결과를 예상할 수 있게 한다.
② 윤리 규범을 이용한 추론 체계를 갖는다.
③ 추상적인 법 개념이 사용되고 있다.
④ 로마법의 영향을 받았다.
⑤ 법전의 형태를 갖는다.

03. 이론이 전개되어 간 경로가 '영국 문제'에 대한 베버의 설명 방식과 가장 유사한 것은?

① 멘델레예프는 원소를 일정한 규칙성을 갖도록 배열하는 문제를 해결하는 과정에서 당시 경쟁하던 두 방법의 장점을 절충하려 했다. 결국 그는 원소를 기본적으로 원자량 순으로 배열하되 성질이 같은 순으로 묶는 방법을 제안했다.
② 다윈은 자신의 진화론이 설득력을 얻기 위해서는 부모 세대의 특징이 자식 세대로 안정되게 전달될 수 있는 메커니즘을 설명할 수 있어야만 한다는 것을 알고 있었다. 하지만 만족스러운 설명은 멘델에 의해서 비로소 제시되었다.
③ 박테리오파지에 대한 연구를 통해 델브릭은 형질이 원칙적으로 유전자에 의해 결정될 수 있다고 믿게 되었다. 하지만 진핵 세포에 대한 연구 결과가 축적되면서, 형질이 유전자 외에도 다른 환경 요인의 영향을 받는다는 점이 분명해졌다.
④ 베게너는 대륙들의 해안선이 들어맞는다는 사실과 각 대륙의 화석 기록의 특징 등에 기초하여 대륙 이동설을 제안했다. 그의 이론은 동료 학자들의 지지를 얻지 못하다가 대륙의 이동을 설명할 수 있는 판 구조론이 제시되면서 비로소 널리 수용되었다.
⑤ 하이젠베르크는 원자 수준의 미시 현상에서는 측정 과정에 개입하는 불가피한 물리적 영향 때문에 측정값에 일정한 제한이 있다는 불확정성 원리를 제안했다. 현재 불확정성 원리는 하이젠베르크가 제안한 것과는 다르게 해석되지만, 여전히 그것의 수학적 형식은 타당한 것으로 인정되고 있다.

연습문제 2

[04~06] 다음 글을 읽고 물음에 답하시오.

12 LEET 문12~14

　어떤 삶이 좋은지에 대한 견해는 사회나 문화에 따라 다르지만 각 사회나 문화 속에는 그 구성원들이 바람직하다고 여기는 좋은 삶의 모습이 존재한다. 그렇다면 각 사회나 문화에서 무엇이 우리의 삶을 좋은 삶으로 만드는가? 좋은 삶을 판단하는 기준은 무엇인가? 이것은 '강한 가치 평가'와 관련된 문제로서 넓은 의미의 도덕적 문제라고 할 수 있다. 그런데 삶의 의미를 부여하거나 삶의 방향을 설정해 주는 이러한 강한 가치 평가의 기준은 '상위선(上位善)'을 배경으로 하고 있다. 상위선은 여러 선들 중에서 최고의 가치를 지닌 선으로 우리들의 일상적인 목적이나 욕구와는 비교할 수 없을 정도로 높은 가치를 지니며 여러 도덕적 가치 평가들의 근거가 된다. 상위선은 우리 자신의 욕구나 성향, 선택에 의해 형성되는 것이 아니라 그것들로부터 독립적으로 주어지며 그 욕구나 선택을 평가하는 기준이 된다. 상위선은 도덕적 판단들의 근거가 되는 도덕적 원천인 것이다.

　강한 가치 평가의 기준이 되는 상위선은 역사적으로 형성되어 자리 잡은 것으로 사회나 문화에 따라 다를 수 있다. 예를 들어 효가 상위선인 사회도 있고, 자유가 상위선인 사회도 있다. 각 사회의 상위선은 명시적 또는 암시적으로 그 사회에 살고 있는 구성원들의 도덕적 판단이나 직관, 반응의 배경이 되기 때문에, 그 상위선이 무엇인지 규명하면 각 사회에서 이루어지는 도덕적 판단이나 반응을 제대로 이해할 수 있다. 도덕 철학의 주요 과제들 중의 하나는 도덕적 판단들의 배후에 있는 가치, 즉 상위선을 탐구하여 밝히는 것이다.

　그런데 의무론이나 절차주의적 도덕 이론은 좋은 삶의 문제를 다루는 것을 회피하고 있다. 그 이유는 다원주의와 개인주의가 특징적인 근대 사회의 조건에서 좋은 삶의 모습을 제시하여 이를 따를 것을 요구하는 것은 개인의 삶에 간섭하는 것이 되어 다양성과 자율성의 가치를 훼손할 우려가 있다고 보았기 때문이다. 그래서 이와 같은 근대의 도덕 철학은 좋은 삶과 관련된 삶의 목적이나 의미 등에 대해 다루지 않고, 옳음과 관련된 기본적이면서도 보편적인 도덕 규칙이나 정당한 절차 등에 대해서만 다루는 것을 자신의 과제로 삼았다. 이는 사회를 유지하기 위한 기본적인 보편적 도덕규범을 넘어서서 더 많은 것을 개인에게 요구하는 것이 개인의 자율성을 침해할 수 있다고 보았기 때문이다. 이러한 근대의 도덕 철학은 도덕성 개념을 협소화하여 옳음의 문제나 절차적 문제에만 자신의 과제를 제한함으로써, 도덕적 신념의 배경이 되고 있는 상위선을 포착할 수 없게 만들었다.

　넓은 시각에서 보면 이러한 근대의 도덕 철학이 추구하거나 전제로 삼고 있는 가치나 권리는 보편적인 것이 아니며 근대라는 특정한 시대적 조건 속에서 형성된 특수한 것이다. 즉 이러한 근대의 도덕 철학 자체도 그 시대의 특정한 상위선을 배경으로 형성된 것이다. 예를 들어 의무론은 자유나 보편주의와 같은 도덕적 이상 즉 상위선을 배경으로 형성된 것이다. 마찬가지로 절차주의적 도덕 이론도 이성적 주체의 자율성 같은 상위선을 배경으로 형성된 것이다. 이러한 근대의 도덕 철학이 옹호하는 도덕 규칙도 근대적 가치나 상위선을 배경으로 형성되었기 때문에 그 도덕 규칙이 보편성을 지닌다는 주장은 타당하지 않다.

　도덕 철학의 또 다른 과제는 어떤 삶이 좋은 삶인지에 대해 답하는 것이다. 우리의 삶이나 정체성이 혼란에 빠지거나 위기에 처했을 때, 도덕 철학은 도덕적 판단의 원천이 되는 상위선에 근거하여 문제의 해결 방안이나 나아갈 방향을 제시해야 한다. 그런데 절차주의적 도덕 이론은 도덕적 정당성을 확보하기 위한 형식적 절차에만 관심을 기울이고 있다. 이를테면 그 중 한 형태인 담론 윤리학은 규범의 합리적 정초 가능성이나 정당한 절차의 문제만을 다룰 뿐 좋은 삶의 모습과 같은 실질적인 문제는 합리적인 논의의 대상에서 배제한다. 따라서 여기서는 좋은 삶의 문제에 대한 대답이 전적으로 개인에게 맡겨져 있으며 개인들은 스스로 이에 대한 대답을 찾아야 하는 부담을 안게 된다. 삶의 의미와 같은 중요한 문제를 다루기를 포기하는 이러한 태도는 도덕 철학의 전통에서 지나치게 후퇴한 것이다.

　어떻게 사는 것이 좋은가, 진정한 자아실현은 무엇인가 하는 문제는 단지 개인의 결단에만 맡겨서는 안 되며, 개인이 속한 사회의 삶의 지평이 되는 상위선을 고려하여 다루어야 한다. 만약 자아실현의 문제를 전적으로 개인의 주관적인 실존적 결단에만 맡긴다면 우리는 이기주의나 나르시시즘에 빠질 우려가 있다. 좋은 삶의 문제는 상위선을 바탕으로 합리적으로 다루어질 수 있으며 도덕 철학은 이를 위해 기여해야 한다.

04. '상위선'에 대한 위 글의 견해로 보기 어려운 것은?

① 참된 자아실현의 문제는 보편 가치인 상위선과 독립적이다.
② 상위선은 개인이 자의적으로 선택할 수 있는 것이 아니다.
③ 절차주의적 도덕 이론조차도 상위선을 배경으로 한 것이다.
④ 상위선이 서로 다르면 도덕적 가치 판단도 서로 다를 수 있다.
⑤ 상위선의 문제가 의무론에서는 제대로 다루어지지 못하고 있다.

05. 위 글의 글쓴이가 제시하는 도덕 철학의 과제를 수행하고 있는 예만을 <보기>에서 있는 대로 고른 것은?

―〈보 기〉―

ㄱ. 폴리스에서 덕이 있는 삶이란 무엇이며 덕이 왜 삶에서 중요한 가치를 지니는지를 다루는 도덕 철학
ㄴ. 시대를 초월하여 존재하는 보편타당한 도덕규범이 어떤 것인지를 다루는 도덕 철학
ㄷ. 담론 윤리학적 가치 판단이 어떤 도덕적 판단 근거에 바탕을 두고 있는지를 다루는 도덕 철학

① ㄱ   ② ㄴ   ③ ㄷ
④ ㄱ, ㄷ   ⑤ ㄴ, ㄷ

06. 위 글의 주장에 대한 비판으로 가장 적절한 것은?

① 도덕적 문제의 의미를 협소하게 규정함으로써 도덕 철학의 전통을 계승하지 못할 수 있다.
② 도덕규범의 실질적인 내용을 다루지 않음으로써 현실적인 행위 지침을 제시하지 못할 수 있다.
③ 좋음보다 옳음을 우선시함으로써 정의 개념의 형성 과정을 역사적 맥락 속에서 파악하지 못할 수 있다.
④ 사회마다 좋은 삶의 모습이 다르면 도덕적 판단의 기준도 달라지기 때문에 도덕 자체에 대한 회의에 빠질 수 있다.
⑤ 최고의 가치 평가 기준을 근거로 도덕적 판단을 함으로써 상충하는 가치관이 한 사회에서 공존하는 것에 대해 부정적 태도를 취할 수 있다.

연습문제 3

[07~09] 다음 글을 읽고 물음에 답하시오.

09 예비 LEET 문5~7

계몽된 현대 사회에서 이성이 설정한 최고의 목적은 '자기 보존'이다. 그 결과 자연은 목적 없는 단순 물질이자 자기 보존의 수단으로 전락한다. 오랫동안 자연의 지배를 받아 왔던 인간이 이제 자연을 지배하게 된 것이다. 그런데 이 과정에서 이성 자체가 도구화됨으로써 구체적이고 인격적인 자기는 사라지고 오직 비판 능력 없는 추상적 자아만 보존된다. 호르크하이머는 이렇게 진행된 인간의 승리가 자연으로부터 인간을 해방시키기보다는 오히려 인간에 의한 인간 지배로 귀결된다고 진단한다. 이를 개념화하기 위해 그는 우선 내적 자연과 외적 자연을 구별하고 후자를 다시 인간적 자연과 비인간적 자연으로 나눈다.

인간에 의한 자연 지배가 인간에 의한 인간 지배로 진행한다는 호르크하이머의 명제는 다음과 같이 설명될 수 있다. 먼저 인간에 의한 외적 자연 지배는 내적 자연에 대한 억압을 수반한다. 인간은 외적 자연과의 싸움에서 승리하기 위해 도구적 이성의 지배를 내면화하면서 자신의 내적 자연을 억압해야 하기 때문이다. 인간은 자연을 기계처럼 다루듯이 자기 자신도 도구적 이성에 의해 작동되는 기계처럼 다루어야 한다. 도구적 이성으로 무장한 자아가 자신의 내적 자연을 억압하는 것이다. 그런데 내적 자연을 철저하게 억압함으로써 성공한 사람이 이제는 그렇지 못한 사람을 지배한다.

추상적 자아에 의한 내적 자연의 지배가 강자에 의한 약자의 지배 구조를 강화하지만, 근본적으로는 사람들 사이의 지배 구조가 자아에게 내적 자연을 지배하도록 강제한다고 볼 수 있다. 자기 보존과 성공을 위해 인간이 자신의 내적 자연까지 가혹하고 무자비하게 공격할 수 있는 것은 냉혹한 지배자로부터 혹사당한 경험에서 벗어나려는 비극적 몸부림이기 때문이다. 이처럼 내·외적 자연에 대한 인간의 억압은 인간의 본래적 특성보다는 인간 사이의 관계에서 비롯된 것이다.

호르크하이머에 따르면, 외적 자연을 지배하기 위해 인간의 내적 자연을 억압하면 할수록 사람들은 억압의 주체인 이성과 자아에 대한 '원한 감정'을 더 키워 간다. 특히 이중적 억압의 희생자로 전락한 다수의 대중이 원한 감정에 사로잡힌다. 대중은 한편으로 자신의 자연적 충동을 스스로 억압해야만 하고, 다른 한편으로 보다 성공적으로 내적 자연을 통제한 사람들에 의해 지배받는다. 이와 같이 억압받은 대중의 내적 자연이 억압의 주체인 도구적 이성에 대해 품은 원한 감정은 폭동의 잠재력이 된다. 일반적으로 원한 감정은 그것의 원인을 제거하기보다 파괴 욕구로 발전하기 때문이다. 원한 감정에 사로잡힌 사람은 자신의 내적 자연을 억압하듯 타인을 공격하고 파괴하는 폭동을 일으킨다. 호르크하이머는 이를 '자연 폭동'이라고 부른다. 자연 폭동의 방향은 정해져 있지 않다. 파괴적 공격은 가장 가까운 사람을 향할 수도 있고 처음 본 사람을 목표로 할 수도 있다. 파괴의 대상은 이처럼 언제나 대체 가능하지만 사회적 약자나 소수자인 경우가 대부분이다.

호르크하이머는 여기서 현대의 파시즘이, 대중이 품고 있는 자연 폭동의 잠재력을 이용하여 자신들의 지배를 더욱 공고히 한다는 점에 주목한다. 그에 따르면 현대적 파시즘은 내·외적 자연을 억압하는 것에 만족하지 않고, 자기 자신의 체제에 자연 폭동의 잠재력을 포섭함으로써 보다 철저하게 대중을 착취한다. 예를 들어 나치는 도구적 이성에 의해 희생된 대중들이 가진, 이성에 대한 원한 감정을 유대인을 향한 자연 폭동으로 이끌어 낸 것이다. 그러나 자연 폭동은 억압된 자연을 해방시키는 것이 아니라 오히려 억압을 영속시키는 데 기여했다. 도구적 이성의 전면화에 대항하는 자연적 인간들의 야만적 폭동은 표면적으로는 이성을 비하하고 자연을 순수한 생명력으로 추앙했지만, 결과적으로는 이성의 도구화를 촉진하였으며 내적 자연을 잔혹한 폭력의 주체로 발전시켰다. 이런 맥락에서 호르크하이머는 반이성적 자연 폭동은 도구적 이성의 지배를 극복할 수 없다고 본다. 이성을 거부하는 자연 폭동은 자연을 해방시키는 것이 아니라 자연에 족쇄를 채우는 데 이용될 뿐이기 때문이다. 족쇄에서 벗어나려면 반이성적 자연 폭동에 의하지 않고, 겉으로 보기에 자연의 대립물인 이성이 먼저 비판적 사유를 통해 인간과 자연의 관계가 인간과 인간의 관계에서 비롯되었다는 것을 자각해야 한다.

07. 위 글의 '자아', '이성', '자연'에 대한 이해로 옳은 것은?

① 외적 자연은 추상적 이성과 자아를 가지고 있다.
② 나에게 다른 사람은 외적 자연이면서 인간적 자연이다.
③ 나는 자아가 없는 내적 자연으로서 기계적으로 살아간다.
④ 과거에 자연이었던 것이 이제는 자연이 아니며 자아도 아니다.
⑤ 내적 자연이 자아를 지배한다면, 외적 자연은 이성을 억압한다.

08. 위 글로부터 추론한 내용으로 적절하지 않은 것은?

① 인간에 의한 자연 지배는 인간에 의한 인간 지배의 또 다른 형태이다.
② 자연적 욕망을 강하게 억제함으로써 성공한 사람은 원한 감정을 갖지 않는다.
③ 다른 사람에 대한 폭력이 인간 해방을 실현하기 위한 투쟁으로 미화될 수 있다.
④ '자연 폭동'은 전체주의의 실체를 밝히지 못하고 오히려 그것의 권력을 강화한다.
⑤ 내적 자연을 통제하는 데 실패한 현대인은 외적 자연의 지배를 받을 가능성이 높다.

09. 위 글에 제시된 '호르크하이머'의 입장에 대한 비판으로 타당한 것은?

① 이성이 비판 능력을 상실했다고 진단하면서 이성의 비판적 활동에서 희망을 찾는 것은 이미 사라진 것을 있다고 가정하는 자기 모순이다.
② 개인적인 심리적 병리 현상으로부터 사회적 억압 구조를 설명하는 것은 개별을 보편으로 성급하게 환원시키는 일반화의 오류이다.
③ 자연을 자기 보존의 수단으로 간주하는 도구적 이성에 대한 비판은 자연 중심 사상을 가지고 이성을 격하하는 자기 기만이다.
④ 인간이 자연을 억압한다는 주장은 자연이 기계처럼 작용한다는 검증되지 않은 명제를 가정한 허구이다.
⑤ 자연으로부터 해방된 인간이 자연을 억압한다는 비판은 '계몽'이라는 논점에서 일탈하고 있다.

연습문제 4

[10~12] 다음 글을 읽고 물음에 답하시오.

11 LEET 문6~8

일반적으로 철학적 근대는 감성의 영역으로부터 완전히 벗어난 이성적 자아를 정초한 데카르트에서 출발하여, 주체뿐 아니라 객체의 세계까지도 선험적 이성의 현상태로 규정한 독일 관념론에 이르러 완결된다고 일컬어진다. 그러나 시작과 끝만 보고 이 시대 전체를 이성지상주의의 단선적 질주로 일반화하는 것은 성급한 판단이다. 왜냐하면 근대 철학의 진행 과정에는 이성의 독주에 맞서 감성에 적극적인 의미와 가치를 부여하고자 한 다양한 사조들 역시 유의미한 반대 노선으로 등장했기 때문이다. 그렇다면 철학적 근대는 어떤 곡절을 거쳤기에 그러한 귀결에 이르렀을까?

이 물음에 대한 답을 얻는 데 하나의 중요한 단서를 제공하는 것이 바로 '새로운 신화학'이라는 사상 운동이다. 그중 1913년에 발견된 후, 후일 「독일 관념론의 가장 오래된 체계 강령」(이하 「강령」)으로 명명된 18세기 말의 작자 미확정 텍스트는 단연 흥미를 끈다. 왜냐하면 이성지상주의의 결정판으로 불리는 것이 독일 관념론인데, 그 사조의 출발점에 위치하는 이 글에서는 오히려 사뭇 다른 입장이 개진되고 있기 때문이다.

「강령」을 이해하기 위해서는 먼저 이 글에서 강하게 감지되는 ㉠ 실러의 정치 미학에 대한 이해가 필요하다. 왜냐하면 "아름다운 세계여, 그대는 어디에 있는가? 다시 오라!"라고 외치는 실러처럼 「강령」의 저자도 고대 그리스에 견줄 수 있는 충만한 미적 차원의 문화를 소망하기 때문이다. 실러의 이러한 생각은 일차적으로는 공포 정치로 극단화된 프랑스 혁명과 인간의 소외가 만연한 시민 사회에 대한 실망에서 나왔으며, 근본적으로는 혁명의 사상적 모태인 계몽주의에 대한 강한 비판 의식에서 비롯된다. 그가 보기에, 계몽주의는 추상적 지성의 계몽에만 경도되어 인간의 소중한 정신 능력들의 조화를 파괴했기 때문에 혁명의 과격화는 필연적이다. 반면 고대 그리스 사람들은 자신이 속한 공동체와 유기적 조화를 이루고 있었는데, 이는 그들의 심성이 감성과 이성의 조화로운 미분리를 유지했기 때문이다. 이에 실러는 현실 정치 영역에서 참된 인륜적 공동체를 구현하기 위해서는 미적 차원의 문화 건설이 선행 조건이라고 생각하며, 이에 따라 인간 심성 자체의 미적 교육, 즉 감성적 충동과 이성적 충동을 화해시키는 '유희 충동'의 계발을 구체적인 전략으로 제시한다.

㉡ 「강령」의 저자는 이러한 정치 미학적 노선을 발전시켜 새로운 신화학이라는 모델을 제안한다. '새로운'이라는 표현이 시사하듯, 그가 지향하는 이상은 계몽을 원천 무효화하는 신화학이 아니라 이성과 감성의 화해, 즉 신화학을 통해 참된 모습으로 변용된 계몽이다. 실러가 소망하는 아름다운 세계의 재림처럼 그가 지향하는 신화학 역시 계몽의 미적 고양을 핵심으로 한다. 더 나아가 「강령」의 저자는 이러한 노선을 무정부주의적 방향으로까지 극단화하여, 신화학이라는 미적 차원의 문화를 참된 현실 정치의 선행 조건으로서가 아니라, 아예 국가의 종식을 통해 이르러야 할 궁극적인 목표 지점으로 구상한다.

그러나 이렇게 미적 절대주의로까지 극단화된 노선에서 출발한 독일 관념론은 이후 사상가들이 다듬은 ⓐ 그 최종판에서는 근대 초기보다도 훨씬 강화된 이성지상주의로 전환된다. 이러한 전환은 과거의 신화적 세계와 당대의 국가적 삶의 양식에 대한 새로운 해석에서 비롯된다. 즉 근대의 정치적 양상이 이제는 상실이 아니라 획득으로 평가되는 것이다. 이에 따르면, 일견 아름다워 보이는 고대에서는 오히려 절대 소수의 이익을 위한 절대 다수의 억압이 자행되었고, 시민 사회를 거쳐 형성된 근대의 입헌적 질서에서는 다수의, 나아가 만인의 보편적 자유가 구현된다.

이러한 정치적 입장의 근저에는 세계의 전체 과정이 자유로운 이성의 자기실현 과정에 속한다는 형이상학이 작용하고 있다. 즉 역사란 태초의 근원적 원리인 선험적 이성이 현상계에서 실현되는 거대한 과정에 포함되는 하나의 하위 범주이기 때문에, 감성이 지배하는 신화적 세계가 지양되고 이성이 지배하는 시민 사회와 국가 체제가 출현하는 것은 정당하고도 필연적이라는 것이다. 따라서 신화와 같이 미적 차원에 속하는 것은 정신사의 미발전된 초기에만 인간 심성을 도야하는 매개체가 될 수 있으며, 이성의 전진을 통해 도달한 시대에 다시 미적 이상향을 꿈꾸는 것은 계몽을 고양하는 것이 아니라 오히려 이성의 실현이라는 거대한 흐름에 역행하는 것이라고 보는 것이다.

★ 선생님 TIP

'철학적 근대'는 2022학년도 LEET 언어이해 04~06번 문항 지문에도 다시 등장하므로 그 내용을 기억해 두는 것이 좋습니다.

10. 위 글에 따라 철학적 근대 의 전개 과정을 가장 잘 요약한 것은?

① 이성지상주의와 그 반대 노선이 충돌하자, 양자가 각각 부분적 타당성을 지닌다는 인식을 통해 다수 이론의 공존을 용인하는 합리적 사상이 강화되었다.
② 이성지상주의에 대해 그 반대 노선이 도전했지만, 도전의 근거로 제시된 현상에 대한 재해석을 통해 더 강화된 이성지상주의가 등장하였다.
③ 이성지상주의의 부적절성이 반대 노선에 의해 입증되자, 애초의 전제에 내재한 오류의 인식을 통해 사상의 방향이 근본적으로 전환되었다.
④ 이성지상주의와 그 반대 노선이 충돌하자, 두 입장 모두의 불완전함을 인식하고 양자의 매개를 추구하는 중립적 이론이 형성되었다.
⑤ 이성지상주의가 반대 노선의 도전에 직면했지만, 이를 물리치고 처음의 입장을 그대로 고수하는 확고한 노선이 유지되었다.

11. ㉠과 ㉡에 대한 설명으로 가장 적절한 것은?

① ㉠은 현실 정치를 위한 미적 교육을, ㉡은 무정부주의적 신화학을 모색한다.
② ㉠은 독일 관념론을 위한, ㉡은 계몽주의를 위한 철학적 기초를 마련한다.
③ ㉠은 계몽주의의 지속적 완성을, ㉡은 계몽주의의 근본적 청산을 지향한다.
④ ㉠과 ㉡은 모두 미적 차원의 문화 건설을 노선의 궁극적 목표로 설정한다.
⑤ ㉠과 ㉡은 모두 미적 절대주의를 통해 참된 인륜적 공동체의 건설을 추구한다.

12. ⓐ의 입장에서 '새로운 신화학'을 비판할 때, 가장 적절한 것은?

① 현실 정치에 등을 돌리고 미적 차원을 지향하는 것은 실질적으로는 근대 사회가 초래한 만인에 대한 억압을 용인하는 것이다.
② 역사가 진행될수록 위축되어 온 인간의 자유를 이성에 의거하여 복원하려는 것은 역사의 대세를 거스르는 부질없는 노력이다.
③ 삶의 근대적 양상을 정치적 차원에서만 고찰하는 것은 그 양상이 이성의 전횡에서 비롯된 결과임을 간과할 위험이 있다.
④ 신화학을 통해 변용된 계몽의 모델을 과거에서 찾는 것은 감성주의적 이상 실현을 위해 바람직한 길이 아니다.
⑤ 당대의 참된 가치를 제대로 인식하지 못하고 오히려 이미 극복된 과거를 모범으로 삼는 것은 퇴행적 발상이다.

정답 및 해설 p.137

합격을 꿈꾼다면, 해커스로스쿨
lawschool.Hackers.com

해커스 LEET 이재빈 언어이해 독해의 기초

스킬 6
모순과 역설

1 스킬 소개

모순과 역설은 LEET 언어이해라는 시험을 준비하기 위해서는 반드시 명확하게 알아 놓아야 하는 개념입니다. 일반적으로 양자를 혼동하여 사용하는 경우가 많지만, 두 개념은 반드시 서로 구분이 되어 이해되어야 합니다.

모순이란 앞뒤가 논리적으로 맞지 않는 것을 의미합니다. 이 세상에 존재하는 모든 방패를 파괴할 수 있는 창이 존재하는 것과, 이 세상에 존재하는 모든 창을 막을 수 있는 방패가 동시에 존재하는 상황은 논리적으로 불가능합니다. 즉 P와 ~P의 명제를 동시에 내포하는 명제를 '모순 명제'라고 하며, 이러한 '모순 명제'는 논리적으로 존재하는 것이 불가능합니다. 마치 '둥근 사각형'과 같은 경우라고 생각하시면 되겠습니다. 어떠한 주장이 숨은 전제와 모순된다는 점을 보여주는 것은 그 주장을 비판하는 가장 일반적인 논리적 방법 중에 하나입니다.

반면에 **역설**은 모순과 달리, 겉보기에는 모순인 것처럼 보이지만 사실은 어떠한 진실된 상황을 보여주고 있는 경우를 의미합니다. 역설의 대표적인 사례는 벽 위에 '낙서 금지'라는 명제가 있는 상황을 예로 들 수 있습니다. 이러한 '자기지시적 명제'는 역설의 대표적인 사례로, 앞뒤가 안 맞는 것처럼 보이지만 분명히 논리적으로 존재할 수 있는 명제입니다.

역설은 그 자체로 기억에 오래 남는 효과를 가지고 있기 때문에, 자신의 주장을 강조하기 위해서 많이 사용되기도 합니다. 민주주의가 오히려 민주주의의 몰락을 초래한다거나, 아니면 부를 증진하기 위한 저축 행위가 오히려 사회 전체의 부를 감소시킨다는 **저축의 역설** 등 일반적으로 생각하기 힘든 지적인 영역을 건드리는 부분이 많기 때문에 빈번하게 LEET 언어이해의 소재로 출제될 수 있습니다.

> **핵심 한 줄 요약**
>
> **모순과 역설이란?**
> - 모순: 논리적으로 동시에 성립할 수 없는 것으로, 어떠한 주장에서 모순되는 지점이 발견된다고 지적하는 것은 가장 일반적인 비판의 방식에 해당함
> - 역설: 논리적으로 타당한 추론을 진행하였는데도 앞뒤가 모순되는 결론에 도달한 것으로, 즉 겉보기에는 모순된 것처럼 보이지만 역설의 경우에는 분명한 진실을 담고 있다고 간주됨

2 독해 전략

STEP 1 | 지문의 내용에 모순 혹은 역설의 개념이 등장하는지 확인한다.

✓ 모순 혹은 역설의 개념은 직접적으로 지문의 내용에 그 단어가 언급될 수 있고, 언급되지 않더라도 논리적으로 암시가 될 수 있다. 이러한 부분들은 지문의 내용의 가장 핵심적인 논지 혹은 쟁점과 관련된 부분이므로 명확하게 파악해두어야 한다.

▼

STEP 2 | 지문에서 주장되는 내용이 모순에 해당하는지, 혹은 역설에 해당하는지를 판단한다.

✓ 지문에서 등장하는 모순적인 요소가 논리적으로 적합하게 해명되고 있지 못하다면, 이는 모순에 해당되는 내용인 반면에, 지문에서 등장하는 모순적인 요소가 논리적으로 적합하게 설명된다면, 이는 모순이 아닌 역설에 해당되는 내용으로 판단할 수 있다. 이러한 판단이 지문의 내용에 대한 이해를 핵심적으로 좌우하므로 신중하게 집중적으로 독해하여야 하는 부분이다.

▼

STEP 3 | 모순 혹은 역설의 상황을 염두에 두며 문제를 해결한다.

✓ **모순의 상황**: 지문의 주장이 자체적인 모순을 내포하고 있는 경우, 그 지문의 주장은 논리적으로 성립할 수 없다는 것이므로, 지문에 대한 적절한 비판을 고르는 문제가 출제될 수 있다.

✓ **역설의 상황**: 지문의 내용에서 역설의 상황이 등장한 경우, 그 역설의 상황은 그 자체로 지문에서 가장 중요한 핵심 내용이 되므로 문제에서 중점적으로 출제될 수 있다. 또한 그 역설의 상황이 역설적으로 성립하는 것이 아니라 성립할 수 없는 모순적 상황임을 지적하는 재반박이 지문에 대한 적합한 비판으로 등장할 수 있다.

3 문제에 적용해보기

독해 전략을 적용하여 연습문제를 풀이해 봅시다.

연습문제 1

[01~03] 다음 글을 읽고 물음에 답하시오.

14 LEET 문8~10

쾌락주의는 모든 쾌락이 그 자체로서 가치가 있으며 쾌락의 증가와 고통의 감소를 통해 최대의 쾌락을 산출하는 행위를 올바른 것으로 간주하는 윤리설이다. 쾌락주의에 따르면 쾌락만이 내재적 가치를 지니며, 모든 것은 이러한 쾌락을 기준으로 가치 평가되어야 한다. 쾌락주의는 고대의 에피쿠로스에 의해서는 개인의 쾌락을 중시하는 이기적 쾌락주의로, 근대의 벤담과 밀에 의해서는 사회 전체의 쾌락을 중시하는 ㉠쾌락주의적 공리주의로 체계화되었다.

그런데 쾌락주의자는 단기적이고 말초적인 쾌락만을 추구함으로써 결국 고통에 빠지게 된다는 오해를 받기도 한다. 하지만 쾌락주의적 삶을 순간적이고 감각적인 쾌락만을 추구하는 방탕한 삶과 동일시하는 것은 옳지 않다. 쾌락주의는 일시적인 쾌락의 극대화가 아니라 장기적인 쾌락의 극대화를 목적으로 하므로 단기적, 말초적 쾌락만을 추구하는 것은 아니다. 예를 들어 사회적 성취가 장기적으로 더 큰 쾌락을 가져다준다면 쾌락주의자는 단기적 쾌락보다는 사회적 성취를 우선적으로 추구한다.

또한 쾌락주의는 쾌락 이외의 것은 모두 무가치한 것으로 본다는 오해를 받기도 한다. 하지만 쾌락주의가 쾌락만을 가치 있는 것으로 보는 것은 아니다. 세상에는 쾌락 말고도 가치 있는 것들이 있으며, 심지어 고통조차도 가치 있는 것으로 볼 수 있다. 발이 불구덩이에 빠져서 통증을 느껴 곧바로 발을 빼낸 상황을 생각해 보자. 이때의 고통은 분명히 좋은 것임에 틀림없다. 만약 고통을 느끼지 못했다면, 불구덩이에 빠진 발을 꺼낼 생각을 하지 못해서 큰 부상을 당했을 수도 있기 때문이다. 물론 이때 고통이 가치 있다는 것은 도구적인 의미에서 그런 것이지 그 자체가 목적이라는 의미는 아니다.

쾌락주의는 고통을 도구가 아닌 목적으로 추구하는 것을 이해할 수 없다고 본다. 금욕주의자가 기꺼이 감내하는 고통조차도 종교적·도덕적 성취와 만족을 추구하기 위한 도구인 것이지 고통 그 자체가 목적인 것은 아니기 때문이다. 대부분의 세속적 금욕주의자들은 재화나 명예와 같은 사회적 성취를 위해 당장의 쾌락을 포기하며, 종교적 금욕주의자들은 내세의 성취를 위해 현세의 쾌락을 포기하는데, 그것이 사회적 성취이든 내세적 성취이든지 간에 모두 광의의 쾌락을 추구하고 있는 것이다.

쾌락주의가 여러 오해로 인해 부당한 비판을 받고 있는 것은 사실이지만 그렇다고 쾌락주의가 어떠한 비판으로부터도 자유로운 것은 아니다. 쾌락주의는 쾌락의 정의나 쾌락의 계산 등과 관련하여 문제점을 갖고 있다. 쾌락의 원천은 다양한데, 과연 서로 다른 쾌락을 같은 것으로 볼 수 있는가? 가령 식욕의 충족에서 비롯된 쾌락과 사회적 명예의 획득에서 비롯된 쾌락은 같은 것인가? 이에 대해 벤담은 이 쾌락들이 질적으로 동일하며 양적으로 다를 뿐이라고 대답함으로써 쾌락주의의 입장을 일관되게 유지할 수 있었으나, 저급한 돼지의 쾌락과 고차원적인 인간의 쾌락을 동일시하여 결국 돼지와 인간을 동등한 존재로 간주하였다는 점에서 비쾌락주의자로부터 '돼지의 철학'이라고 비판받았다. 밀은 만족한 돼지보다 불만족한 인간이 더 낫고, 만족한 바보보다는 불만족한 소크라테스가 더 낫다고 주장하면서 쾌락의 질적 차이를 인정했다. 그런데 이 입장을 취하게 되면, 이질적인 쾌락을 어떻게 서로 비교할 수 있는가 하는 계산의 문제가 발생한다. 밀은 이질적인 쾌락이라고 해도 양자를 모두 경험한 다수의 사람이 선호하는 쾌락을 고급 쾌락이라고 하면서 저급 쾌락과 고급 쾌락을 구분하였다. 인간은 자유롭고 존엄한 삶을 추구하는 존재인데, 이러한 자유와 존엄성의 실현에 기여하는 고급 쾌락이 더 바람직하다는 것이다. 하지만 이와 관련하여 후대의 다른 쾌락주의자들은 ㉡밀이 쾌락주의의 입장을 저버렸다는 비판을 하기도 하였다.

★ 선생님 TIP

• **내재적**
= 본질적 = 그 자체로서의 가치 = 환원 불가능한

• **외재적**
= 도구적 = 수단으로서의 가치 = 환원 가능한

• **환원하다**
"환원하다"는 구성요소로 "치환하다"라는 의미입니다. "A는 B로 환원된다."는 A가 B로 구성되어 있어, B라는 구성성분으로 분해된다는 의미입니다.
ex) 1. 내재적 가치는 환원되지 않는 가치를 말한다.
2. 너에 대한 나의 사랑은 돈으로 환원되지 않는다.

01. 위 글에 나타난 쾌락주의의 입장이 <u>아닌</u> 것은?

① 고통은 그 자체로서 목적적 가치를 지닌 것은 아니다.
② 단기적이고 말초적인 쾌락은 내재적 가치를 지니지 않는다.
③ 쾌락이 아닌 다른 것도 도구적 의미에서 가치를 지닐 수 있다.
④ 금욕주의자가 고통을 감내하는 것도 결국은 쾌락을 위한 것이다.
⑤ 두 행위 중 결과적으로 더 큰 쾌락을 산출하는 행위가 옳은 것이다.

02. ㉠의 입장에서 <보기>에 대해 제시할 수 있는 견해로 가장 적절한 것은?

―― 〈보 기〉 ――
쾌락주의는 사디스트가 쾌락을 얻기 위해 가학적 행위를 하는 것도 옳다고 보기 때문에 문제가 있다.

① 사디스트의 가학적 행위는 그 동기가 나쁘기 때문에 그른 것이다.
② 사디스트의 가학적 행위는 그 자신의 쾌락을 증진해 주기 때문에 옳은 것이다.
③ 사디스트의 가학적 행위는 그로 인한 피해의 발생 여부와 관계없이 그 자체로 그른 것이다.
④ 사디스트가 가학적 행위로 얻는 쾌락은 타인에게 고통을 주기 때문에 그 자체로서 가치를 지닌 것이 아니다.
⑤ 사디스트가 가학적 행위로 얻는 쾌락보다 그로 인한 희생자의 고통이 더 클 경우에 가학적 행위는 그른 것이다.

03. 위 글의 내용으로 미루어 볼 때, ㉡의 이유로 가장 적절한 것은?

① 밀은 쾌락이 도구적 가치를 지닌다는 입장을 포기하였다.
② 밀은 도덕적 가치 평가에서 쾌락 이외의 다른 기준을 도입하였다.
③ 밀은 쾌락의 원천이 단일하지 않고 다양하다는 점을 인정하였다.
④ 밀은 모든 쾌락을 하나의 기준으로 환원하여 계산할 수 있다고 보았다.
⑤ 밀은 질적 차이가 있는 쾌락을 서로 비교하여 평가할 수 없다고 보았다.

연습문제 2

[04~06] 다음 글을 읽고 물음에 답하시오.

08 MDEET 문38~40

아리스토텔레스는 피해야 할 세 가지 도덕적 상태로 '악덕', '짐승 같음'과 더불어 아크라시아(akrasia)라고 불리는 '자제력 없음'을 든다. 통상 자제력 없음은 스스로 최선이라고 이성적 판단을 내린 것과 반대되는 행동을 하는 것이라고 정의된다. 그런데 소크라테스에 따르면 사람은 어떤 것이 나쁘다는 것을 알면서도 그것을 할 수는 없다. 그에 의하면 모든 악행은 무지의 탓일 뿐이다. 그러니 ㉠ 통상의 의미에서의 자제력 없음이란 소크라테스의 견해에서 보면 성립하지도 않는다.

아리스토텔레스는 소크라테스의 주장이 실제와 배치된다고 지적한다. 알면서도 자신이 내린 최선의 판단에 반대되는 행동을 하는 경우가 실제로 많다는 것이다. 자제력 없는 사람도 유혹에 넘어가기 전에는 그 나쁜 행위를 하지 말아야 한다고 명백히 생각하고 있다. 다만 그것이 나쁜 일인 줄 알면서도 어느 순간에 욕망을 이기지 못하고 그 나쁜 행동을 선택할 뿐이다. 건강을 위해 식사량을 줄여야 한다는 사실을 잘 알고 있는 사람이 음식 앞에서 무너지는 경우를 자제력 없음이라고 본다면, 그런 예는 얼마든지 있을 수 있다.

아리스토텔레스는 아크라시아를 욕구를 자제하지 못하는 경우와 분노를 자제하지 못하는 경우로 나눈다. 다이어트에 실패하는 사람의 경우, 음식에 대한 욕구가 지금 먹어서는 안 된다는 이성의 통제를 적어도 그 순간에는 제압한 듯이 보인다. 분을 이기지 못하는 사람의 경우, 자신이 모욕을 당했음을 이성이 알려 주고 그런 일에 대해서는 마땅히 싸워야 한다고 감정이 이끌어 가서 분을 자제하지 못하는 것이다. 욕구에 대한 자제력 없음이 분노에 대한 자제력 없음보다 더 부끄러운 이유는 이성의 역할이 훨씬 더 무시당하고 있기 때문이다.

그런데 아크라시아는, '악덕' 중의 하나로 아콜라시아(akolasia)라고 불리는 '무절제(방종)'와 어떻게 구별되는가? 아크라시아와 아콜라시아는 육체적 욕구와 쾌락의 영역에 관계된다는 점에서는 다를 바 없다. 그러나 걱정, 명예, 승리 등 육체적인 쾌락이라 할 수 없는 것들도 아크라시아에 빠지게 할 수 있다는 점에서 아크라시아가 관련되는 대상의 영역이 더 넓다.

대상의 영역만 다른 것이 아니다. 어떤 사람은 쾌락을 필요 이상으로 추구한다. 그것도 이성적 선택에 의해서 쾌락 자체를 추구한다. 그런 사람이 무절제한 사람이다. 무릇 이런 사람은 뉘우침이 없고, 뉘우침이 없는 자를 고칠 수는 없다. 뉘우침이 없는 것은 확고한 이성적 결정에 따라 행동하기 때문이다. 반면에 그런 확고한 이성적 선택이라는 계기가 없는데도 과도하게 쾌락을 추구하는 사람이 자제력 없는 사람이다. 바로 이것이 알면서도 자신의 앎과 다르게 실천한다고 하는 경우다.

자제력 없는 사람은 올바른 이치에 따라 행동하지 못할 만큼 욕구와 분노에 지배당하지만, 그 쾌락을 무한히 추구해야 한다고 생각하게 될 정도까지 지배당하지는 않는다. 그러므로 자제력이 없는 사람은 마음을 돌리도록 쉽게 설득되지만, 무절제한 사람은 그렇지 않다. 아리스토텔레스는 자제력이 없는 사람이 무절제한 사람보다는 낫고, 또 무조건 나쁘지도 않다고 보았다. 그가 당초에 최선이라고 생각했던 것을 버린 것은 아니기 때문이다.

04. 위 글의 내용과 부합하는 것은?

① 아크라시아에서 벗어나기 위해서는 이성이 감정에 양보해야 한다.
② 아콜라시아의 촉발에 관련되는 대상은 아크라시아의 경우보다 다양하다.
③ 아크라시아의 경우에 겪는 이성과 욕구의 갈등이 아콜라시아의 경우에는 없다.
④ 아크라시아 상태에 빠지는 것은 그 전에 내린 이성적 판단이 애매하기 때문이다.
⑤ 아콜라시아 상태에서는 이성적 선택이 배제되어 있기 때문에 윤리적 판단이 불가능하다.

05. 아콜라시아의 사례에 해당하는 것은?

① 수험생 A군은 컴퓨터 게임만 시작하면 날밤을 새우는데, PC방 앞을 지날 때마다 오늘은 조금만 해야지 하는 마음으로 PC방에 들어간다.
② 속도광 B씨는 질주할 때 느끼는 스릴을 사랑하는데, 스피드에 대한 그의 멈추지 않는 사랑은 그 어떤 것으로도 막을 수가 없다.
③ 자신의 패션 감각이 남보다 낫다는 평판에 자부심이 대단한 C군은 수입의 거의 전부를 자신의 외모를 꾸미는 데 지출한다.
④ D씨는 아내의 권유에 따라 해마다 연초에 금연을 시도하지만 작심삼일로 끝나곤 한 지가 벌써 십 년이다.
⑤ 국가 대표 선수 E군은 국위 선양을 위해 가까운 친지의 장례식 참석도 포기한 채 매일 연습에 매진한다.

06. ㉠에 대한 진술로 옳지 않은 것은?

① 아콜라시아의 가능성까지 부정한 것은 아니다.
② 악행은 결국 행위자 자신에게도 나쁘다는 것을 함축한다.
③ 인간이 이성적인 한 나쁜 것을 원할 수는 없음을 전제한 진술이다.
④ 앎은 좋음이요, 무지는 나쁨이라는 점이 인정되어야 성립하는 견해이다.
⑤ 아크라시아는 '둥근 사각형'처럼 일종의 모순이라는 생각을 표현하고 있다.

연습문제 3

[07~09] 다음 글을 읽고 물음에 답하시오.

15 LEET 문21~23

삶은 언제나, 어디서나 계속된다. 아우슈비츠에서도 일상은 있었다. 수감자들은 적어도 어떻게 살고 죽을 것인지 선택할 수 있었으며, 그 선택의 폭은 상당히 다양했다. 그곳에서도 인간은 행위 주체였던 것이다. 그들은 극한 상황을 그들 나름의 방식으로 경험했고, 전유했으며, 행동에 옮겼다. 따라서 얼핏 모순적으로 보이는 '아우슈비츠의 일상'이 존재했으며, '아우슈비츠의 일상사(日常史)' 또한 가능하다. 대체로 역사 서술의 주 대상은 사회 전체나 개인을 움직이는 구조와 힘이지만, 일상사의 관심은 사람이 어떻게 행동하는지, 사람들 사이의 상호작용이 어떤 역사적 구체(具體)를 생산하고 변형하는지에 맞추어져 있기 때문이다. 아우슈비츠에서 살아남은 프리모 레비는 '극한 상황 속의 일상', 즉 '비상한 일상'에 관심을 가졌다. 그는 공격당하며 무너지고 파멸로 치달아 가는 인간성을, 또 어떻게 인간성이 살아남고 소생할 수 있는지를 낱낱이 기록하고 분석하였다.

레비는 '회색 지대'라는 용어를 사용하였다. 가해자와 피해자라는 이분법적 구분으로는 '비상한 일상' 속의 삶의 양태를 제대로 묘사할 수 없었기 때문이다. 그에 따르면, 대부분의 사람들이 택한 삶의 방식은 포기와 순응이었다. 그들 중 살아남은 이는 극소수였다. 그는 이들을 '끊임없이 교체되면서도 늘 똑같은, 침묵 속에 행진하고 힘들게 노동하는 익명의 군중/비인간'이라고 묘사했다. 그러면 살아남은 사람들의 대다수는 누구인가? 먼저 친위대의 선택을 받아 권한을 얻어 '특권층'이 된 사람들이 있다. 이 '특권층'은 수감자 중 소수였지만, 가장 높은 생존율을 보여 주었다. 기본적으로 배급량이 턱없이 부족한 상황에서 살아남기 위해서는 음식이 더 필요했고, 이를 위해 크든 작든 '특권'을 얻어야 했다. 그리고 특권은 그 정의상 특권을 방어하고 보호한다. 예를 들어 막 도착한 '신참'을 기다리는 것은 동료의 위로가 아니라, '특권층'의 고함과 욕설, 그리고 주먹이었다. 그는 '신참'을 길들이려 하고, 자신은 잃었지만 상대는 아직 간직하고 있을 존엄의 불씨를 꺼뜨리고자 했다. 또 다른 방식으로 살아남은 사람들도 있다. '특권층'이 아니면서도 생존 본능에 의지한 채 '정글'에 적응했던 사람들이다. 체면과 양심을 돌보지 않은 그들의 삶은 만인에 맞선 단독자의 고통스럽고 힘든 투쟁을 함축했고, 따라서 도덕률에 대한 적지 않은 일탈과 타협이 있을 수밖에 없었다.

이처럼 '회색 지대'는 가해자와 희생자, 주인과 노예가 갈라지면서도 모이는 곳, 우리의 판단을 그 자체로 혼란하게 할 가능성이 농후한 곳이다. 그리하여 '회색 지대'는 이분법적 사고 경향에 문제를 제기한다. 어떤 의미에서는 모호성이 '회색 지대'의 본질이라고 할 수 있다. 이 모호성의 원천은 다양하다. 먼저 악과 무고함이 뒤섞여 있다. 수감자들은 기본적으로 무고하다. 하지만 그들은 어느 정도 자발적으로 다른 이에게 악을 행할 수 있다. '회색인'의 행위는 무고하면서 무고하지 않다는 역설은 여기서 성립한다. 물론 그가 행하는 악과 나치가 행하는 악은 분명 차원이 다르다. 또 다른 원천은 행위자의 동기에 있다. 예컨대 구역장은 '특권층'으로 일정한 권한을 가진다. 겉으로는 협력하면서도 실은 저항 운동에 참여하는 소수는 이 권한을 이용하기도 했다. 그러나 그들은 저항 조직을 위해 또 다른 무고한 사람을 희생시키기도 했다.

그렇다면 무엇이 '회색 지대'를 만들었는가? 첫째, 나치는 인력의 부족 때문에 피억압자의 도움을 받아야 했다. 그 협력자들은 한때 적이었으므로, 이들을 장악하는 최선의 길은 그들을 더럽혀 공모의 유대를 확립하는 것이다. 둘째, 억압이 거셀수록 그만큼 피억압자 사이에서 기꺼이 협력하려는 경향이 늘어난다는 것이다. 엄혹한 상황 속에서 사람들은 다양한 동기로 '회색인'이 된다. 그런데 '회색 지대'의 이런 모호성은 심각한 혼란과 곡해의 원천이 되기도 한다. 가해자와 희생자가 뒤바뀌고 또 뒤섞이는 상황을 보며, 누구에게도 책임의 소재를 묻기 어렵다고 강변할 수 있는 것이다. 하지만 레비가 우리에게 던지는 화두는 다른 것이다. 그는 인간과 인간성에 대한 끊임없는 성찰을 요구한다. 가해자인 나치는 악하며 피해자인 수감자는 무고하다는 단순한 이분법은 아우슈비츠의 기억을 그저 수동적인 것으로, 통념이 된 화석으로만 만들기 때문이다. 중요한 것은 확실한 답변을 얻기 어려운 문제들을 끊임없이 되묻고 통념을 토대에서부터 문제시하는 데 있다. '괴물'의 얼굴을 정면으로 마주 보고 얼굴을 돌리지 않을 때, 비로소 사람은 괴물이 되지 않기 때문이다.

07. 윗글의 내용과 부합하지 않는 것은?

① 아우슈비츠에서 '신참'에 대한 가혹 행위는 상황에 적응하게 하려는 위악적 행동이었다.
② 아우슈비츠 수감자 중 일부는 일정한 특권을 가지면서 동시에 저항 운동을 하였다.
③ 생환자 중 일부는 생존이라는 목적을 위해 비윤리적 행동을 하는 것도 감수하였다.
④ 생존 투쟁을 포기한 사람들은 침묵하는 익명의 군중이 되어 거의 다 사망하였다.
⑤ 아우슈비츠 수감자 중 일부는 무고한 자이면서 가해자이기도 하였다.

08. '회색 지대' 개념이 가지는 의의로 가장 적절한 것은?

① 통념에 의문을 제기하여 인간 존재와 본성에 대한 성찰을 유도한다.
② 억압자와 피억압자의 심리를 규명하여 책임의 소재를 분명하게 한다.
③ 피해자들 간에 공모의 유대가 있음을 드러내어 역사적 진실을 규명한다.
④ 역사적 구체들을 분석하고 정의하여 사회적 합의를 이끌어 내는 데 기여한다.
⑤ 이분법적 분류를 넘어서게 하여 적극적 협력자에 대한 능동적 단죄를 요청한다.

09. <보기>를 바탕으로 레비의 글에 대해 제기할 수 있는 비판으로 가장 적절한 것은?

<보 기>

○ 레비의 글은 아우슈비츠 문제의 본질을 왜곡했다는 이유로 이탈리아의 여러 출판사에서 출판이 거부되었다.
○ 레비의 글을 읽은 학생들에게서 가장 많이 나온 질문은 "당신은 독일인들을 용서했나요?"였다.
○ 아우슈비츠 생존자 중 하나인 비젤은 레비의 글에 대해 "레비는 생존자들에게 너무 많은 죄의식을 강요하고 있다."라고 평했다.

① 수용소 단위에서의 가혹 행위에만 집중함으로써 역사를 거시적으로 보지 못하게 한다.
② 극한 상황에서의 일상에만 집중하게 함으로써 일상사가 갖는 본연의 의미를 왜곡한다.
③ 다층적 차원에서 수감자들에 대해 분석함으로써 그들에 대한 역사적 평가를 유보하게 한다.
④ 피해자들 내부의 관계에만 주목하게 하여 가해자와 피해자의 관계를 부차적 문제로 만든다.
⑤ 관리자와 수감자의 관계로만 접근하여 유태인에 대한 유럽의 민족 감정 문제를 외면하게 한다.

연습문제 4

[10~12] 다음 글을 읽고 물음에 답하시오.

12 LEET 문33~35

'멜로드라마'는 18세기 프랑스에서 대중의 관심을 끄는 통속적 이야기를 화려한 볼거리와 음악을 통해 보여 주는 대중 연극에서 시작된 것으로 알려져 있다. 초기 멜로드라마에서는 대개 사악한 봉건 귀족에게 핍박받는 선하되 약한 부르주아의 이야기가 부르주아의 관점에서 전개되었다. 하지만 사회적 모순을 적극적으로 타개하는 데에는 이르지 못한 채 다만 비약이나 우연 같은 의외성에 기대어 부르주아의 덕행과 순결함이 어떻게든 승리하도록 만들려고 했다.

19세기 자본주의 발달과 더불어 멜로드라마의 인물 구도에는 변화가 생겼다. 봉건 귀족의 자리는 악하되 강한 인물이 대신하고 그에 의해 고통 받는 선량하지만 가난한 사람이 주인공으로 등장하였다. 이에 따라 멜로드라마에서는 가족의 위기, 불가능한 사랑, 방해받는 모성, 불가피한 이별 등으로 주인공이 고통을 겪다가 행복해지는 과정이 다루어졌고, 선악 대립보다는 파토스(pathos)의 조성이 부각되었다. 곧 약자가 겪는 고통과 슬픔을 과장되게 보여 주면서 감성을 자극하는 것이 주된 관심사가 되었던 것이다. 하지만 사회 어디에도 말할 수 없었던 약자들의 고통과 슬픔이 표출되었다는 점에서 보면, 이러한 파토스의 과잉은 그 나름의 의의를 지녔다고 할 만하다.

20세기에 들어서 멜로드라마는 영화로 중심을 옮겨 갔다. 영화는 클로즈업을 통해 관객들이 인물에 감정 이입을 하게 하기 쉬웠고, 통속성과 스펙터클을 만들어 내기에도 적절했으며, 음악을 통해 과잉된 정서를 표현하기에 효과적이었기 때문이다. 멜로드라마 영화는 악인에게 괴롭힘을 당하는 약자로부터가 아니라 사회적 모순에 따른 억압적 상황에서 고통 받는 약자, 특히 여성들로부터 파토스를 이끌어 냈다. 이들은 가부장제나 계층적인 차이로 고통 받으면서도 허락되지 않은 삶의 지평을 갈망하는 '어찌할 수 없음'의 상황에 놓인 존재들이다. 일례로 비더의 ㉠<u>〈스텔라 달라스〉</u>(1937)에는 상류 계급의 문화 장벽을 넘지 못하고 남편과 헤어져야 했던 하층민 여성이 주인공으로 등장한다. 그녀는 딸을 곁에 두고 싶어 하면서도 딸이 더 나은 삶을 누리기 바라는 가운데 마음 깊이 고통을 겪는다. 이러한 어찌할 수 없는 상황에서 그녀가 결국 딸을 상류층의 전남편에게 보내는 선택을 하는 것은 희생적 모성이라는 이데올로기와 타협한 것이라고 할 수 있겠지만, 딸의 결혼식을 창밖에서 바라보던 어머니가 입가에 미소를 띤 채 눈물을 흘리는 마지막 장면에서 관객들은 고통 어린 만족을 선택한 모성에 공감의 눈물을 흘리게 된다.

1950년대에 할리우드는 '가족 멜로드라마'라는 또 다른 멜로드라마의 흐름을 만들어 냈다. 이제 멜로드라마는 통속적 서사의 틀을 유지하면서도 사회적 갈등의 축도와도 같은 미국 중산층 핵가족에 주목하게 되는데, 그것은 가족이 자본이나 가부장제 같은 사회 권력이 작동하는 무대이기 때문이다. 예컨대 서크의 ㉡<u>〈천국이 허락한 모든 것〉</u>(1955)은 유복한 과부와 연하의 정원사의 사랑과 시련, 그리고 재회의 과정을 보여 주는데, 여기에는 그들의 결합을 반대하는 자식들이 가족의 이름으로 등장한다. 이제 가족은 더 이상 애틋한 유대의 단위가 아니라 개인의 삶을 관리하는 제도가 된다. 따라서 자식들의 반대로 사랑을 포기했던 그녀가 거듭된 우연 끝에 병상의 정원사와 재회하게 되는 결말은 의미심장하다.

가족 멜로드라마로서 이 영화는 시대의 변화 속에서 지속되어 온 멜로드라마의 주요한 특징들을 담고 있으면서도 멜로드라마의 또 다른 가능성을 열어 놓았다고 할 수 있다. 사회적 모순에 눈 감은 채 주인공의 성공에 안도하는 기존의 '행복한 결말'과는 구별되는 '행복하지 않은 해피엔딩'을 경험하게 한다는 점에서 그렇다. 서크는 여전히 근본적인 갈등이 해소되지 않은 결말에 관객들이 주목하게 하여, 자신들이 보고 있는 것이 '만들어진 현실'이며 행복한 결말은 인위적인 허구 안에서만 가능하다는 것을 생각하게 하고자 했다. 고도로 표현적인 미장센(장면화)을 통해 여주인공이 누리는 삶의 풍요로움이 오히려 중산층의 지배적 가치와 규범으로 인한 억압과 소외의 상황임을 드러냈던 것이다.

멜로드라마는 '부적절한 리얼리즘'이니 '여성용 최루물'이니 하는 등의 비하하는 말로 언급되곤 한다. 하지만 서크의 영화에서처럼 멜로드라마는 사회적 약자의 말할 수 없는 슬픔과 이루어질 수 없는 꿈을 전달하는 서사이면서 사회적 모순에 대한 아이러니한 반응으로도 읽힐 수 있다. ⓐ<u>현실에 종속되면서도 그 현실을 넘어서려는 절박한 요구는 영화라는 재현 체</u>

계 속에서 대중들과 끊임없이 교감하면서 멜로드라마를 생산하도록 했다는 것이다.

10. '멜로드라마'에 대한 진술로 적절하지 않은 것은?

① 갈등을 낳은 사회적 모순을 적극적으로 극복하려는 내용은 없었다.
② 통속성이 점차 사라졌고 정서 표출보다는 현실 묘사에 치중하게 되었다.
③ 영화에 나타난 가정이나 개인의 문제는 사회적 문제가 전환되어 표현된 것이다.
④ 작위적인 서사를 통해 인물이 처한 문제를 해소하려는 방향으로 이야기가 전개되었다.
⑤ 인물들의 선악 대립이 차츰 약해지고 사회적 상황으로 인한 고통과 희생의 파토스가 형상화되었다.

11. ⊙과 ⓒ에 대한 이해로 적절하지 않은 것은?

① ⊙과 ⓒ 모두 음악을 사용하여 인물의 고통과 슬픔을 극적으로 표현했을 것이다.
② ⊙은 ⓒ에 비해 관객들이 여성 인물과 자신을 동일시하는 정도가 더 강했을 것이다.
③ ⊙에 비해 ⓒ은 결말에서 관객들에게 더 능동적인 감상을 이끌어 내려 했을 것이다.
④ ⊙과 ⓒ 모두 현실적 억압에도 불구하고 소망을 성취하고자 하는 약자를 그렸을 것이다.
⑤ ⊙과 ⓒ 모두 위기에 빠진 중산층 가족의 가치 회복이라는 주제 의식을 담았을 것이다.

12. 한국의 대표적인 멜로드라마에 대해 ⓐ에 주목하여 감상한 것으로 가장 적절한 것은?

① 〈장한몽〉에서 돈 많은 악인 김중배로 인해 심순애가 변심하고 가난한 애인 이수일이 정신적인 파탄에 이르는 모습은 돈과 사랑을 대립적으로 생각했던 당시 사람들의 가치관을 보여 준다.
② 〈검사와 여선생〉에서 살인범의 누명을 쓴 여선생 앞에 검사가 된 제자가 나타나 사건을 해결하지만, 작품의 초점은 세상 누구에게도 호소하지 못한 약자의 사정을 보여 주는 데 있다.
③ 〈자유부인〉에서 사회 활동을 갈망했던 가정주부 오선영이 고작 할 수 있었던 것은 춤바람이 났다가 집으로 돌아오는 것이었지만, 실상 이 춤바람은 권위적인 가부장제에 대한 반발로도 볼 수 있다.
④ 〈미워도 다시 한 번〉에서 사랑하는 아이를 친아버지의 집으로 보내야 하는 어머니와 어머니 곁에 있고 싶지만 떠나야 하는 아이가 처한 상황은 인간 운명의 어찌할 수 없음을 보여 준다.
⑤ 〈별들의 고향〉에서 도시에 진입했다가 이기적인 남성들에 의해 버림받고 점점 타락해 가는 경아라는 여성은 도시화와 산업화로 인한 인간 소외를 사실적으로 보여 준다.

연습문제 5

[13~15] 다음 글을 읽고 물음에 답하시오.

07 MDEET 문38~40

한 톨의 밀알이 곡식 더미를 이루는가? 아니다. 두 톨이면? 역시 아니다. 세 톨은? ……. 그렇다면 만 톨은? 밀알이 충분히 많이 쌓이면 곡식 더미를 이룬다. 하지만 한 톨만으로 더미가 안 된다면, 거기에 한 톨 더 보탠다 한들 여전히 더미로 보기는 어렵고, 이런 식이라면 만 톨이라도 더미라고 보기 어렵지 않겠는가? 이는 기원전 4세기 에우블리데스가 고안했다고 전하는 '더미의 역설(paradox of heap)'이다. 이러한 연쇄 논법 퍼즐은 도처에서 발견되는데, 역사적으로는 헬레니즘 시대에 회의론자들이 스토아학파의 독단적 인식론을 공격하는 데에 주요한 역할을 하였다.

스토아학파에 따르면, 대상에 대한 감각 인상이 대상과 일치한다고 우리가 동의할 때 지식이 성립한다. 이때 분명한 감각 인상은 동의를 강력히 유도하는 경향이 있고, 불분명한 감각 인상은 그리 강력하지 않다. 범인(凡人)들은 불분명한 감각 인상에도 동의하면서 억측에 빠지는 반면, 인상의 분별을 단련해 온 현자는 분명한 인상에만 동의하면서 지식을 얻게 된다는 것이다. 이에 대해 회의론자들은 '더미의 역설'처럼 각각의 인상을 구분할 수 없을 만큼 흡사한 인상으로 점차 대치하면서, 분명한 인상에서 불분명한 인상으로 나아가는 연쇄 고리를 구성해 스토아학파를 공략하였다.

모든 명제는 참이 아니면 거짓이어야 한다는 배중률(排中律)을 스토아학파는 철저히 적용했다. 따라서 "n은 적은가?", "n+1은 적은가?"라는 연쇄 형식의 질문에 대해, 스토아학파의 답은 "예."가 일정 횟수 계속된 다음, 어느 시점에서부터는 "아니요."가 계속되어야 한다. 만일 "n은 적은가?"의 답이 "예."이고 "n+1은 적은가?"의 답이 "아니요."라면, 바로 그 n이 적은지, 적지 않은지를 가르는 기준점이 된다. 스토아학파는 그런 기준점이 있으며, 있어야 한다고 본다. 문제는 현자도 정확한 기준점을 모를 수 있다는 것이다.

그런데 스토아 학도들은 아는 것만 진술한다는 원칙을 지켰다고 한다. 그러니 "모른다."라고 답한다면 그것은 자신의 무지를 안다는 것을 의미한다. 앞서 보았듯이 앎 곧 지식은 '분명한 것에 대한 동의'를 통해 성립하므로, 인식된 것은 분명하며 분명한 것 또한 인식되는 경향이 있다. 그래서 '모른다'는 답은 '불분명하다'와 다름없는데, 스토아학파의 입장에서 이는 다시 'n이 적은지가 불분명하다'는 것이 분명한 때에나 쓸 수 있는 답이다. 그러나 '적음'의 뚜렷한 기준점이 있다 해도, n이 적다는 분명한 인상과 n+1이 적다는 불분명한 인상이 너무 흡사할 때에는 "불분명하다."라는 대답조차 하기가 곤란해진다.

분별력은 단련으로 향상되지만 완벽에 도달하지는 못한다. 그래서 숙련된 현자라도 때로 실수를 예방하고자 분명한 인상에도 동의를 삼간다. 그렇다고 그것을 항상 불분명하다고 판단했다가는 때로 실수할 테니까, 현자는 "불분명하다."라는 말도 안 하고 침묵에 빠진다. 스토아학파의 제3대 수장 크리시포스는 낭떠러지에 다다르기 전에 말을 잡아당기는 똑똑한 마차꾼에 자신을 비유하며, 분명한 경우들의 끝에 이르기 전부터 침묵하라고 충고했다고 전해 온다. 이는 '예'가 답이 아닌데 "예."라고 하는 것보다 '예'가 답이더라도 말하지 않는 것이 낫다는 것이니, 말하자면 지나침보다는 미치지 못함을 택하라는 정책인 것이다.

그렇다면 언제가 침묵할 때인가? 회의론자라면 의문이 생길 때마다 판단을 중지하면 될 것이다. 아마도 그 의문이 가실 리는 없겠지만. 크리시포스의 경우엔 분명한지 불분명한지를 분별할 수 없는 모든 경우에 침묵해야 할 것이다. 게다가 언제가 그런 경우인지 때로 틀릴 수도 있다. 그러다 보면 분별 가능한지를 분별해야 하는 차원에서도 침묵해야 할지도 모른다. 이런 식으로 자꾸 소급하다 보면 미치지 못함이 지나침보다 더 낫다 할 것도 없어 보인다.

13. 스토아학파의 입장에서 받아들이기 어려운 것은?

① '적음'과 '적지 않음'은 기준점이 같다.
② '적음'을 알 수 없으면 '적음'은 불분명하다.
③ '적음이 분명함'과 '적음이 불분명함'을 가르는 기준이 있다.
④ 'n이 적음'이 불분명할수록 'n+1이 적지 않음'이 분명해진다.
⑤ '분명함'과 '불분명함'의 기준 문제는 기준 자체가 분명한지의 문제로 확장될 수 있다.

14. '더미의 역설'과 같은 형식의 역설이 나타나는 것은?

① 우공이라는 노인이 산을 옮기고자 하니 이웃에서 비웃었다. 이에 우공은 자기가 죽으면 아들이, 그 다음엔 손자가, 이렇게 대대로 하다 보면 마침내 다 이룰 것이라고 말했다.
② 그의 뜻이 어머니의 뜻이요, 어머니의 뜻이 테미스토클레스의 뜻이며, 테미스토클레스의 뜻이 아테네인들의 뜻이니, 그의 뜻이 아테네인들의 뜻이 아니라고 부인할 길이 없었다.
③ 아테네인들은 테세우스를 기리는 뜻에서 그의 목선을 영구 보존하고자 썩은 판자가 생길 때마다 새 판자로 갈아주곤 했는데, 언젠가부터 그 배가 과연 테세우스의 배인가 하는 수군거림이 있었다.
④ 굶주린 당나귀가 먹이를 찾았다. 공교롭게도 먹이는 좌우로 똑같은 거리만큼 떨어져 똑같이 나뉘어 있었다. 왼쪽부터 먹자니 오른쪽 것을 나중에 먹어야 할 이유가 없고 그 역도 마찬가지인지라 고민하다가 당나귀는 굶어 죽었다.
⑤ 장자가 산에서 큰 새를 잡으려 활을 겨누다가 문득 매미를 노리던 버마재비를 보았다. 그 뒤에서 까치가 버마재비를, 장자가 겨냥했던 큰 새가 까치를 노리고 있었다. 저만치서 몽둥이를 든 산지기가 장자를 쫓아내려 달려오고 있었다.

15. 위 글에 대한 이해로 적절하지 않은 것은?

① '더미의 역설'은 기준점을 알 수 없을 때도 있다는 것을 보여준다.
② 모른다는 것이 분명한지를 확정할 수 없기 때문에 침묵 정책이 나오게 되었다.
③ 기준점의 존재에 대한 스토아학파의 확신은 배중률의 철저한 고수에서 비롯된 것이다.
④ 배중률을 고수하더라도 아는 것만 말한다는 원칙을 양보한다면 '더미의 역설'은 생기지 않는다.
⑤ "모른다."라는 대답을 하기 어려운 경우가 생기게 된 데에는 지식과 분명함을 동일시하는 지식 개념도 관련이 있다.

정답 및 해설 p.141

합격을 꿈꾼다면, 해커스로스쿨
lawschool.Hackers.com

해커스 LEET 이재빈 언어이해 독해의 기초

스킬 7
정반합

1 스킬 소개

정반합(正反合)이란, 상호 모순되는 두 개의 명제가 등장할 때, 이를 종합하여 새로운 의미를 만들어 내는 것을 말합니다. 이는 형식논리학의 관점에서 볼 때는 당연히 용납되지 않는 시도입니다. 그러나 형식논리학적인 엄격함을 추구하지 않는 인문학에서는 논리적으로 볼 때 모순되는 상황을 의도적으로 서술함으로써, 그로부터 새로운 텍스트의 의미를 이끌어 내고자 하는 시도를 많이 보입니다.

이러한 특색을 보이는 지문은 LEET 언어이해를 제외하고는 다른 시험에서는 등장하지 않습니다. 그 이유는 LEET 언어이해만큼 인문학적으로 깊이 있는 텍스트를 다루면서도, 정반합의 관계가 도출될 정도로 길이가 긴 지문을 사용하는 시험이 없기 때문입니다. 따라서 이는 LEET 언어이해만의 고유한 글쓰기 방식이라고 이해해주시면 되겠습니다.

정반합의 구조를 이루고 있는 지문에서는 논리적으로 상호 양립할 수 없는 두 주장이 제기됩니다. 그리고 그 두 주장이 동시에 성립할 수 있도록 하는 논리적인 방안이 제시되면서, 그 주장이 동시에 성립할 수 있는 새로운 주장이 등장하는 식으로 글의 흐름이 전개됩니다. 즉 명제 P라는 주장과 명제 ~P라는 주장을 동시에 수렴하는 새로운 주장이 상향적으로 도출되는 것입니다.

이러한 글의 전개 방식은 LEET 언어이해에서 매우 자주 등장하는 논지 전개 방식이므로 반드시 숙달해 두어야 합니다. 특히 수많은 이론과 주장들이 등장하는 **학설비교형 지문**에서 마지막의 최종적인 결론으로 대립하는 주장들을 종합할 수 있는 중심 이론을 제시하는 방식으로 글이 전개되는 경우에 이러한 논리 전개가 많이 등장하므로 반드시 숙달해 놓으셔야 합니다. 가장 대표적인 사례가 2021학년도 LEET 언어이해에서 출제되었던 〈배너지와 뒤플로〉 지문, 2022학년도 LEET 언어이해의 〈철학적 근대와 환경 문제〉, 2023학년도 LEET 언어이해의 〈판사의 진솔 의무〉입니다.

> **핵심 한 줄 요약**
>
> **정반합**
> 지문에서 주장된 명제 P와 명제 ~P가 상호 모순되는 상황에서, 상호 모순되는 두 명제가 종합되어 새로운 결론을 도출하는 관계

2 독해 전략

STEP 1 | 논리적으로 양립할 수 없는 두 주장, '정(正)'과 '반(反)'을 확인한다.

✓ 서로 논리적으로 동시에 성립할 수 없는 주장의 내용을 파악한다. 특히 지문의 서두에서 논리적으로 양립할 수 없는 두 주장이 등장한다면, 이는 정반합의 논리적 흐름으로 전개될 가능성이 높다는 점을 미리 예상하여야 한다.

▼

STEP 2 | 논리적으로 대립하는 두 주장이 절충되는 과정을 파악한다.

✓ 정반합 논지 전개는 서로 논리적으로 동시에 성립할 수 없는 주장들을 절충시켜서, 동시에 성립할 수 있는 상황으로 도출하는 과정을 통해 이루어진다.
✓ 만약 지문의 주장에 대한 적절한 비판 찾기 문제가 등장한다면, 그 비판은 논리적 절충 단계가 완전하게 이루어지지 못하였다는 지점을 지적하는 내용이 비판의 답일 가능성이 높다.

▼

STEP 3 | 정반합 과정을 통해 새롭게 도출된 '합(合)'의 내용을 확인한다.

✓ '합(合)' 주장은 지문에서 가장 핵심적인 내용에 해당하기 때문에, 문제와 관련된 비중이 가장 높거나, 세 번째 문제에서 집중적으로 조명될 가능성이 높다. 따라서 지문의 다른 내용에 비해서 더욱 높은 집중력을 가지고 독해해야 할 부분이 최종적으로 제시되어 있는 '합(合)' 주장에 해당한다.

3 문제에 적용해보기

독해 전략을 적용하여 연습문제를 풀이해 봅시다.

연습문제 1

[01~03] 다음 글을 읽고 물음에 답하시오.

09 MDEET 문35~37

노동 시장의 각종 규제를 철폐함으로써 고용과 해고를 자유롭게 할 수 있어야만 기업의 경쟁력이 살아나고 실업 문제도 해결할 수 있다는 목소리가 커지고 있다. 고용의 안정성을 해치지 않으면서 경쟁력을 높일 수는 없는 것일까? '유연안정성'이라는 새로운 노사 관계 모델을 통해 적극적으로 대안을 모색한 일부 유럽 국가들의 실험은 이 질문에 대해 시사하는 바가 크다.

고용과 관련된 유연성과 안정성은 다양한 형태로 존재한다. 유연성 개념은 해고와 채용을 통해 노동력을 수량적으로 조정하는 '외부적-수량적 유연성', 해고를 자제하되 노동 시간을 탄력적으로 조정하는 '내부적-수량적 유연성', 작업 조직의 재편과 다기능 숙련 향상을 강조하는 '기능적 유연성' 등으로 세분된다. 안정성 개념도 동일한 직장을 유지할 수 있는 '직장 안정성', 동일한 직장은 아니더라도 일자리를 유지할 수 있는 '고용 안정성', 실업이나 질병 등의 상황에서도 안정된 급여를 확보할 수 있는 '소득 안정성', 출산이나 재충전 등의 기회를 확보해 일과 삶을 병행할 수 있는 '결합 안정성'으로 나뉜다. 유연안정성 모델에서는 이러한 유연성과 안정성의 특정 형태들 중에서 그 나라의 고유한 조건과 사회 구성원들의 선호를 반영해 바람직한 배합을 선택하려 한다.

유연안정성 모델의 대표적인 성공 사례인 덴마크는 예전부터 역동적인 노동 시장을 가지고 있었다. 미국이나 영국에 버금갈 정도로 해고가 자유롭고 노동 이동도 빈번하다. 그런데도 노동자들의 고용 불안 체감도는 OECD 국가 중 가장 낮다. 사회적 타협의 오랜 전통을 통해 실직 기간 중 생계유지에 필요한 비용을 국가가 제공한다는 약속이 확립되어 있기 때문이다. 유연한 시장과 높은 사회 보장의 이러한 조합에 적극적 노동 시장 정책이 추가됨으로써 덴마크 시스템의 효율성은 더욱 높아졌다. 이 정책의 핵심은 실업자들의 재취업을 돕는 다양한 직업 훈련 프로그램을 제공하되, 이를 거부할 경우 실업 수당의 지급을 중단하는 것이다. 이때 국가가 제공하는 일자리 교육에 참여한 실업자는 역량 향상을 통해 취업의 기회가 높아지며, 직업 훈련에 부정적인 실업자는 구직 노력을 강화할 동기를 부여받게 된다.

한편 이 모델의 또 다른 성공 사례인 네덜란드는 이와 다른 유형의 유연안정성을 달성했다. 네덜란드 노동 시장의 가장 큰 특징은 시간제 노동자의 비율이 대단히 높다는 점이다. 이 나라의 경우 전체 노동자의 절반 그리고 여성 노동자의 대다수가 시간제로 근무하고 있다. 이를 바탕으로 기업은 시장 상황의 변동에 대응해 노동 시간을 탄력적으로 조정하고, 노동자들은 일과 가사 그리고 여가 사이에서 더 자유로운 선택을 할 수 있게 된다. 이러한 특징은 외부 상황의 변화에 신축적으로 대응하려는 기업과 고용 불안을 막으려는 노조 사이의 타협의 산물이다. 노동 시장의 유연화가 어느 정도 불가피하다고 본 노조는 고용보호법을 일부 완화하는 데 동의했다. 그 대신 시간제 노동자 등에 대해서도 전일제 노동자와 대등한 수준의 고용 보호를 얻어 냄으로써 노동자 전체의 직장 안정성을 높일 수 있었다. 최근에는 육아나 재충전 등을 위한 자발적인 노동 시장 불참을 재정적으로 지원하는 법적 제도가 도입됨으로써 전체 시스템의 안정성이 더욱 제고되었다.

덴마크와 네덜란드의 실업률은 유럽연합 평균의 절반에 불과하며, 생산성도 유럽연합 평균을 상회한다. 이들 나라가 높은 경쟁력을 유지하면서도 전체 노동자들의 고용 불안 우려를 불식할 수 있었다는 점은 유연안정성 모델이 경제 전체에 순기능을 발휘했다는 것을 의미한다.

01. 위 글로부터 추론한 내용으로 적절하지 않은 것은?
① 특정 형태의 유연성과 안정성은 동시에 신장될 수 있다.
② 유연안정성 모델이 성공하기 위해서는 정부의 역할도 중요하다.
③ 유연성은 노동 시장 상황뿐 아니라 사회 보장 제도에도 영향을 받는다.
④ 유연안정성 모델에서는 기업의 경쟁력보다 노사 간의 타협을 더 중시한다.
⑤ 유연안정성 모델에는 고용 안정은 물론 삶의 질 향상이라는 목표도 포함되어 있다.

02. 덴마크와 네덜란드의 사례에 대한 분석으로 타당한 것은?
① 나라별로 노동자가 한 직장에 얼마나 오래 근무하는가를 조사해보면 덴마크가 네덜란드보다 직장 안정성이 높음을 알 수 있다.
② 네덜란드에서는 노동 시장 유연화로 외부적-수량적 유연성이 커졌으며, 전일제 노동이 확대로 인해 소득 안정성이 제고되었다.
③ 덴마크의 적극적 노동 시장 정책은 실업자에 대한 직업 훈련을 통해 외부적-수량적 유연성과 직장 안정성에 기여했다.
④ 덴마크에서는 자유로운 해고에 따른 내부적-수량적 유연성의 부작용을 소득 안정성으로 완화했다.
⑤ 네덜란드에서는 시간제 노동자 비율을 늘려 내부적-수량적 유연성과 결합 안정성을 높였다.

03. 위 글에 대한 비판으로 적절한 것만을 <보기>에서 있는 대로 고른 것은?

―〈보 기〉―
ㄱ. 유연안정성 모델은 사람들의 합의를 이끌어 내기 쉬운 일부 국가에서만 유효할 수 있다.
ㄴ. 유연안정성 모델은 실업 문제를 해결하는 과정에서, 시장 상황의 변화에 대한 대응 문제를 간과한다.
ㄷ. 소득 안정성을 높이는 데 필요한 재정적 부담이 유연안정성 모델 도입을 통한 이익보다 크다면, 유연안정성 모델을 유지하기가 쉽지 않을 것이다.
ㄹ. 실업률이나 생산성은 노동 시장 이외의 요인들에 의해서도 영향을 받으므로, 실업률이 낮고 생산성이 높다고 해서 유연안정성 모델의 순기능이 입증되는 것은 아니다.

① ㄱ, ㄴ ② ㄱ, ㄷ ③ ㄴ, ㄹ
④ ㄱ, ㄷ, ㄹ ⑤ ㄴ, ㄷ, ㄹ

연습문제 2

[04~06] 다음 글을 읽고 물음에 답하시오.

12 MDEET 문23~25

중세 서유럽의 전형적인 농경지 소유 형태는 '흩어진 개방 경지'였다. 어떤 농민과 다른 농민의 경지 사이에 울타리가 없어서 넘나들 수 있으며, 한 농가의 경지가 한곳에 모여 있지 않고 작은 조각으로 나뉘어 여기저기 흩어져 있는 형태를 말한다. 인접한 경지 조각들은 같은 작물을 재배하여 파종과 수확이 거의 동시에 이루어지도록 공동체가 강제하였다. 이는 수확이 끝나고 휴한기에 들어선 경지에 가축을 공동으로 방목하고 분뇨를 시비함으로써 지력의 회복을 도모하기 위함이었다. 그렇다면 울타리만 치지 않으면 되지 경지가 흩어진 이유는 무엇인가?

19세기 이래로 중세사 학자들은 공평한 쟁기질이나 비옥도의 차이를 감안한 평등한 토지 보유를 지향하는 공동체적 정서에서 그 이유를 찾았다. 1970년대에 매클로스키는 질문의 방식을 바꾸어 놓았다. 매클로스키도 이전의 역사학자들과 마찬가지로 경지가 한곳에 통합된 경우보다 흩어져 있는 경우에 농업 생산의 효율성이 더 낮았다고 보았다. 그렇다면 더욱 비효율적인 경지 소유 형태가 어째서 그토록 오랫동안 지속되었는가?

매클로스키는 흩어진 경지 소유 형태의 효율성을 위험의 분산을 통한 보험 효과에서 찾았다. 그에 따르면 병충해와 기후의 차이 때문에 비교적 좁은 지역 내에서도 곳에 따라 경작의 성과가 달라질 수 있다. 따라서 위험을 고려할 때 계란을 한 바구니에 담지 말아야 하는 것처럼 여기저기 흩어진 땅에 농사를 짓는 것이 흉작에 대비하기 위한 방법이 되는 것이다. 다시 말하면, 경지가 흩어져 있음으로 인해 발생하는 곡물 생산의 감소분은 위험에 대비하기 위한 보험료에 해당한다.

이에 대해 페노알티아는 곡물은 저장이 가능하기 때문에 일시적인 흉작의 위험에 대비하기 위해서는 다른 방법들에 의존할 수 있었다고 비판했다. 그는 흩어진 경지 형태가 곡물 생산에 더욱 효율적이었다고 주장했다. 농업에서는 시간에 따라 가장 효율적으로 이용될 수 있는 곳에 노동을 배분하는 것이 중요하다. 따라서 비가 오는 오늘은 여기에서 일하고 햇빛 좋은 내일은 저기에서 일하는 방식이 더욱 효율적이라는 것이다.

한편, 달만은 흩어진 경지 형태가 지속된 이유를 공동 방목에서 찾았다. 개별 농가가 자신의 경지에 울타리를 친다면 다른 농가들이 공동 방목을 하기 어려워진다. 그런데 경지가 흩어지면 울타리를 치는 비용이 훨씬 더 늘어날 것이다. 따라서 공동체가 공동 방목을 통해 목축에서 규모의 경제를 추구하려는 것을 개별 농가가 방해할 수 없도록 만들기 위해 흩어진 경지 형태를 채택했다는 것이다. 다시 말해 달만은 흩어진 경지를 ㉠ 반(反)공유자원(anti-commons)의 비극이란 문제를 해결하기 위한 선택으로 이해하였다고 하겠다. 이 문제는 여러 사람이 각자 사적으로 소유하는 자원을 공동으로 이용해야 효율적인 경우에 모든 소유자로부터 자원의 공동 이용에 대한 동의를 얻어야 하는 데에서 비롯되는 것이다. 이는 여러 사람이 공동으로 소유하는 자원을 사적으로 이용할 경우에 자원이 남용되는 문제인 ㉡ 공유자원(commons)의 비극과 대조를 이루는 개념이다.

헨리 스미스도 공동 방목과 관련하여 흩어진 개방 경지를 해석하고자 하였는데, 달만과 달리 그는 이것이 ㉢ 반(半)공유자원(semi-commons)의 비극을 해결하기 위한 선택이었다고 보았다. 그에 따르면, 사적 공유와 공적 소유의 성격이 공존하는 자원의 경우에는 사람들의 기회주의적인 행동에 따른 독특한 문제가 발생하는데 중세 유럽의 개방 경지가 그 전형적인 사례라는 것이다. 곡물 경작은 소규모의 토지를 사적으로 이용하여야 효율적임에 비해 목축은 대규모의 토지를 공동으로 이용하여야 효율적이기 때문에, 동일한 토지가 계절에 따라 다른 규모로 사용되었다. 이처럼 개방 경지는 때에 따라 사유지로도 사용되고 공유지로도 이용되기 때문에, 공동 방목을 할 때에 가축의 분뇨를 시비하는 것처럼 경작에 유리한 행위는 자신의 땅에 집중되도록 하고 가축이 뛰어다니며 땅을 훼손하는 것처럼 경작에 불리한 행위는 타인의 땅에 집중되도록 하고 싶은 유인이 발생한다. 이에 대한 해결책이 흩어진 경지 보유 형태였다는 것이다.

★ 선생님 TIP

규모의 경제
생산량이 증가함에 따라 평균 비용이 감소하는 현상을 의미하는 경제학 용어로, 생산의 규모가 큰 집단에 생산이 집중되는 것이 생산의 규모가 작은 여러 집단에 분산되는 것에 비해 효율적임을 의미합니다. 이와 같은 기초적인 경제학 용어는 지문에서 설명되지 않는 경우가 많기 때문에 배경지식으로 알아두는 것이 좋습니다.

04. 위 글의 내용과 일치하지 않는 것은?

① 매클로스키는 흩어진 경지 형태가 통합된 형태에 비해 곡물 생산의 측면에서 더 비효율적이라고 생각하였다.
② 매클로스키와 페노알티아는 모두 흩어진 개방 경지를 곡물 재배와 관련하여서만 설명하고 있지 공동 방목과 관련하여 해석하고 있지 않다.
③ 페노알티아는 곡물 생산의 측면에서, 달만은 목축의 측면에서 흩어진 경지가 통합된 경지보다 더 효율적인 경지 보유 제도였다고 생각하였다.
④ 헨리 스미스는 달만과 달리 농가들이 소유한 토지의 규모가 목축을 효율적으로 행하기 위해 필요한 토지 규모에 비해 상대적으로 작다고 생각하였다.
⑤ 페노알티아, 달만, 헨리 스미스는 모두 어떤 제도가 오랫동안 지속되었다면, 그 제도는 합리적 선택의 결과였을 것이라고 생각하였다.

05. 매클로스키의 주장에 대한 비판이나 반박이 될 수 있는 것만을 <보기>에서 있는 대로 고른 것은?

―〈보 기〉―

ㄱ. 공동 방목을 하지 않고 곡물만 재배한 지역에서는 흩어진 경지 보유 형태가 드물게 나타났다.
ㄴ. 농민들 사이에 토지 교환이나 매매가 활발해진 후에도 흩어진 경지 형태가 줄어들었다는 증거는 없다.
ㄷ. 잉글랜드와 프랑스 북부의 기후와 토양에서는 비교적 좁은 지역 내에서 흩어진 경지를 필요로 할 만큼 산출의 편차가 충분히 컸는지는 의문이다.
ㄹ. 각 농가가 경지를 통합하여 농사를 짓고 영주가 각 농가로부터 거두어들인 곡물을 흉작 농가에 배분해 주는 방식이, 각 농가가 흩어진 경지에서 농사를 짓는 것보다 더욱 효율적이었을 것이다.

① ㄱ, ㄴ ② ㄴ, ㄷ ③ ㄷ, ㄹ
④ ㄱ, ㄴ, ㄹ ⑤ ㄱ, ㄷ, ㄹ

06. ㉠~㉢에 대한 설명으로 적절하지 않은 것은?

① ㉠은 자원이 지나치게 적게 사용되는 결과를 초래하는 문제임에 반해, ㉡은 자원이 지나치게 많이 사용되는 결과를 초래하는 문제이다.
② ㉢은 동일한 자원이 효율적 이용 규모가 다른, 여러 가지 용도로 이용되는 경우에 발생하는 문제이다.
③ ㉠과 ㉡은 자원을 소유한 사람이 그 자원을 타인이 사용하지 못하도록 할 수 있는 권리가 강하여 발생하는 문제임에 비해, ㉢은 그러한 권리가 약하여 생기는 문제이다.
④ ㉠과 ㉢에서 '공유'는 '소유자들이 자원을 묶어서 공동으로 함께 사용한다'는 의미임에 비해, ㉡에서 '공유'는 '소유자들이 자원을 누구나 사적으로 사용할 수 있다.'는 의미이다.
⑤ ㉠, ㉡, ㉢은 모두 자원의 소유와 이용 사이의 불일치로 인해 사회 전체적으로 보아 바람직하지 못한 행동 유인이 유발되어 발생하는 문제라 할 수 있다.

연습문제 3

[07~09] 다음 글을 읽고 물음에 답하시오.

16 LEET 문11~13

윤리학에서는 선(善, good) 즉 좋음과 관련하여 여러 쟁점이 있다. 선이란 무엇인가? 선을 쾌락이라고 간주해도 되는가? 선은 도덕적으로 옳음 또는 정의와 어떤 관계에 있는가? 이러한 쟁점 중의 하나가 바로 "선은 객관적으로 존재하는가?"의 문제이다.

플라톤은 우리가 감각으로 지각하는 현실 세계는 가변적이고 불완전하지만, 우리가 이성으로 인식할 수 있는 이데아의 세계는 불변하고 완전하다고 보았다. 그에 따르면, 현실 세계는 이데아 세계를 모방한 것이기에 현실 세계에서 이루어지는 인간들의 행위도 불완전할 수밖에 없다. 이데아 세계에는 선과 미와 같은 여러 이데아가 존재한다. 그중에서 최고의 이데아는 선의 이데아이며, 인간 이성의 최고 목표는 선의 이데아를 인식하는 것이다. 선은 말로 표현할 수 없고, 신성하며, 독립적이고, 오랜 교육을 받은 후에만 알 수 있는 것이다. 우리는 선을 그것이 선이기 때문에 욕구한다. 이렇게 인간의 관심 여부와는 상관없이 선이 독립적으로 존재한다고 보는 입장을 선에 대한 ㉠'고전적 객관주의'라고 한다.

이러한 플라톤적 전통을 계승한 무어도 선과 같은 가치가 객관적으로 실재한다고 주장한다. 그에 따르면 선이란 노란색처럼 단순하고 분석 불가능한 것이기에, 선이 무엇인지에 대해 정의를 내릴 수 없으며 그것은 오직 직관을 통해서만 인식될 수 있다. 노란색이 무엇이냐는 질문에 노란색이라고 답할 수밖에 없듯이 선이 무엇이냐는 질문에 "선은 선이다."라고 답할 수밖에 없다는 것이다. 무어는 선한 세계와 악한 세계가 있을 때 각각의 세계 안에 욕구를 지닌 존재가 있는지 없는지와 관계없이 전자가 후자보다 더 가치 있다고 믿었다. 선은 인간의 욕구와는 상관없이 그 자체로 존재하며 그것은 본래부터 가치가 있다는 것이다. 그는 선을 최대로 산출하는 행동이 도덕적으로 옳은 행동이라고 보았다.

반면에 ㉡'주관주의'는 선을 의식적 욕구의 산물에 불과한 것으로 간주한다. 페리는 선이란 욕구와 관심에 의해 창조된다고 주장한다. 그에 따르면 가치는 관심에 의존하고 있으며, 어떤 것에 관심이 주어졌을 때 그것은 비로소 가치를 얻게 된다. 대상에 가치를 부여하는 것은 관심이며, 인간이 관심을 가지는 대상은 무엇이든지 가치의 대상이 된다. 누가 어떤 것을 욕구하든지 간에 그것은 선으로서 가치를 지니게 된다. 페리는 어떤 대상에 대한 관심이 깊으면 깊을수록 그것은 그만큼 더 가치가 있게 되며, 그 대상에 관심을 표명하는 사람의 수가 많을수록 그것의 가치는 더 커진다고 말한다. 이러한 주장에 대해 고전적 객관주의자는 우리가 욕구하는 것과 선을 구분해야 한다고 비판한다. 만약 쾌락을 느끼는 신경 세포를 자극하여 매우 강력한 쾌락을 제공하는 쾌락 기계가 있다고 해 보자. 그런데 누군가가 쾌락 기계 속으로 들어가서 평생 살기를 욕구한다면, 우리는 그것이 선이 아니라고 말할 수 있다. 쾌락 기계에 들어가는 사람이 어떤 불만도 경험하지 못한다고 하더라도, 그것은 누가 보든지 간에 나쁘다는 것이다.

이러한 논쟁과 관련하여 두 입장을 절충한 입장도 존재한다. ㉢'온건한 객관주의'는 선을 창발적인 속성으로서, 인간의 욕구와 사물의 객관적 속성이 결합하여 생기는 것이라고 본다. 이 입장에 따르면 물의 축축함이 H2O 분자들 안에 있는 것이 아니라 그 분자들과 우리의 신경 체계 간의 상호 작용을 통해 형성되듯이, 선도 인간의 욕구와 객관적인 속성 간의 관계 속에서 상호 통합적으로 형성된다. 따라서 이 입장은 욕구를 가진 존재가 없다면 선은 존재하지 않을 것이라고 본다. 그러나 일단 그러한 존재가 있다면, 쾌락, 우정, 건강 등이 가진 속성은 그의 욕구와 결합하여 선이 될 수 있을 것이다. 하지만 이러한 입장에서는 우리의 모든 욕구가 객관적 속성과 결합하여 선이 되는 것은 아니기에 적절한 욕구가 중시된다. 결국 여기서는 적절한 욕구가 어떤 것인지를 구분할 기준을 제시해야 하는 문제가 발생한다.

이와 같은 객관주의와 주관주의의 논쟁을 해결하기 위한 한 가지 방법은 불편부당하며 모든 행위의 결과들을 알 수 있는 ⓐ'이상적 욕구자'를 상정하는 것이다. 그는 편견이나 무지로 인한 잘못된 욕구를 갖고 있지 않기에 그가 선택하는 것은 선이 될 것이고, 그가 선택하지 않는 것은 악이 될 것이기 때문이다.

07. 윗글의 내용과 일치하지 않는 것은?

① 플라톤은 선의 이데아를 이성을 통해 인식할 수 있다고 본다.
② 플라톤은 인간이 행한 선이 완전히 선한 것은 아니라고 본다.
③ 무어는 선이 단순한 것이어서 그것을 정의할 수 없다고 본다.
④ 무어는 도덕적으로 옳은 행동을 판별할 기준을 제시할 수 없다고 본다.
⑤ 페리는 더 많은 사람이 더 깊은 관심을 가질수록 가치가 증대한다고 본다.

08. ㉠에 대한 ㉡과 ㉢의 공통된 문제 제기로 적절한 것은?

① 사람들이 선호한다고 그것이 항상 선이라고 할 수 있는가?
② 선은 욕구하는 주관에 전적으로 의존하여 형성되지 않는가?
③ 선과 악을 구분할 수 없다면 어떤 행위라도 옳다는 것인가?
④ 사람들이 선을 인식할 수 없다고 보는 것은 과연 타당한가?
⑤ 선을 향유하는 존재가 없다면 그것이 무슨 가치가 있겠는가?

09. ⓐ를 상정한 이유로 가장 적절한 것은?

① 선을 직관할 수 없다고 보는 '고전적 객관주의'의 문제점을 해결하기 위해서이다.
② 욕구의 주체가 없어도 선이 존재한다는 '고전적 객관주의'의 주장을 강화하기 위해서이다.
③ 욕구하는 사람이 존재해야만 선이 형성된다는 '주관주의'의 주장을 약화하기 위해서이다.
④ 무엇을 욕구하더라도 모두 선이라고 간주해야 하는 '주관주의'의 문제점을 해결하기 위해서이다.
⑤ 선의 형성에서 인간과 사물의 상호 통합 작용이 필수적이라는 '주관주의'의 입장을 보완하기 위해서이다.

연습문제 4

[10~12] 다음 글을 읽고 물음에 답하시오.

06 MDEET 문29~31

"〈모나리자〉는 아름답다."와 같이 미적 가치 판단에서 우리가 단언하고 있는 것은 정확히 무엇인가? 미적 가치는 작품의 크기처럼 그 작품의 속성인가? 만일 가치가 작품에 귀속되는 것이라면, 사람들은 왜 그렇게도 자주 어떤 것이 '나에게' 아름답다고 말하는 것일까? 이에 대한 설명의 두 축은 객관주의와 주관주의인데, 상대주의는 양립 불가능해 보이는 이 두 극단적인 입장의 이론적 문제를 피하고자 한다.

상대주의는 객관주의가 시작하는 곳, 즉 미적 가치 판단은 말하는 사람이 아닌 대상에 관한 언급이라는 확신에서 출발한다. 그러나 상대주의자는 가치가 인간의 경험과 무관한 것이 아니라고 생각한다는 점에서 주관주의를 따른다. 그러면서 주관주의의 무정부 상태에서는 벗어나기를 원한다. 즉, 작품에 대한 가치를 판단할 때, 어떤 경험들은 다른 것들보다 더 중요하며, 좋은 취향과 나쁜 취향의 차이가 있다는 것이다.

이러한 목표를 위해 상대주의자인 루이스는 우선 대상의 객관적 속성으로서의 가치와 미적으로 지각하는 사람이 가지는 느낌으로서의 가치를 구분한다. 좋은 경험은, 우리가 그것을 '유쾌한'이라고 하든 '만족스러운'이라고 하든, 본유적 가치의 경험이다. 본유적 가치란 도구적 가치와 상반되는 것으로서, 다른 무엇을 위해 좋은 것이 아니라, 그 자체로 좋은 것을 말한다. 루이스에 따르면, 사물은 엄밀한 의미로는 본유적 가치를 가질 수 없고, 오직 직접적인 경험만이 본유적으로 좋은 것일 수 있다고 한다. 즉, 사물들은 그들이 우리에게 기쁨이나 불만을 불러일으킬 때에만 좋거나 나쁜 것이다. 한편, 어떤 대상의 지각에서 본유적 가치가 아무 매개 없이 즉각적으로 느껴질 때, 루이스는 그 대상이 내재적 가치를 갖는다는 표현을 쓴다. 따라서 모든 미적 대상들은 내재적 가치를 갖는다. 이렇게 루이스의 이론에는 객관적 요소와 주관적 요소가 있다.

이제 미적 가치를 루이스 식으로 정의해 보자. 미적 가치는 절대적인 속성도 아니고 즉각적인 느낌도 아니다. 그것은 본유적 가치를 경험케 하는 대상의 잠재력 혹은 가능성이다. 이는 관계적 속성, 즉 인간과의 상호 작용이 있기 때문에 어떤 사물에 귀속되는 속성들 중의 하나이다. 그로 인해 미적 대상은 누군가가 지각할 때 즐거움을 제공한다. 그렇다고 대상이 인간과 실제로 접촉될 때에만 그 속성이 존재한다는 것은 아니다. 잠재력은 그것이 경험되고 있지 않을 때에도 그 대상 안에 남는다. 이 점에서 상대주의는 객관주의에 가깝다.

그러나 작품이 가진 가치의 잠재력이 누군가에게 좋은 것으로 느껴져야만 드러난다면, 똑같은 작품이 A에게는 즐거움을, B에게는 불쾌감을 불러일으키는 현상을 상대주의자는 어떻게 설명할 수 있을까?

미적 가치 평가란 미적 경험을 하는 사람 자신의 느낌에 대한 진술, 즉 "나는 이것이 좋다."라는 틀릴 수 없는 판단과 동일하다는 것이 주관주의의 핵심이다. 반면, 상대주의자는 "이것은 아름답다."라는 판단을, 그 형식 그대로, 가치를 대상에 귀속시키는 판단으로 이해한다. 그러나 미가 본유적 가치 경험을 자극하는 하나의 잠재력이라고 보는 상대주의자에게 이러한 판단은 객관주의자의 이해와는 달리 일종의 예측이다. 만약 다른 이들이 그 작품을 감상한다면 그들도 미적 즐거움을 느낄 것이라 예측하는 것이다. 각각의 예측은 경험적 증거에 의해 지지되는 정도가 다르므로 상대주의자는 이로부터 모든 이의 평가를 동등하게 취급할 수 없다는 주장으로 나아간다. 더욱이, 루이스는 내가 어떤 음악에 대한 나의 현재 느낌을 잘못 판단할 리는 없겠지만, 그 음악이 그 느낌을 계속 불러일으키리라는 경험적 예측은 나중에 얼마든지 잘못된 것으로 판명될 수 있다고 생각한다. 그는 이를 통해 자신의 느낌에 대한 보고가 "이것이 아름답다."라는 판단의 증거가 될 수 없음을 주장한다.

10. 루이스 이론의 성격을 바르게 기술한 것은?

① 미적 가치를 잠재력으로 본 것은 주관주의적 성격이고, 그 잠재력을 대상의 속성으로 본 것은 객관주의적 성격이다.
② 미적 판단이 자신의 느낌에 근거한다는 것은 주관주의적 성격이고, 그러한 느낌이 본유적 가치라는 것은 객관주의적 성격이다.
③ 미적 가치를 경험으로서의 가치로 보는 것은 주관주의적 성격이고, 그것을 대상에 내재한 가치로 보는 것은 객관주의적 성격이다.
④ 미적 가치를 미적 경험과 관계된 즉각적 느낌으로 보는 것은 주관주의적 성격이고, 그러한 판단이 틀릴 수 없다는 것은 객관주의적 성격이다.
⑤ 미적 판단을 자신의 느낌에 근거한 수정될 수 없는 판단으로 보는 것은 주관주의적 성격이고, 그것을 수정될 수 있는 경험적 예측으로 보는 것은 객관주의적 성격이다.

11. 위 글에 나타난 개념들 중, <보기>를 예로 들어 설명하기에 가장 적절한 것은?

〈보 기〉

우리가 빵을 먹으면 빵은 우리에게 영양을 공급한다. 물론 아무도 먹고 있지 않을 때에도 빵은 영양가가 있다. 하지만 빵은 그것이 신체에 미치는 영향 때문에 영양가가 있지 그 자체로 영양가가 있는 것은 아니다.

① 대상의 잠재력
② 경험적 예측
③ 객관적 속성
④ 본유적 가치
⑤ 경험적 근거

12. 루이스에 대한 비판으로 적절한 것은?

① 예측으로서의 미적 판단이 그에 동의하지 않는 사람들에게 구속력을 행사할 근거는 없지 않은가?
② "나는 좋아하지 않지만 이 작품은 좋다."라고 의미 있게 진술하는 것이 가능해야 하는 것 아닌가?
③ 가치 판단은 단순히 어떤 사람이 어떤 감정을 가진다는 것 이상을 말해 주어야 하는 것이 아닌가?
④ 평가 대상의 미묘함을 볼 수 없는 사람의 미적 판단은 경험적 예측에서 고려할 필요가 없지 않은가?
⑤ 대상이 붉다고 느낀 것이 조명 탓이었다면, 그 경험에 근거한 미적 판단은 철회될 수 있는 것 아닌가?

연습문제 5

[13~15] 다음 글을 읽고 물음에 답하시오.

08 MEET 문11~13

17세기에 수립된 뉴턴의 체계에 따르면 물리적 실재는 아무것도 없는 공간과 그 공간에서 움직이는 질점(質點), 질점 사이에 작용하는 힘으로 특징지어진다. 그리고 물리적 사건은 공간상에서 질점이 만유인력과 일정한 운동 법칙의 지배를 받으며 운동하는 것으로 간주된다. 이 체계에서는 물리적 사건을 다룰 때 물체로부터 모든 특성들을 제거하고 질량과 병진 운동만을 고려하며, 거기에 입자 사이의 원격 작용, 곧 빈 공간을 뛰어넘어 직선을 따라 미치는 힘의 개념을 추가하였다. 이러한 이론적 구도는 입자에 입각해 있다는 점에서 입자론적이고, 물질의 기계적 작동에 의거한다는 점에서 역학적이다.

이 체계의 가장 불만스러운 측면은 빛의 개념과 관련되어 있었다. 뉴턴은 그의 체계에 따라 빛도 입자로 구성된 것으로 보았는데, 그 당시에 이미 '빛이 물체에 흡수될 때 빛 입자는 어떻게 되는가?'라는 문제가 논쟁거리가 되었다. 더욱이 질량이 있는 물질과 질량이 없는 빛을 설명하기 위해 서로 다른 종류의 두 가지 입자를 가정하는 것은 어떤 경우든지 불만스러웠다. 나중에 이전의 입자들과는 또 다른 성질의 전기 입자가 제3의 종류로 추가되자 논의는 더욱 혼란스러워졌다. 전기 입자는 질량이 없는 것처럼 보이면서도 빛과 달리 서로를 밀치기도 하고 당기기도 하는 특이한 행동 양식을 드러냈기 때문이다. 그럼에도 불구하고 18세기 말에서 19세기 초에 걸쳐 ⊙라플라스 학파는 뉴턴주의의 기치를 내걸고 뉴턴의 중력 이론을 더욱 확장했을 뿐 아니라, 여러 자연 현상을 특정한 성질만 갖는 질량 없는 입자나 원격 작용에 의해 기술하려고 노력하였다.

뉴턴주의에 대한 도전은 19세기 초에 빛의 입자 이론에 대립하여 빛의 파동 이론이 부정할 수 없는 관찰 사실을 통해 확증되면서 본격화되었다. 파동 이론은 빛을 입자가 아니라 공간을 채우는 매질인 에테르의 진동으로 설명하였다. 그 후 에테르는 고유한 역학적 특성을 갖는 연속체로 상정되었다. 전기와 관련한 입자론적 해석의 폐기는 패러데이로부터 시작되었다. 그는 자신이 수행한 실험에서 발견한 전자기적 현상들을 이해하기 위해 새로운 힘의 전달 방식으로 역선(力線)의 개념을 도입하였다. 이 역선은 유체의 흐름과 같이 곡선을 그리기도 하고 서로 밀치기도 하므로, 역선이 존재하는 공간인 장(場)은 연속적인 매질로 가득 차 있는 것으로 상정되었다. 이로써 새로운 물리적 실재의 개념은 입자론적이지 않게 되었지만 그것은 여전히 역학적이었다.

패러데이의 독창적인 개념을 수학화할 수 있음을 보인 인물이 맥스웰이다. 그는 공간을 메우는 매질이 어떤 방식으로 변형되어 전자기적 영향력이 전파되는지를 수학적인 형태로 표현하였다. 더 나아가서 그는 당시에 전자기 현상에 대해 알려진 것 대부분을 몇 개의 '맥스웰 방정식'의 체계로 표현할 수 있다는 것을 보여 주었다. 맥스웰 방정식은 서로 결합되었을 때, 광속으로 공간을 퍼져 나가는 전자기적 파동이 존재한다는 것을 예측해 줌으로써 빛이 일종의 전자기파라는 발견에 이르게 하였다. 처음에 맥스웰은 이 방정식들을 구축하고 정당화하기 위해 공간을 메우는 연속체의 역학적 모형들을 동원하였지만, 방정식들만으로 관련된 모든 현상을 기술할 수 있을 뿐 아니라 새로운 사실까지 예측할 수 있게 되자 그 모형들을 폐기했다. 이로써 그의 방정식이 표현하는 전자기장은 어떤 다른 것으로 환원되지 않는 궁극적인 실재가 되었다. 이렇게 맥스웰의 전자기학은 역학적 함축을 벗어 버렸고, 연속적 장 개념은 물리적 실재를 기술하는 새로운 방법으로서 이후 물리학에 근본적인 변혁을 유발하는 토대가 되었다.

13. 위 글의 내용과 일치하지 않는 것은?

① 뉴턴의 공간은 비어 있으나 맥스웰의 공간은 매질로 채워져 있다.
② 뉴턴의 빛 입자 개념은 빛의 매질로서의 에테르 개념과 양립할 수 없다.
③ 뉴턴은 원격 작용에 의해, 패러데이는 역선에 의해 힘이 전달된다고 보았다.
④ 맥스웰에 따르면, 세계는 연속적인 장 속에서 운동하는 입자로 이루어져 있다.
⑤ 맥스웰 방정식은 전자기장을 기술했을 뿐 아니라 전자기파의 존재를 예견하였다.

14. ㉠의 입장에서 자연 현상을 설명한 것이 아닌 것은?

① 서로 다른 부호의 전하를 가진 전기 입자들은 전하량의 곱에 비례하고 거리의 제곱에 반비례하는 힘으로 서로 잡아당긴다.
② 도선에 전류가 흐르면 그 주위 공간의 매질이 힘을 받으면서 도선 옆의 나침반이 편향된다.
③ 고온인 물체에서 밀려나온 열 입자인 칼로릭이 저온인 물체로 이동하면서 열이 전달된다.
④ 달의 무게 중심과 지구의 무게 중심 사이에 작용하는 힘에 의해 달의 공전이 일어난다.
⑤ 화학 반응에서는 원자들 사이의 인력의 차이에 의해 결합과 분해가 결정된다.

15. <보기>는 19세기에 저술된 책에서 가져온 자료이다. 전기 현상에 관한 위 글의 관점들을 참고하여 <보기>의 설명을 평가한 내용으로 옳은 것은?

―〈보 기〉―

평행판 축전기의 양단에 전압을 걸어 주면 도체판 사이의 절연체는 전기장 속에서 전기력선을 따라 힘을 받아 변위를 일으킨다. 이것은 용수철이 당기는 힘을 받아 늘어나는 것과 비슷한 현상이다. 같은 힘을 받아도 용수철 상수에 따라 용수철마다 늘어나는 값이 달라지듯이, 절연체의 특성에 따라 축전기 안의 변위의 크기가 달라진다.

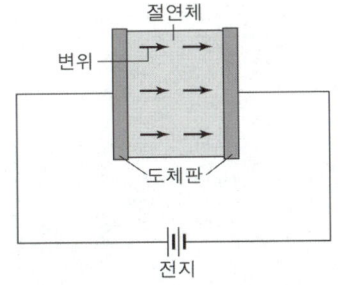

① 도체판을 전기 입자를 전달하는 연속적 매질로 간주하였다.
② 절연체의 작용을 연속적 매질의 역학적 모형으로 해석하였다.
③ 절연체를 도체판 사이의 원격 작용을 전달하는 매질로 간주하였다.
④ 전기적 영향력이 빈 공간 속에서 역선을 따라 전달되는 것으로 해석하였다.
⑤ 원격 작용인 전기력에 질점의 집합체인 절연체가 반응한 것으로 간주하였다.

합격을 꿈꾼다면, 해커스로스쿨
lawschool.Hackers.com

해커스 LEET 이재빈 언어이해 독해의 기초

스킬 8
가설과 실험 설계

1 스킬 소개

대립되는 여러 가설이 존재할 때 실험을 설계하는 것은 과학과 철학에서 빈번히 사용되는 논지 전개의 방식입니다. 이때 실험은 실제로 수행될 수 있는 **실험**일 수도 있고, 가상적으로 실행되는 **사고실험**일 수도 있습니다. 실제 실험이든 사고실험이든 가장 중요한 점은, 실험을 통해서 어떠한 가설이 타당한지를 가려낼 수 있어야 한다는 점입니다. 물론 실험 설계를 잘못하게 된다면, 두 가설 중 어떤 가설이 타당한지를 가려낼 수 없는 실험도 존재할 것이지만, 그러한 무의미한 실험이 언어 시험에서 등장할 확률은 매우 낮습니다. 따라서 우리는 어떠한 실험이 등장한다고 하면, 그 실험의 결과에 따라서 서로 대립되는 가설 중 어떤 가설이 타당한지를 판가름할 수 있는 심판이 된다고 생각하여야 합니다.

또한 LEET 언어이해에서는 지문의 흐름에 따라 논리적으로 등장해야 하는 결론을 생략하여 Blank로 남겨두고, Blank의 내용이 무엇인지를 추론해 볼 것을 요구함으로써 여러분의 언어 능력을 평가하는 **추론형 지문**이 출제되는 경우가 많습니다. 만약 지문에서 실험이 등장하게 되면 그 실험의 결과를 예측해 보거나, 실험 결과의 의미를 해석해 보라는 식으로 실험에 대한 결과를 Blank로 생략해 버리는 경우가 많습니다. 그리고 그 실험의 결과는 문제의 형태로 등장하게 됩니다. 따라서 실험이 등장하는 지문을 독해할 때는 그 점을 미리 예상하면서 독해가 진행되어야 합니다.

마지막으로, 실험이 올바르게 설계되기 위해서는 대조군에 대한 설계가 요구됩니다. **실험군**이란 **어떠한 조작을 가한 집단**을 의미하며, **대조군**은 **아무런 조작을 가하지 않은 집단**을 의미합니다. 이때 주의해야 할 점은 대조군에서 아무런 조작을 가하지 않았다는 의미는 가설에 영향을 끼치는 요소 A에 관한 조작을 가하지 않았다는 의미이지, 가설에 영향을 끼치는 요소 A 이외의 모든 조건들은 실험군과 대조군이 동일하게 설정되어야 하므로, 그 동일하게 하는 작업은 대조군에도 가해져야 한다는 점을 혼동하지 않도록 주의하셔야 합니다.

> **핵심 한 줄 요약**
>
> **실험**
> 대립되는 여러 가설 중 어떤 가설이 타당한지를 판가름해 주는 수단

2 독해 전략

STEP 1 | 지문의 서두에 여러 가설이 등장하는 것을 확인한다.

✓ 지문의 서두에 여러 가설이 등장하는 경우, 그 가설 사이에는 의존 관계가 존재할 수 있고, 대립 관계가 존재할 수 있다. 다양한 가설 사이의 논리적인 관계를 파악하는 것이 가장 독해의 우선적인 요소가 되어야 한다.

▼

STEP 2 | 실험이 어떠한 대립 가설들을 검증하기 위해 설계된 것인지를 파악한다.

✓ 서로 대립되는 가설이 등장한 경우에는, 그 가설 중 어느 가설이 타당한지를 파악하기 위해 실험이 설계되어야 한다. 지문에서 제시된 실험이 어떤 대립 가설 사이의 관계를 해명하기 위한 것인지를 반드시 체크하여야 한다. 실험의 목적성을 파악하지 못한다면 추후에 전개되는 지문의 내용을 제대로 독해할 수 없기 때문이다.

▼

STEP 3 | 실험의 결과가 어떠한 가설을 지지하는지를 추론한다.

✓ LEET 언어이해에서 지문의 소재로 실험이 등장한 경우에는, 그 실험의 결과가 의미하는 바를 지문에서 직접 제시해 주기보다는, 그 실험의 결과가 의미하는 바를 문제로 출제하는 경우가 많다. 실험의 목적성을 정확히 파악하였다면, 실험의 결과가 대립하는 가설 중 어느 가설을 지지하는지를 확인할 수 있을 것이다. 이를 통해 실험의 결과가 의미하는 바를 올바르게 해석해 내야 한다.

3 문제에 적용해보기

독해 전략을 적용하여 연습문제를 풀이해 봅시다.

연습문제 1

[01~02] 다음 글을 읽고 물음에 답하시오.

11 LEET 문4~5

민간의 채무 계약은 법원에 의해 강제된다. 만약 기업이 채무 상환을 거부한다면 법원의 재판을 통해 자산의 강제 매각 절차나 청산 절차를 밟게 된다. 국가 채무의 경우는 어떠할까? 전통적으로 국가는 스스로의 동의 없이 외국의 법정에서 재판을 받지 않는다는 주권 면제 원리에 의해 채무의 강제 집행으로부터 보호되어 왔다. 국가의 상업적 거래에는 주권 면제가 적용되지 않는 것이 오늘날의 추세이지만, 여전히 국가 채무의 이행은 법원을 통해 강제하기가 쉽지 않다.

이러한 까닭에 많은 경제학자들은 국가의 채무불이행에 대한 법적 제재나 구제 절차가 매우 제한적임에도 불구하고 국가 채무가 상환되는 이유에 대해 관심을 갖고 그 답을 찾고자 하였다. 이에 대한 논의의 출발은 이튼의 고전적 가설이다. 그는 GDP가 감소할 때 채무국이 해외 차입 이외의 방식으로는 GDP 감소에 대비하기 위한 자금을 확보할 수 없고 채무불이행이 신용시장에서의 영구인 배제를 의미하는 것이라면, 신용시장에 다시 접근할 수 없게 된다는 위협이 채무 상환의 충분한 이유가 된다고 보았다.

이후 이 가설은 두 가지 점에서 강한 비판을 받았다. 하나는 GDP가 감소할 때 해외 차입이 총수요를 유지할 수 있는 유일한 대비책이라는 가정에 대한 비판이었다. 불황에 대비할 수 있는 다른 수단이 존재할 경우에는 불황 시 총수요 유지를 위한 해외 차입의 필요성이 감소하게 되므로 신용시장에서 배제하겠다는 위협의 효과가 약화되기 때문이다. 다른 하나는 채무불이행 시 신용시장에서 영구적으로 배제된다는 가정에 대한 비판이었다. 일단 채무불이행이 일어난 후에는 채권국의 입장에서도 영구 배제보다 신용거래 재개가 더 유리하기 때문이다. 실증 자료도 이튼 가설을 뒷받침하고 있지 않다. 지난 30년 동안 채무불이행을 경험한 국가들은 빠른 시간 내에 국제자본시장에 다시 접근할 수 있었다. 채무불이행 이후 자본시장 접근이 배제되는 기간은 1980년대에는 평균 4년이었으며, 이후에는 2년 이내로 더 짧아졌다.

이튼 이후의 연구자들은 이튼 가설의 가정을 사용하지 않는 방식으로 새로운 가설을 구축하려고 하였다. 이 가설들은 대략 세 가지로 분류된다. 첫째 가설 은 채무 상환의 이유를 무역 제재나 자산 동결 같은 채권국의 직접적인 제재에서 찾는다. 둘째 가설 은 차입 비용의 상승 같은 신용시장의 반향을 우려해 채무를 상환한다는 논리에 기초한다. 셋째 가설 은 채무불이행으로 인해 채무국의 국내 경제에 나타나게 될 피해에 주목한다.

이를 확인하기 위한 실증 작업은 채무불이행 이후 가해진 제재의 효과와 국내 경제적 피해에 대한 계량적 분석을 통해 간접적으로 이루어진다. 먼저 채권국의 직접적 제재 효과는 주로 무역량의 감소 정도를 측정함으로써 알 수 있다. 실제로 채무불이행을 선언한 국가들에서 무역량이 감소한 사례가 다수 발견된다. 하지만 무역량 감소 기간이 3~4년 정도로 길지 않은 것으로 나타나고 있어 무역 제재 위협이 채무 이행의 이유라고 단정하기 어렵다.

다음으로 신용시장에서의 평판 효과는 차입 금리의 높낮이를 측정함으로써 알 수 있다. 1997~2004년의 자료에 기초한 한 실증 연구에 따르면, 채무불이행 이후 1년 동안은 가산 금리가 4% 포인트 상승했지만 2차년도에는 2.5% 포인트로 낮아졌으며, 3차년도 이후에는 통계적 유의미성을 찾기 어려운 수준이 되었다. 채무불이행 선언 이후의 짧은 기간을 제외하면 가산 금리가 크지 않을 뿐 아니라 빠르게 하락한다는 점에서 신용시장 평판 하락이 채무 이행의 이유라고 단정하기는 어렵다.

끝으로 채무불이행으로 인한 국내 경제적 피해 여부는 GDP 증가율의 변화를 측정함으로써 알 수 있다. 최근의 실증 연구들에 따르면, 채무불이행은 GDP 증가율을 약 0.6% 포인트, 은행 위기를 동반할 경우에는 2.2% 포인트나 감소시키는 것으로 나타났다. 비록 채무불이행 발생 1년 이후부터는 채무불이행이 GDP 증가율에 미치는 효과가 통계적 유의미성을 찾을 수 없을 정도로 감소하는 것으로 나타나기도 하지만, 일시적 GDP 증가율 하락도 영구적인 손실인 것은 분명하다. 따라서 채무불이행이 GDP 감소를 초래하는 구체적 경로가 밝혀진다면 이 가설의 설명력은 더 커질 것이다.

01. 위 글에 제시된 가설들에 대한 설명으로 옳지 않은 것은?

① 모든 가설은 채무불이행으로 인한 경제적 손실을 고려하고 있다.
② 모든 가설은 국가 채무의 이행이 법적으로 강제되기 어렵다는 것을 전제하고 있다.
③ 고전적 가설은 신용시장에서 채무국을 배제하는 것이 채권국에 영향을 끼친다고 가정하고 있다.
④ 가설 중 일부는 채무불이행에 대한 경제적인 직접 제재 수단이 존재한다고 가정하고 있다.
⑤ 가설 중 일부는 채무국의 신용 상태가 반영될 수 있는 시장 메커니즘이 존재한다고 가정하고 있다.

02. 채무불이행을 선언한 어느 국가의 경제 변수들의 추이가 아래와 같다고 할 때, 위 글의 내용에 기초하여 이를 바르게 해석한 것만을 <보기>에서 있는 대로 고른 것은?

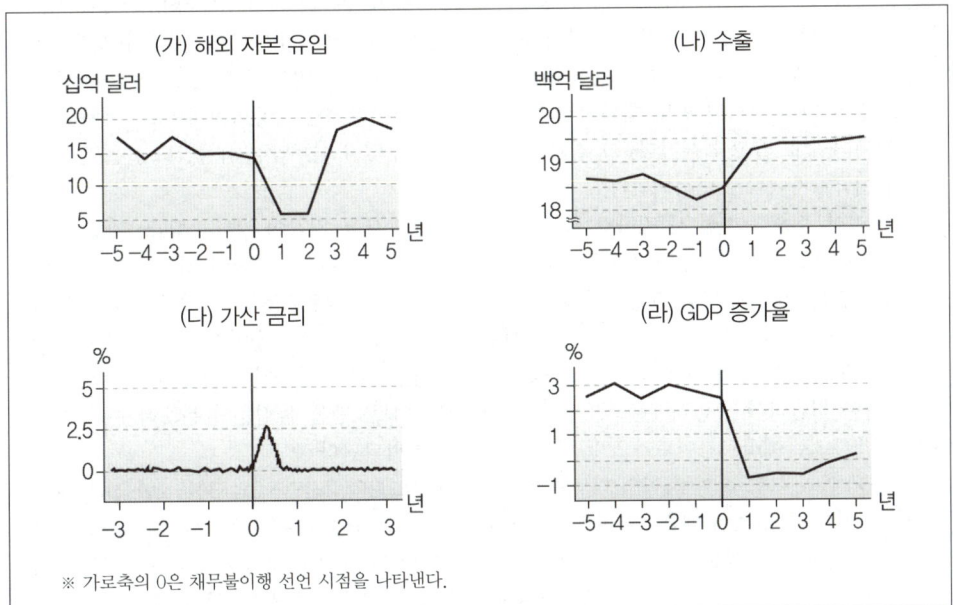

※ 가로축의 0은 채무불이행 선언 시점을 나타낸다.

―〈보 기〉―

ㄱ. (가)는 고전적 가설의 타당성을 약화하는 증거가 될 수 있다.
ㄴ. (나)는 첫째 가설의 타당성을 약화하는 증거가 될 수 있다.
ㄷ. (다)는 둘째 가설의 타당성을 강화하는 증거가 될 수 있다.
ㄹ. (라)는 셋째 가설의 타당성을 강화하는 증거가 될 수 있다.

① ㄱ, ㄴ ② ㄱ, ㄷ ③ ㄷ, ㄹ
④ ㄱ, ㄴ, ㄹ ⑤ ㄴ, ㄷ, ㄹ

연습문제 2

[03~05] 다음 글을 읽고 물음에 답하시오.

09 LEET 문20~22

판 구조 이론이 도입된 이후 국내외 지질학자들은 한반도가 어디에서 이동해 왔는지, 그리고 한반도가 원래부터 한 조각이었는지 아니었는지에 대한 의문을 제기하여 왔다. 1980년대에 이르러 중국 남부와 북부가 서로 다른 판이었으며 이들이 서로 충돌하여 하나가 되었다는 사실이 확인되었다. 그러자 남중국 판과 북중국 판 간의 충돌대인 다비-수루 벨트가 한반도까지 연결되어 있을 가능성이 제기되었다. 한반도 형성 과정에 대한 이러한 궁금증을 해결하는 데에는 수년 전 충청남도 홍성 지역에서 발견된 에클로자이트라는 암석이 큰 역할을 하고 있다.

대륙의 충돌 과정에서 만들어지는 특수한 변성암인 에클로자이트의 지질학적 의미는 히말라야 조산대의 형성 과정을 통하여 이해할 수 있다. 히말라야 조산대는 5천만 년 전부터 시작된 아시아 대륙(아시아 판)과 인도 대륙(인도 판)의 충돌에 의해 형성된 대륙 충돌대이다. 두 대륙의 충돌 이전에 그 사이에 존재했던 넓은 해양 밑의 해양 지각이 아시아 대륙 밑으로 밀려 들어가는 섭입(攝入)이 일어났다. 이때 섭입된 해양 지각 내의 현무암질 화성암이 지하 깊은 곳에 도달했을 때 높은 압력에 의해 에클로자이트로 변성되었다. 해양 지각의 섭입이 계속 진행됨에 따라 두 대륙 사이의 해양은 점점 좁아져 마침내 두 대륙이 충돌하였다. 이때 발생한 강력한 압축력에 의해 아시아 대륙의 충돌 부분이 습곡이 되어 히말라야 산맥이 만들어지기 시작하였으며 해양 지각 일부가 산 위로 밀려 올라갔다. 또한 인도 대륙의 앞부분이 아시아 대륙 밑으로 밀려 들어가면서 히말라야 산맥을 더 높이 밀어 올렸다. 그 이후 두 대륙 충돌 전에 이미 섭입된 인도 대륙에 연결된 해양 지각이 추처럼 작용하면서 인도 대륙을 지하 깊은 곳으로 끌고 들어갔다. 그 결과 대륙 지각 내에 있던 현무암질 화성암도 높은 압력을 받아 에클로자이트로 변성되었다.

히말라야 충돌대 형성 시 지하로 끌려 들어가던 인도 대륙 지각이 지하 120km 지점의 맨틀 깊이에 도달했을 때 주변의 맨틀보다 밀도가 낮은 대륙 지각은 부력이 커져서 위로 올라가려는 힘을 갖게 되었다. 그렇지만 해양 지각은 섭입 시 형성된 고밀도 광물에 의해 밀도가 높아져 계속 가라앉으려고 했으므로 결국 대륙 지각은 해양 지각과 끊어져 지표로 빠르게 상승하여 노출되었다. 이때 일부 맨틀도 대륙 지각에 붙어 함께 상승하여 지표에 노출되었다. 그리하여 히말라야 충돌대에는 해양 지각, 에클로자이트, 맨틀 물질들이 분포하게 되었다. 이런 방식으로 에클로자이트가 모든 대륙 충돌대에서 나타난다.

남중국 판과 북중국 판 사이의 다비-수루 벨트에서도 2억 2천만~2억 3천만 년 전(트라이아스기 중기)에 형성된 에클로자이트가 발견되었다. 이는 남중국 판과 북중국 판이 충돌하였고 충돌 이전에 두 대륙 사이에 해양이 있었음을 의미한다. 지질학적 증거에 따르면 이 두 대륙은 4~5억 년 전 곤드와나 초대륙의 일부로서 적도 근처에 위치해 있었는데 곤드와나로부터 각각 분리되어 서로 다른 속도로 북쪽으로 이동하다가 현 위치에서 충돌하였다. 그리고 충돌 시 남중국 판의 앞부분이 북중국 판 밑으로 섭입되었다는 사실이 확인되었다. 충돌대의 동쪽 부분인 산둥 반도 지역은, 대부분이 산악인 서쪽의 다비 지역과는 달리 높은 산맥이 나타나지 않는데, 이는 충돌 후 발생한 인장력에 의해 높은 산이 낮아졌기 때문인 것으로 추정된다.

홍성 지역에서 발견된 에클로자이트는 연대 측정 결과 2억 3천만 년 전에 형성된 것임이 밝혀졌다. 이는 다비-수루 벨트의 에클로자이트와 동일한 연대의 것이다. 국내외의 많은 학자들은 이 증거가 중국의 충돌대가 한반도로 연결되었다는 사실을 지시

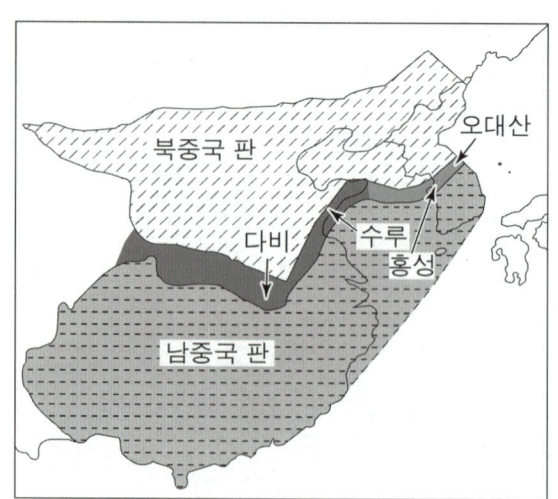

하는 것으로 받아들이고 있다. 홍성 지역은 산둥 반도와 마찬가지로 높은 산맥 지역은 아니지만 에클로자이트와 함께 맨틀 물질도 발견되어 이러한 주장에 힘을 실어 주고 있다. 추가적으로 오대산 지역에서 판의 충돌이 2억 5천만 년 전(페름기 말기)에 일어났다는 증거가 발견되었는데, 이는 ㉠홍성 지역과 오대산 지역을 연결하는 대륙 충돌대가 한반도 내에 존재할 가능성을 제시하고 있다. 이러한 사실은 동북아시아 지질 구조를 이해하는 데 한반도의 지질 해석이 매우 중요함을 시사한다.

03. 에클로자이트에 대한 위 글의 설명과 일치하지 않는 것은?

① 높은 압력을 받아 형성된다.
② 산둥 반도와 홍성 지역에서 모두 발견된다.
③ 현무암질 화성암이 변성되어 생성된 것이다.
④ 대륙 충돌이 일어난 후에야 만들어지기 시작한다.
⑤ 대륙 충돌 전 대륙들 사이에 해양이 존재했음을 보여 준다.

04. 위 글을 읽고 <보기>를 바탕으로 추론한 내용으로 적절하지 않은 것은?

─────〈보 기〉─────
판 경계의 세 가지 유형
1. 발산 경계: 이 경계에서는 맨틀에서 올라온 마그마가 굳어서 생성된 지각이 기존 지각을 양옆으로 밀어낸다.
   예) 대서양 바다 밑의 대양저 산맥
2. 수렴 경계: 이 경계에서는 해양판 섭입이나 대륙 충돌에 의해 해양 지각이 맨틀로 들어가 소멸된다.
   예) 1) 섭입형: 일본 동해안, 안데스 산맥 지역
       2) 충돌형: 알프스, 히말라야, 우랄 조산대
3. 유지경계: 이 경계에서는 새로운 지각이 생성되거나 소멸됨 없이 판 경계면을 따라 두 판이 수평 이동한다.
   예) 캘리포니아의 산안드레아스 단층

① 산안드레아스 단층 지역에서는 에클로자이트가 형성되지 않는다.
② 안데스 산맥 지역에서는 에클로자이트가 형성되지 않는다.
③ 히말라야 조산대에는 해양 생물 화석이 나타난다.
④ 알프스 조산대에는 맨틀 물질이 나타난다.
⑤ 우랄 조산대에는 습곡이 나타난다.

05. ㉠이 사실일 경우 추정할 수 있는 내용으로 보기 어려운 것은?

① 대륙판들의 충돌이 한반도 동쪽에서부터 일어났을 것이다.
② 한반도는 원래 적도 부근에 존재했던 대륙의 일부였을 것이다.
③ 충돌 시 한반도 북부 지역의 일부가 한반도 남부 지역의 밑으로 섭입되었을 것이다.
④ 홍성-오대산 충돌대를 중심으로 북부 지역과 남부 지역 사이에는 해양이 있었을 것이다.
⑤ 홍성-오대산 충돌대를 따라 존재했을 높은 산맥은 대륙 충돌 후 발생한 인장력에 의해 낮아졌을 것이다.

연습문제 3

[06~08] 다음 글을 읽고 물음에 답하시오.　　　　　　　　　　05 MDEET 문9~11

정서는 어떻게 유발되는가? 20세기 초 심리학자 제임스는 정서란 자율 신경계에 의한 생리적 각성에 기초한다는 이론을 제안하였다. 인간의 신체에 일어나는 특정한 생리적 각성이 그에 연결된 특정 정서를 유발한다는 것이다. 이에 대해 1962년 샤흐터와 싱어는 정서가 유발되기 위해 생리적 각성이 필요한 것은 사실이지만 그것이 결정적인 요인은 아니라고 주장했다. 생리적 각성이 기계적으로 특정 정서를 유발하는 것이 아니라 그 각성이 왜 일어났는가에 대한, 즉 생리적 각성을 일으킨 맥락에 대한 해석이 정서를 결정한다는 것이다. 이에 따르면 동일한 생리적 각성도 개인이 그것을 어떻게 해석하느냐에 따라 서로 다른 정서 반응을 유발한다.

이를 검증하기 위해 샤흐터와 싱어는 185명의 대학생을 대상으로 다음과 같은 실험을 수행하였다. 우선 피험자들을 세 집단으로 나누어 A, B 두 집단에게는 생리적 각성을 일으키는 에피네프린 주사를 맞게 하고, C 집단에게는 생리적 각성을 야기하지 않는 식염수 주사를 맞게 하였다. 그리고 그 중 B 집단에게만 그 주사 때문에 심장 박동과 호흡이 빨라지는 등의 생리적 각성이 일어날 것이라고 알려 주었다. 물론 실험의 진의를 숨기기 위해, 세 집단의 피험자들 모두에게 그 주사액의 성분은 복합 비타민이며 이 실험은 비타민이 시각에 미치는 효과를 조사하기 위한 것이라고 거짓으로 말해 주었다.

주사를 투여한 이후, 피험자들은 각 집단별로 (가)와 (나) 두 그룹으로 나뉘어 그들과 동일한 주사를 맞은 것으로 위장한 실험 협력자와 함께 실험실로 인도되었다. 그리고 피험자와 실험 협력자 모두에게 비타민과 시각 효과에 대한 질문지에 답을 하도록 하였다. 그리고 (가) 그룹의 실험 협력자는 피험자와 같이 있는 동안 행복한 것처럼 행동하였고, (나) 그룹의 실험 협력자는 몹시 화가 난 것처럼 행동하였다. 이들의 행동은 피험자들에게 생리적 각성을 일으킨 맥락에 관한 정보를 제공하려는 것이었다. 실험자는 관찰 창(窓)을 통해 피험자들의 정서 반응 양상을 기록하였다. 실험 요인들의 조작에 따른 각 집단의 정서 반응 결과는 아래의 〈표〉와 같이 나타났다.

〈표〉 실험 협력자의 행동에 대한 피험자의 정서 반응

	A 집단	B 집단	C 집단
(가) 그룹	㉠ 점차 행복해 함	㉢ 정서 반응 없음	㉤ 정서 반응 없음
(나) 그룹	㉡ 점차 화를 냄	㉣ 정서 반응 없음	㉥ 정서 반응 없음

A 집단: 에피네프린 주사를 맞고, 약물 효과에 대한 정보를 제공 받지 못한 집단.
B 집단: 에피네프린 주사를 맞고, 약물 효과에 대한 정보를 제공 받은 집단.
C 집단: 식염수 주사를 맞은 집단.
(가) 그룹: 행복한 것처럼 행동하는 실험 협력자와 함께 있었던 그룹.
(나) 그룹: 화가 난 것처럼 행동하는 실험 협력자와 함께 있었던 그룹.

06. 샤흐터와 싱어의 실험 설계에 대한 설명으로 옳지 않은 것은?

① 피험자에게 실험 목적을 숨긴 이유는 그 정보가 피험자에게 미칠 영향을 배제하기 위해서이다.
② 에피네프린 주사액의 효과를 알려 주지 않은 집단이 필요한 이유는 생리적 각성에 의해서만 정서 반응이 유발되는지 확인하기 위해서이다.
③ 식염수 주사를 맞은 집단이 필요한 이유는 주사액 성분과 관계없이 주사를 맞는 것만으로도 정서 반응이 일어날 수 있는지 판단하기 위해서이다.
④ 실험실에서 질문지를 제공하고 피험자에게 응답하도록 요구한 이유는 질문지의 내용이 피험자의 정서 반응에 영향을 주는지 확인하기 위해서이다.
⑤ 피험자와 동일한 주사를 맞은 것으로 위장한 실험 협력자를 두 그룹으로 나눈 이유는 실험 협력자의 정서 상태에 의해 피험자의 정서 반응이 달라지는지 확인하기 위해서이다.

07. <표>의 실험 결과에 대한 해석으로 적절하지 않은 것은?

① ㄹ, ㅂ은 생리적 각성만으로는 정서 반응이 달라지지 않는다는 가설을 지지한다.
② ㄷ, ㄹ과 ㅁ, ㅂ은 실험 협력자의 정서 상태에 대한 피험자의 해석 차이만으로는 피험자의 정서 반응이 유발되지 않는다는 가설을 지지한다.
③ ㄱ, ㄷ, ㅁ은 주사액의 효과에 대한 사전 정보 제공 여부와 생리적 각성이 함께 피험자의 정서 반응 유발에 영향을 미친다는 가설을 지지한다.
④ ㄱ, ㄴ과 ㅁ, ㅂ은 실험 협력자의 정서 상태에 대한 피험자의 해석 차이와 생리적 각성이 함께 피험자의 정서 반응 유발에 영향을 미친다는 가설을 지지한다.
⑤ ㄱ, ㅁ과 ㄴ, ㅂ은 주사액의 효과에 대한 사전 정보 제공 여부와 실험 협력자의 정서 상태에 대한 피험자의 해석 차이가 함께 피험자의 정서 반응 유발에 영향을 미친다는 가설을 지지한다.

08. 제임스의 정서 이론에 따를 경우, 위 실험에서 나타났어야 할 결과는?

① A 집단과 B 집단은 실험 협력자의 태도에 관계없이 동일한 정서 반응을 보여야 한다.
② A 집단과 C 집단은 실험 협력자와 동일한 정서 반응을 보여야 한다.
③ B 집단과 C 집단은 동일한 정서 반응을 보여야 한다.
④ C 집단은 실험 협력자의 태도에 따라 상이한 정서 반응을 보여야 한다.
⑤ A, B, C 집단 모두 각각의 실험 협력자가 보이는 것과 동일한 정서 반응을 보여야 한다.

연습문제 4

[09~11] 다음 글을 읽고 물음에 답하시오.

09 MDEET 문26~28

1998년부터 미국에서 수행된 '여성건강연구'는 50세에서 79세의 여성 16,608명을 대상으로 '폐경 후 호르몬 대체 요법(PHT)'의 질병 예방 효과를 검증하기 위한 비교 대조군 임상 연구였다. 이 연구에 참여한 피험자들 중 8,506명에게는 여성 호르몬인 에스트로겐과 프로게스틴의 복합 제제를 투여하고, 8,102명에게는 위약(僞藥)을 투여하였다. 피험자들은 두 군에 무작위로 배치되었으며, 눈가림법을 썼기 때문에 자신이 어떤 약을 투여받고 있는지를 알지 못했다. 이 연구는 2002년 5월, 원래 예정했던 추적 관찰 기간을 다 채우지 못하고 중단되었다. 그 이유는 호르몬 대체 요법을 받은 여성들에게서 이 요법으로 인한 건강상의 이익보다 위험이 더 크다는 결론이 내려졌기 때문이다.

위약 투여군과 비교할 때 호르몬 대체 요법군에서는 유방암의 위험성이 26%, 심장 혈관 질환의 위험성이 29%, 뇌혈관 질환의 위험성이 41%, 폐혈전색전증(혈전으로 인해 폐혈관이 막히는 병)의 위험성이 두 배 이상으로 증가하였다. 자궁내막암의 발생 빈도는 호르몬 대체 요법군과 위약 투여군 사이에 차이가 없었다. 그러나 위약 투여군과 비교할 때 호르몬 대체 요법군에서 엉덩이뼈 골절의 위험성이 33%, 대장암의 위험성이 37% 감소하였다. 전체적으로는 호르몬 대체 요법군에서 해로운 사건이 15% 더 많이 일어났다. 그렇다고 해서 호르몬 대체 요법 자체가 매우 위험하다고 보기는 어렵다. 호르몬 대체 요법을 받는 10,000명의 여성이 있다면, 받지 않는 여성에 비해 연간 유방암은 8명, 심장 혈관 질환은 7명, 뇌혈관 질환은 8명, 폐혈전색전증은 8명 정도가 늘어나는 것이다. 반면 대장암은 6명, 엉덩이뼈 골절은 5명 정도가 각각 감소한다.

이 '여성건강연구' 결과는 호르몬 대체 요법을 받은 여성에 대한 이전의 일반적인 관찰 연구 결과들과 큰 차이를 보였다. 그 차이는 무엇 때문일까? 일반적인 관찰 연구에서 호르몬 대체 요법을 받는 여성은 받지 않는 여성보다 체중이 덜 나가며, 혈압이 낮고 지질 대사도 더 양호한 경우가 많았는데, 이 변수들은 독립적으로 심장 혈관 질환의 위험성을 낮춘다. '건강한 소비자 효과(healthy user effect)'라고 하는 이런 현상은 다른 변수로 인해 연구 결과가 왜곡되는 현상 중 하나이다. 의사들 또한 호르몬 대체 요법을 시행할 때 상대적으로 건강해 보이는 여성을 선택하는 경향이 있다. 예컨대 유방암 위험 요소가 있는 여성에게는 호르몬 대체 요법을 시행하지 않는데, 그 때문에 관찰 연구에서는 유방암의 발생 숫자가 낮게 나타난다. 한편, 의사의 지시에 따라 약을 꾸준히 잘 먹는, 즉 순응도가 높은 사람들에게서는 상대적으로 사망률이 감소한다. '순응도 바이어스(compliance bias)'라고 하는 이런 현상 역시 일반적인 관찰 연구에서 더 긍정적인 결과가 나오는 데 기여하였을 것이다.

또한 ㉠'여성건강연구'에 나타난 이러한 차이는 에스트로겐과 프로게스틴을 함께 경구 투여(經口投與)한 결과일 수도 있다. 그 이유는 이런 복합 투여 방식이 가장 널리 처방되기 때문이어서가 아니라, 이렇게 하면 피험자의 월경이 재개되지 않아서 눈가림법이 가능하기 때문이었다. 프로게스틴은 지질 대사와 인슐린 감수성에 대한 에스트로겐의 긍정적인 작용을 저해하고, 또한 유방암의 발생 비율을 증가시킬 수 있다. 게다가 여성 호르몬 제제를 경구 투여하면 폐혈전색전증의 발생 비율을 증가시킬 수 있다. 이들을 경구 투여하면 간에서 일차 대사가 일어나는데 이 과정에서 몇몇 혈액 응고 인자의 생산이 촉진되기 때문이다. 이런 가설들을 확인하기 위해서는 추가적인 연구가 필요하다.

09. 위 글에서 추론할 수 있는 내용으로 적절한 것은?

① 호르몬 대체 요법은 암에 걸린 여성 환자에게 주로 처방되었을 것이다.
② '여성건강연구'에는 '건강한 소비자 효과'가 영향을 미치지 않았을 것이다.
③ '여성건강연구'에서는 위약을 투여함으로써 피험자의 순응도를 높였을 것이다.
④ '여성건강연구'에서 눈가림법을 쓴 것은 피험자의 월경 재개를 막기 위해서였을 것이다.
⑤ 이전의 일반적 관찰 연구에서는 호르몬 대체 요법의 효과가 더 부정적으로 나타났을 것이다.

10. <보기>의 연구를 통해 ㉠의 가설이 사실로 입증되었다면, (   ) 안에 들어가야 할 말로 바르게 짝지어진 것은?

─〈보 기〉─

연구 A: 에스트로겐을 단독 투여하여 '에스트로겐 + 프로게스틴'의 복합 투여 결과와 비교한 연구
→ (ㄱ)에서 유방암의 발생 비율이 더 (ㄴ).

연구 B: '에스트로겐 + 프로게스틴'을 피부 패치를 통해 투여하여 경구 투여 결과와 비교한 연구
→ (ㄷ)에서 폐혈전색전증의 발생 비율이 더 (ㄹ).

	ㄱ	ㄴ	ㄷ	ㄹ
①	복합 투여군	높다	경구 투여군	낮다
②	복합 투여군	낮다	피부 패치 투여군	높다
③	단독 투여군	높다	경구 투여군	높다
④	단독 투여군	낮다	피부 패치 투여군	낮다
⑤	단독 투여군	낮다	피부 패치 투여군	높다

11. 의사인 김 박사에게 55세 여성 박 여사가 폐경 후 호르몬 대체 요법을 받기 위해 찾아왔다. '여성건강연구'의 결론으로 미루어 볼 때, 김 박사의 상담 내용 중 적절한 것만을 <보기>에서 고른 것은?

─〈보 기〉─

박 여사: 호르몬 대체 요법을 받으면 유방암에 걸린다는 게 사실인가요?
김 박사: 그렇지는 않아요. 그럴 가능성이 약간은 높아지지만 ⓐ 이 치료를 받는다고 모두 유방암에 걸리는 건 아니니까요. 대장암 같은 것은 오히려 위험을 줄일 수 있습니다.
박 여사: 다른 문제는 없나요?
김 박사: 글쎄요. ⓑ 자궁내막암의 위험이 있다면 이 치료는 안 받으시는 편이 좋습니다. 하지만 골다공증 때문에 ⓒ 뼈가 약하다면 도움이 될 수도 있겠지요.
박 여사: 그럼 전 어떻게 하면 좋을까요?
김 박사: 먼저 기본적인 검사를 좀 해 보죠. 그런 다음 이 치료가 박 여사님께 정말 필요한지 따져 봐야겠습니다. ⓓ 지금 보아서는 체중이 좀 나가고, 혈압도 높을 것 같은데, 그렇다면 이 치료가 필요할 수도 있으시겠네요.

① ⓐ, ⓑ
② ⓐ, ⓒ
③ ⓑ, ⓒ
④ ⓑ, ⓓ
⑤ ⓒ, ⓓ

합격을 꿈꾼다면, 해커스로스쿨
lawschool.Hackers.com

해커스 LEET 이재빈 언어이해 독해의 기초

정답 및 해설

스킬 1 | 질문 던지기

정답

01	02	03	04	05
③	⑤	⑤	②	⑤
06	07	08	09	10
②	②	⑤	⑤	②
11	12			
④	⑤			

01
정답 ③

분석 및 접근
기본적인 사실 확인 문제에 해당하며, 각 작품의 재현적 특성에 대한 글쓴이의 주장을 정확히 이해하여야 해결할 수 있는 문제이다.

해설
① (O) 두 번째 단락에서 "드뷔시의 〈바다〉의 경우라도, 표제적 제목을 참조하지 않는다면 감상자는 이 곡을 바다의 재현으로 듣지 못한다는 것이다."라는 부분을 통해 확인할 수 있다.
② (O) 두 번째 단락에서 "몬드리안의 〈브로드웨이 부기우기〉의 경우, 제목을 알 때 감상자는 그림에 그어진 선과 칠해진 면을 뉴욕 거리를 내려다본 평면도로 볼 수 있지만 제목을 모를 때는 추상화로 보게 될 것이다."라는 부분을 통해 확인할 수 있다.
③ (X) 세 번째 단락에서 "음악에서는 제목에 대한 참조 없이도 명백히 재현으로 지각되는 사례, 예를 들어 베토벤의 〈전원 교향곡〉의 새소리 같은 경우"라는 부분을 통해, 베토벤의 〈전원 교향곡〉에서 자연의 소리를 닮은 부분은 제목과 함께 고려하지 않아도 재현으로 볼 수 있다는 점을 확인할 수 있다.
④ (O) 네 번째 단락에서 "슈베르트의 〈물레질하는 그레첸〉의 주기적으로 반복되는 단순한 반주 음형은 제목과 더불어 감상될 때 물레의 반복적 움직임을 효과적으로 묘사한 것으로 들린다."라는 부분을 통해 확인할 수 있다.
⑤ (O) 마지막 단락에서 "표제적 제목과 주제를 알지 못하는 감상자는 차이콥스키의 〈1812년 서곡〉에서 왜 '프랑스 국가'가 갑작스럽게 출현하는지 (중략) 이해할 수 없을 것이다."라는 부분을 통해 확인할 수 있다.

02
정답 ⑤

분석 및 접근
지문의 서두에서 음악의 재현 가능성에 대한 질문을 제시했고, 지문의 내용은 그에 대한 글쓴이의 답이라고 할 수 있다. 따라서 이 문제는 '질문 던지기'에 대한 답변을 확인하는 문제로, 이러한 문제가 출제될 것을 미리 예상하면서 독해가 진행되었어야 한다.

해설
① (X) 세 번째 단락에서 글쓴이는 음악에서 제목에 대한 참조 없이도 재현 대상을 인식할 수 있는 사례가 "드문 것이 사실이다."라고 서술하였다. 따라서 주어진 선지에서 "순수한 음악적 측면만으로 재현 대상에 대한 인식을 불러일으킬 수 있는 음악 작품이 **흔히** 존재한다."라는 주장은 글쓴이의 견해와 어긋난다.
② (X) 첫 번째 단락에서 "회화가 재현이 되기 위한 조건들을 음악도 가져야 재현적 음악이 될 수 있다면, 본질적으로 추상적인 모든 음악은 결코 대상을 재현할 수 없다고 해야 하는가?"라는 질문에 대해서 글쓴이는 **회화의 재현적 조건과 다른 조건을 음악에 적용해야 한다**는 주장을 전개한 것이 아니라, **회화의 재현적 조건과 동일한 조건을 음악에 적용하였을 때, 재현적 조건을 만족하는 사례들이 존재한다**는 주장을 전개하고 있다. 따라서 글쓴이는 회화적 재현을 판단하는 기준을 대신할 별도의 기준이 마련되어야 한다고 주장하는 것이 아니다.
③ (X) 세 번째 단락에서, 글쓴이는 제목의 도움 없이도 재현하는 대상을 명백히 지각하는 사례가 음악에서는 드물지만 회화에서는 일반적이라는 점을 인정하고 있다. 따라서 제목의 도움 없이는 재현 여부를 알 수 없다는 점은 **일부 회화**의 특징이지, **전형적인 회화**의 특징이 아니다.
④ (X) 세 번째 단락에서, 글쓴이는 음악 작품의 의도를 전혀 모르는 감상자가 작품을 충분히 이해하는 경우가 드물다고 하더라도, 이것이 음악의 재현 가능성을 부정해야 할 이유가 되지 않는다고 주장하고 있다. 즉, 음악 작품의 의도를 전혀 모르는 감상자가 작품을 충분히 이해하는 경우가 전형적이지 않고 예외적이라 하더라도 음악적 재현이 가능하다는 것이 글쓴이의 입장인 것이다.
⑤ (O) '재현에 대한 지각적 경험과 재현 대상에 대한 지각적 경험 사이에 닮음이 존재해야 한다는 조건을 만족시키는 음악 작품'의 사례로 글쓴이는 세 번째 단락에서 "베토벤의 〈전원 교향곡〉의 새소리 같은 경우"를 제시하고 있다. 글쓴이는 이러한 사례가 음악에서 드물다는 입장이지만 분명히 존재한다고 주장하였으므로 주어진 선지는 논리적으로 타당하다.

03
정답 ⑤

분석 및 접근
〈보기〉의 사례에서 제시된 요소를 지문에서 제시된 요소와 대응시키는 방식으로 접근한다면, 명확하게 해결할 수 있는 문제이다.

해설
① (O) ㉠은 작품의 제목이나 작품의 모티브가 작품의 일부라는 입장이므로, ㉠의 관점에서 볼 때 슈만이 〈스코틀랜드〉를 들으면서 〈이탈리아〉를 듣고 있다고 착각한 사례는, 음악 감상에 있어서 제목의 중요성을 보여주는 사례라고 인식될 것이다.
② (O) ㉡은 "(음악) 작품이 재현하고자 하는 것이 무엇인지 몰라도 그 음악을 충분히 이해할 수 있다"라는 입장이므로, 슈만이 듣고 있는 곡의 재현 대상을 몰랐어도 그 곡의 전체적인 조합을 충분히 이해하였다고 추론할 것이다.
③ (O) 〈보기〉에서 '5음 음계가 사용된 이유'는 스코틀랜드 전통 음계를 통해 스코틀랜드의 풍경을 재현하려는 것이었다고 서술되어 있다. ㉡은 작품이 재현하려는 대상을 인지하지 못하여도 음악을 이해하는 데 문제가 없다는 입장이므로, 5음 음계가 사용된 이유에 대한 정보 없이도 해당 작품의 음악적 구조가 충분히 이해되었을 것이라고 추론할 것이다.
④ (O) ㉢은 "작품의 제목이나 표제가 무시된 채 순수한 음악적 측면만이 고려된다면 작품의 완전한 이해가 불가능한 경우가 있다."라는 입장이다. 〈보기〉에서 슈만이 〈스코틀랜드〉를 들으며 이탈리아의 풍경을 떠올린 사례는 ㉢의 입장에서 볼 때, 작품의 제목이 함께 감상 되지 않아 작품이 완전히 이해되는 데 실패한 사례라고 간주될 것이다.
⑤ (X) 〈보기〉에서 슈만은 〈스코틀랜드〉에서 5음 음계가 사용된 이유는 알 수 없으나, 5음 음계가 사용되었다는 곡의 구조는 파악했을 것이라고 제시되었다. 또한 ㉢의 입장은 제목이 무시된 채 음악이 감상된 경우에 작품의 완전한 이해가 불가능하다는 것이지, 작품의 모든 이해가 불가능하다는 것은 아니었다. 따라서 ㉢이 〈보기〉의 슈만이 〈스코틀랜드〉의 음악적 구조 파악에 실패했다고 보았을 것이라는 추론은 근거가 빈약하다.

04
정답 ②

분석 및 접근
기본적인 사실 확인 문제에 해당한다.

해설
① (X) 두 번째 단락에 따르면, "컨스터블의 그림은 당시 풍경화의 주요 구매자였던 영국 귀족의 취향에서 어긋나 그다지 인기를 끌지 못했다."라고 서술되었으므로, ①의 설명에서 "당대에 그에게 큰 명성을 안겨 주었다."라는 부분은 지문의 내용과 상반된다.
② (O) ①에서 설명한 것처럼 컨스터블의 그림은 당대의 영국 귀족들에게 선호되지 못하였는데, 그 이유는 두 번째 단락에서 "컨스터블의 그림은 평범한 시골의 전원 풍경을 사실적으로 묘사한 것처럼 보인다."라는 부분에서 제시되고 있다. 따라서 사실적 화풍으로 제작되어 당대에 선호되지 못했다는 ②의 설명은 적절하다.
③ (X) 두 번째 단락에서 당시 유행하던 픽처레스크 풍경화와 대비되는 화풍을 띠었기에 컨스터블의 풍경화가 인기를 끌지 못했다고 서술되어 있으므로, ③의 설명에서 컨스터블의 풍경화가 전형적인 픽처레스크 풍경화라는 부분은 타당하지 않다.
④ (X) 세 번째 단락에 따르면, 컨스터블의 풍경화에서 인물에 대한 세부 묘사가 결여되어 있었던 것은 사실이나, 그 이유는 컨스터블이 인물 표현에 재능이 없었기 때문이 아니라 풍경의 관찰자인 컨스터블이 풍경 속 인물들과 심리적 거리를 유지하고자 했기 때문으로 제시된다.
⑤ (X) 두 번째 단락에 따르면, 컨스터블의 풍경화가 객관적 관찰에 기초한 사실적인 묘사로 이루어진 것은 사실이다. 그러나 세 번째 단락에 따르면 컨스터블은 19세기 농민들의 "일그러지고 힘든 얼굴"을 먼 거리에서 애매모호하게 뭉뚱그려지도록 묘사함으로써 지주의 아들이라는 본인의 신분에 따라 당대 영국 농촌의 현실을 왜곡하여 표현하였다. 따라서 ⑤의 설명에서 "19세기 전반 영국 농촌의 현실을 가감 없이 그려 냈다."라는 설명은 타당하지 않다.

05
정답 ⑤

분석 및 접근
지문의 글쓴이가 서두에 제기한 질문에 대한 답을 주어진 논의를 바탕으로 논리적으로 도출해 내는 문제에 해당한다.

해설
① (X) 컨스터블의 풍경화는 인물과의 거리 두기 방식을 통해 농민의 구체적인 삶에 대한 표현을 생략하였다.
② (X) 컨스터블의 풍경화는 당대의 농촌 현실을 비판적으로 그려낸 것이 아니라, 오히려 당대 농민들의 고통스러운 삶의 감정들을 생략함으로써 농촌 현실을 비판적으로 바라볼 여지를 차단하였다.
③ (X) 컨스터블의 풍경화에는 인물과 풍경에 대한 심리적 거리가 제거된 것이 아니라, 오히려 심리적 거리가 항상 일정하게 유지되어 있다.
④ (X) 컨스터블의 풍경화가 현대 풍경화의 기법과 달리 이해하기 용이하다는 내용은 지문에서 확인할 수 없는 내용이다.
⑤ (O) 첫 번째 단락에 따르면, 컨스터블의 풍경화는 그가 살던 동시대에는 인기가 없었으나 오늘날의 영국인들에게는 사랑을 받는 작품이다. ㉡에서 제시된 것처럼 소비자는 수동적인 감상자가 아니라 작품의 의미를 재생산해내는 능동적 존재라는 점을 고려할 때, 현대 영국인들은 컨스터블의 풍경화에서 새로운 의미를 발견하였을 것이다. 이는 컨스터블의 풍경화가 당대에 영국 농민들의 고통스러운 삶의 모습을 배제하고 거리 두기를 통해 목가적인 풍경을 그려냈다는 것에서, 현대의 영국인들이 어떠한 동경심을 품게 된 것이라고 추론해 볼 수 있다. 따라서 고향에 대한 향수를 지닌 현대의 도시인들에게 이상적이고 목가적인 고향 풍경을 제시했기에 오늘날에 사랑을 받는 것이라는 설명은 적절하다고 판단될 수 있다.

06
정답 ②

분석 및 접근
지문의 서두에 제기된 질문에 대한 타당한 해답으로 제시된 것이 ⓐ <u>비판적 해석</u>이므로, '질문에 대한 답변'에 해당하는 사례를 찾아볼 것을 요구하는 문제이다.

해설

① (X) 제시된 사례는 로댕이 인간의 내면적 고뇌라는 관념적 소재를 창의적으로 표현하려는 작가 정신이라는 관점에서 로댕의 조각 〈칼레의 시민〉을 해석하고 있으므로 ⓐ의 시각과 관련이 없는 내용이다.
② (O) ⓐ의 시각은 작가의 사회계급적 배경을 토대로 작품을 해석하는 관점을 의미한다. 즉, 컨스터블이 지주의 아들이었다는 계급적 배경을 토대로 컨스터블의 풍경화에서 농민들의 표정이 명확하게 그려지지 않은 점을 설명하는 것이다. 마찬가지로 ②에서 제시된 사례는, 고갱이 근대 서구인이라는 점을 근거로, 〈타히티의 여인〉의 작품 내용에 서구인의 우월적 시각이 담겨있다고 해석하고 있으므로, 작가의 사회계급적 배경을 적극적으로 작품 해석과 연관 짓는다는 점에서 ⓐ의 시각과 유사하다. → **절대적 정답**
③ (X) 제시된 사례는 작품 내부에 구현된 과학적 원리에 초점을 맞추어 작품을 감상하고 있으므로, ⓐ의 시각과 관련이 없는 내용이다.
④ (X) 제시된 사례는 작품에 사용된 표현기법적 테크닉에 초점을 맞추어 작품을 감상하고 있으므로, ⓐ의 시각과 관련이 없는 내용이다.
⑤ (X) 제시된 사례는 작품에 내재된 작가의 표현 의도에 초점을 맞추어 작품을 감상하고 있으므로, ⓐ의 시각과 관련이 없는 내용이다.

07 정답 ②

분석 및 접근
지문에 서두에서 제기된 문제에 대하여 세 가지 답변을 제시하고 있기 때문에, 각 답변에 대한 차별화된 이해가 필요하다.

해설
① (O) 두 번째 단락에서 "'쾌락주의적 이론'은 (중략) 쾌락의 정도가 복지 수준을 결정한다고 본다. 어떤 개인이 느끼는 쾌락이 증진될 때 그의 복지가 향상된다는 것이다."라는 부분을 통해 확인할 수 있다.
② (X) 세 번째 단락에서 "그들은 이 이론(욕구 충족 이론)을 바탕으로 복지 수준의 높고 낮은 정도를 평가할 수 있다고 본다."라고 제시되었다. 복지 수준의 높고 낮은 정도를 평가할 수 있다면 개인들 간의 복지 수준도 서로 비교할 수 있을 것이므로, 주어진 선지는 지문에서 이끌어낼 수 있는 타당한 추론이 아니다.
③ (O) 두 번째 단락에서 "(객관적 목록 이론에 따르면) 그것(객관적 목록)의 내재적 가치는 그것이 개인에게 쾌락을 주는지 또는 그것이 개인에 의해 욕구되는지 여부와는 직접적 관련이 없다."라고 서술되었다. 따라서 객관적 목록 이론의 입장에서 볼 때, 쾌락이 증가하더라도, 그 쾌락이 객관적 목록이 충족됨으로써 얻어진 것이 아니라면 복지 수준이 불변될 수 있을 것이다.
④ (O) 두 번째 단락에서 "'객관적 목록 이론'은 어떤 것들이 내재적 가치가 있는지를 말해 준다는 점에서 실질적인 복지 이론"이라는 부분에서 확인할 수 있다.
⑤ (O) 마지막 단락에서 '합리적 욕구 충족 이론'은 '욕구 충족 이론'과 달리, 모든 욕구의 충족이 복지에 기여하는 것은 아니라고 본다는 점을 확인할 수 있다.

08 정답 ⑤

분석 및 접근
충분조건과 **필요조건**의 개념은 LEET 추리논증뿐만 아니라 언어이해에서도 종종 등장하므로, 확실하게 알아두어야 한다.

해설
ㄱ. (X) '욕구 충족 이론'은 욕구가 충족되면 복지가 증진된다는 입장이므로 욕구를 충족하는 것이 복지 증진의 충분조건이라는 입장이다. ㄱ은 '욕구 충족 이론'이 아닌 '합리적 욕구 충족 이론'의 관점에 부합하는 주장이다.
ㄴ. (O) 세 번째 단락에서 '욕구 충족 이론'은 '쾌락주의적 이론'과 달리 쾌락이라는 심리 상태의 변화와 복지의 증가가 무관하다고 간주한다고 제시되었다. 따라서 ㄴ은 '욕구 충족 이론'의 관점에 부합하는 주장이다.
ㄷ. (O) 두 번째 단락에서 "'쾌락주의적 이론'과 '객관적 목록 이론'은 어떤 것들이 내재적 가치가 있는지를 말해준다는 점에서 실질적인 복지 이론"인 반면에 '욕구 충족 이론'은 내재적 가치와 무관하게 개인의 욕구가 충족되는지 여부에 따라 복지가 결정된다는 입장이라고 서술되었다. 따라서 '욕구 충족 이론'에 따르면 미적 향유가 복지에 기여한다면, 그것이 그 자체로 좋은 것이라는 내재적 가치를 내포하였기 때문이 아니라, 내가 그것을 욕구하였기 때문이라고 설명할 것이다.

09 정답 ⑤

분석 및 접근
법 조항을 케이스에 적용하는 것처럼, 지문에서 제시된 윤리철학적 개념을 〈보기〉의 케이스에 적용하는 문제가 LEET 언어이해에서 빈번하게 출제된다.

해설
① (O) (가)는 갑이 욕구하는 것이 이루어졌으나, 갑에게 아무런 영향도 주지 않은 사례이다. 욕구 충족 이론에 따르면 갑이 욕구하는 것이 성취되었으므로 복지가 증진되어야 하나, 갑에게 아무런 영향이 발생하지 않은 상황에서 복지가 증진되어야 한다는 주장은 모순된다. 따라서 (가)는 ㉠에서 지적된 '욕구 충족 이론'의 문제점에 해당한다고 볼 수 있다.
② (O) (가)에서 갑에게 아무런 영향이 발생하지 않았으므로 '쾌락주의적 이론'의 관점에서도 갑의 복지가 증진되었다고 볼 수 없다. 또한 '합리적 욕구 충족 이론'은 타인이 아닌 자기에게 이익이 되는 욕구를 합리적 욕구로 보므로, (가)에서 갑의 복지가 증진되었다고 보지 않을 것이다.
③ (O) (나)는 공부를 하려는 욕구와 파티에서 친구들과 어울려 놀고자 하는 욕구가 충돌하는 상황이므로 ㉡에서 지적한 '욕구 충족 이론'의 문제점에 해당한다고 볼 수 있다.
④ (O) '객관적 목록 이론'은 목록에서 제시된 요건들이 충족될 때 복지가 증진된다고 보는 입장이다. 만약 제시된 요건들 간에 우선순위가 설정되지 않았다면, 여러 요건들의 충족이 상호 충돌하는 (나)와 같은 상황을 해결할 수 없을 것이다.
⑤ (X) (다)에서 병은 백인에게만 의약품을 분배하는 행위를 욕구하였고, 이를 실행하였다. 병의 욕구는 반사회적인 욕구이지만, '욕구 충족 이론'의 관점에서는 반사회적인 욕구라 할지라도, 그 욕구가 충족되었다면 복지가 증진되었다고 간주한다.

10
정답 ②

분석 및 접근
지문에 서두에서 제기된 문제에 대해 상반된 답변을 제시하고 있기 때문에, 각 답변에 대한 차별화된 이해가 필요하다.

해설
① (O) 첫 번째 단락에서 계약의 본질을 "당사자들의 자유로운 의사의 합치"로 보는 시각이 근대적인 계약 이해 방식이라고 제시되었으며, 세 번째 단락에서 "'의사주의적 관점'은 계약의 핵심을 어디까지나 의사의 합치에서 찾으려 한다."라고 제시되었으므로, 의사주의적 관점이 근대적인 계약 이해 방식을 대변하고 있음을 확인할 수 있다. 따라서 의사주의적 관점은 의사의 합치가 당사자들의 자유로운 의사 결정에서 비롯된다는 점을 전제하므로, 자유로운 의사의 합치가 계약의 본질이라고 간주한다는 점을 추론할 수 있다.

② (X) 세 번째 단락의 "이(의사주의적 관점)에 따르면 내심의 의사 내용과 외부로 표시된 내용이 일치하지 않는 경우에는 전자(내심의 의사 내용)에 따른 법적 효과를 인정해야 한다."라는 부분에서 의사주의적 관점이 의사와 표시가 일치되지 않는 경우에도 의사에 의거한 법적 효과를 인정한다는 점을 확인할 수 있다. 이는 의사와 일치된 표시를 할 부담을 부과하지 않는 것이다.

③, ④ (O) 세 번째 단락에서 "(의사주의적 관점에 따르면) 표시된 내용만을 믿고 거래에 응한 상대방은 예기치 못한 손해를 입을 수 있다."는 점을 보완하기 위해 표시주의적 관점이 등장하였다고 서술된 것에서, 표시주의적 관점이 의사표시를 신뢰한 상대방을 보호하고자 함을 확인할 수 있다. 또한 이는 의사주의적 관점에서 야기될 수 있는 문제점을 해결하는 과정에서 표시주의적 관점이 등장하였다는 의미이기도 하다.

⑤ (O) 네 번째 단락에서 "계약에 따른 책임의 본질을 (중략) 궁극적으로 법률의 규정에 기초한 책임(법적 책임)일 뿐이라고 보려는 '급진적 관점'의 도래를 예정하게 된다."라고 서술된 부분을 통해 확인할 수 있다.

11
정답 ④

분석 및 접근
"근대적인 계약 이해 방식의 딜레마를 어떻게 해결할 것인가?"라는 물음이 글쓴이가 지문의 서두에서 제기한 물음이기 때문에, 이에 대한 답변에 해당하는 내용이 반드시 문제에 출제되리라는 점을 미리 예상하였어야 한다.

해설
ㄱ. (X) 근대적인 계약 이해 방식은 계약에 표시된 내용이 자유로운 내심의 의사를 반영하고 있다는 점을 전제하고 있는 것이지, 의사와 표시가 일치하지 않는 것이 당연하다는 것을 전제하는 것이 아니다.

ㄴ. (O) 마지막 단락에서 근대적 법제가 "취약한 사회·경제적 지위를 갖는 한쪽 당사자의 의사를 자유와 평등의 이름으로 상대방의 의사에 종속시키는 결과를 초래"하였으며, "이러한 상황에서 사회 정의와 공정성을 확보"할 필요성이 제기되었다고 서술된 것에서, 근대적인 계약 이해 방식이 계약의 자유를 중시한 나머지 계약의 공정성을 소홀히 하고 있다는 점을 확인할 수 있다.

ㄷ. (O) 마지막 단락에서 근대적 법제에 대한 보완책으로 "계약의 당사자들이 표면적으로 동의했던 바에 구속력을 인정하지 않을 수도 있고, 그들이 미처 생각지도 못했던 바를 강제할 수도 있다"라고 서술된 부분에서, 규제 입법을 통해 계약의 자유를 제한하는 것은 근대적인 계약 이해 방식과 상반되는 관점이라는 점을 확인할 수 있다. 따라서 근대적인 계약 이해 방식하에서는 사회 정의와 공정성을 위해 계약의 자유를 제한하는 것이 정당화하기 어렵다는 점을 추론할 수 있다.

12
정답 ⑤

분석 및 접근
법 조항을 케이스에 적용하는 유형의 문제로 법학 과목의 전형적인 시험 문제 유형에 해당하며, LEET 언어이해에서도 빈번하게 출제되는 형식의 문제이다.

해설
① (O) A는 계약에 표시된 내용보다 갑의 내심의 의사를 우선하고 있으므로 의사주의적 관점에 해당한다.

② (O) B는 계약에 표시된 내용을 갑의 내심의 의사보다 우선함으로써, 표시된 내용에 대한 을의 신뢰를 보호하고자 하므로 표시주의적 관점에 해당한다.

③ (O) C는 계약에서 표시된 내용이 설령 갑의 내심의 의사와 일치하지 않는다고 하더라도 우선시되어야 한다고 여기므로 표시주의적 관점에 해당한다.

④ (O) D는 계약에 표시된 내용과 갑의 내심의 의사가 일치되지 않았다는 점이 입증된다면, 계약이 이행되지 않아도 된다고 여기므로 의사주의적 관점에 해당한다.

⑤ (X) E는 계약의 내용이 설령 폭리를 금지하는 법률의 금지를 위반한다고 하더라도, 의사의 내용에 기초한 것이라면 정당하다는 입장이다. 급진적 관점은 계약에 따른 책임이 의사에 기초한 책임이 아니라 법률의 규정에 기초한 책임이라고 여기는 관점이므로 E의 주장은 급진적 관점이 아니라 오히려 급진적 관점과 상반되는 관점에 해당한다.

스킬 2 | 개념 획정

정답
p.32

01	02	03	04	05
⑤	③	③	⑤	③
06	07	08	09	10
①	①	③	⑤	④
11	12			
①	④			

01
정답 ⑤

분석 및 접근
기본적인 사실 확인 문제이지만, 민주주의의 개념이 두 가지로 분리되어 서술되었다는 점에 유의하지 않으면 자칫 혼동할 수 있으므로 주의해야 한다.

해설
① (X) 세 번째 단락에서 상호 관용과 제도적 자제가 순환 관계에 있다고 서술되었으므로, 상호 관용이 강화되면 제도적 자제는 강화될 것이고, 상호 관용이 약화되면 제도적 자제는 약화될 것이다.
② (X) 두 번째 단락에서 제도적 자제가 민주주의의 유지에 핵심적 역할을 수행하며, 이는 "제도적으로 허용된 권력을 신중하게 행사하는 태도"라고 서술된 부분을 통해, 합법적인 권력 행사가 제도적으로 자제될 때, 민주주의의 유지에 긍정적인 역할을 할 수 있다는 점을 확인할 수 있다. 따라서 대통령과 입법부의 합법적인 권력 행사가 민주주의에 부정적으로 작용하는 경우가 존재한다는 점을 추론할 수 있다.
③ (X) 두 번째 단락에서 "민주주의 유지에 핵심적 역할을 하는 규범은 민주주의보다 **오랜 전통**을 가진 '상호 관용'과 '제도적 자제'이다."라는 부분에서 민주주의 규범이 민주주의의 이념보다 오래되었다는 점을 확인할 수 있다. 따라서 민주주의 규범이 민주주의 이념으로부터 탄생하였다는 추론은 타당하지 않다.
④ (X) 첫 번째 단락에서 "여기(민주주의를 지키는 것)에는 헌법이나 법률에 명문화되지 않은 민주주의 규범도 중요한 역할을 해왔다."라는 부분을 통해 민주주의 규범이 성문화되는 것이 민주주의 정치 체제를 보호하는 효과와 무관하다는 점을 추론할 수 있다.
⑤ (O) 첫 번째 단락에서 "여기(권력 기관 간 견제와 균형의 원리를 유지함으로써 민주주의를 지키는 것)에는 헌법이나 법률에 명문화되지 않은 민주주의 규범도 중요한 역할을 해왔다."라는 부분을 통해 확인할 수 있다.

02
정답 ③

분석 및 접근
㉠ 첫 번째 위기와 ㉡ 두 번째 위기에서 모두 '민주주의'라는 개념이 분리되어 서로 다른 의미로 사용되고 있음에 유의해야 한다.

해설
① (X) 다섯 번째 단락에서 "민주주의 규범이 **다시** 형성되기 시작한 것은"이라는 부분에서 ㉠ 이전에도 민주주의의 규범이 형성되었음을 확인할 수 있다. 따라서 주어진 선지에서 '㉠을 거치면서 상호 관용과 제도적 자제의 규범이 **건국 이후 처음으로** 형성되었다.'라는 내용은 타당하지 않다.
② (X) 다섯 번째 단락에서 "역설적이게도 남북 전쟁 이후의 민주주의 규범은 인종 차별을 묵인한 비민주적인 타협의 산물이었다."라는 부분에서 ㉠ 이후 형성된 민주주의 규범은 인종 차별적 특성으로 인해 정치 체제를 안정시키는 역할을 수행해냈다는 점을 확인할 수 있다.
③ (O) 마지막 단락에서 ㉡은 "1960년대 이후 민주주의의 확대"로 인해 '당파적 양극화'가 심화되면서 발생하였다고 서술된 부분을 통해 확인할 수 있다.
④ (X) 마지막 단락에서 ㉡은 다양한 집단의 정치 참여를 제도적으로 보장하는 방향으로 민주주의가 확대되면서 완화된 것이 아니라 심화되었다고 서술되었으므로 주어진 선지는 타당하지 않다.
⑤ (X) 마지막 단락에 따르면 ㉡에서는 "공화당과 민주당이 각기 다른 집단의 이익과 가치를 대변"하는 현상이 확대되었다고 서술되었으므로, 주어진 선지와 달리 ㉡에서도 정당별 지지 집단이 뚜렷이 구분되는 현상이 나타났음을 확인할 수 있다.

03
정답 ③

분석 및 접근
〈보기〉에 제시된 추가적인 사례에 지문의 핵심 개념을 정확히 대응시키면 어렵지 않게 해결할 수 있는 문제이다.

해설
① (O) 마지막 단락에서 1960년대 이후 미국에서 발생한 '당파적 양극화'는 "인종과 종교, 삶의 방식을 기준으로 첨예하게 나뉘었다"라고 서술되었으므로 〈보기〉에 제시된 당파적 양극화와 성격이 다르다는 점을 확인할 수 있다.
② (O) 세 번째 단락에서 "서로를 적으로 간주할 때 상호 관용의 규범은 무너진다."라고 서술되었으므로 좌파와 우파가 서로를 적으로 간주한 〈보기〉의 상황에서 상호 관용의 규범이 붕괴되었으리라는 점을 추론할 수 있다.
③ (X) 두 번째 단락에서 '제도적 자제'란 합법적으로 허용된 권력이라도 이를 활용하지 않고 자제하는 것이라고 서술되었다. ㉢에서 아옌데 대통령이 의회를 우회하여 국민투표를 실시하고자 한 것은 권력을 법의 테두리 내에서 행사하였다고 하더라도, 야당이 장악한 의회를

합법적 권력을 최대한 활용하여 억누르려고 한 시도이므로 제도적 자제 규범을 실천하고자 한 것이라고 보기 어렵다.
④ (O) 네 번째 단락에서 야당이 입법부를 장악한 상황에서는 "야당이 대통령을 공격하기 위해 헌법에서 부여된 권력을 최대한 휘두른다."라고 서술되었고, ⓓ에서 제시된 상황은 이러한 서술에 부합하므로, 주어진 선지는 타당하다.
⑤ (O) 1970년 이전의 칠레 의회가 불신임 결의를 사용하지 않은 것은, 그것이 헌법에 보장된 권한임에도 제도적으로 자제한 것이므로 민주주의 규범을 존중함으로써 민주주의 정착에 기여했었을 것이라고 추론할 수 있다.

04

정답 ⑤

분석 및 접근
딜레마는 A와 B를 둘 다 가질 수 없는 상황을 의미한다. **공화주의의 딜레마**를 이해하고 있는지 확인하는 문제이다.

해설
① (X) 첫 번째 단락에 따르면, "파벌이 통제되기 위해서는 공화국의 크기가 작아야 하지만, 외세의 침략 위험에 맞서 충분한 안전을 시민에게 제공하기 위해서는 그 크기가 커야 할 것이다."라고 제시된 부분에서, 공화국의 광대한 영토가 대외적 방어에 유리한 **결합의 이익**을 제공함을 확인할 수 있다.
② (X) 첫 번째 단락에서 "공화주의란 공동선을 추구하는 시민의 정치 참여에 기초하여 공동체적 삶에서 자의적 권력에 의한 지배를 배제하고 자치를 실현하고자 하는 사상이다."라고 제시된 부분을 통해 공화주의는 시민으로서의 삶에 기반을 둠을 유추할 수 있다. 또한, 네 번째 단락의 "그보다는 차라리 국가로부터 개인의 권리를 보호하고자 하는 자유주의적 사고의 장치에 가깝다"라고 서술된 부분에서, 개인으로서의 삶은 자유주의적 사고에서 중시됨을 확인할 수 있다.
③ (X) 두 번째 단락에서 "(연방의 도입으로 인해 공동체에 대한 시민들의 이해관계가 복잡해지면) 불가피하게 소원한 거리에 놓인 사람들이 우정과 연대의 공적 정신을 유지하기란 더 어려울 수 있다."라고 제시되었는데, 이는 연방의 도입으로 인해 연대가 유지될 가능성이 약화됨을 인정하는 것이다. 만약 연방주의자였던 『페더럴리스트 페이퍼』의 저자들이 안전보다 연대를 더 추구하였다면, 연방의 등장으로 연대의 유지가 더 어려워졌다는 점이 인정되므로, 외부로부터의 안전을 담보한다는 이유로 연방을 지지하지 않았을 것이다.
연방주의자들은 공화주의의 딜레마를 해결하기 위해서 연방이라는 개념을 그 해결책으로 제시한 것이다. 따라서 연방주의자들은 공화주의의 딜레마, 즉 분할의 이익(파벌과 전제적 다수의 출현 방지)과 결집의 이익(외부로부터의 안전)을 모두 중시했기 때문에, 연방이라는 개념을 제시한 것이므로 둘 중에 어느 하나만을 중시했다는 선지는 타당하지 않은 것이 된다. 딜레마가 등장하는 지문에서 매우 흔하게 등장하는 오답 선지의 패턴이다. → **매력적 오답**
④ (X) 연방주의자들은 공화주의의 딜레마를 해결하기 위해 연방의 도입을 주장하였으므로, ④의 설명은 첫 번째 단락의 핵심적인 논지와 상반된 내용에 해당한다.
⑤ (O) 세 번째 단락에서 "통치자의 선출과 정치적 지분의 할당을 통해 경쟁적 사회 집단 사이에 이해관계의 균형을 도모하는 것은 로마의 혼합정체 이래 지속 가능한 공화국의 골자를 이루게 되었다고 할 수 있다."라고 서술된 부분을 통해 확인할 수 있다.

05

정답 ③

분석 및 접근
4번 문제와 마찬가지로 **공화주의의 딜레마**의 개념을 이해하였으면 빠르게 해결할 수 있는 문제에 해당한다.

해설
① (O) 연방주의자들이 도입한 헌법은 오늘날의 헌법의 개념이 등장하기 이전의 과거의 헌법 개념에 해당하였다. 따라서 연방 공화국의 정부 형태를 출범하는 과정에서 새로운 헌법 개념의 등장이 필요했다는 것은 시간적 맥락에 맞지 않는 잘못된 서술에 해당한다. 이는 세 번째 단락에서 "18세기 후반에 비로소 등장한 법적 의미의 헌법 개념은 당시 미국의 공화주의적 헌법을 구상하는 과정에서조차 의도되었던 바가 아니며"라고 서술된 것에서 확인된다.
② (O) 공화주의의 딜레마는 '파벌의 등장'과 '외부의 침략'이라는 두 가지 위험성을 모두 방지할 수 없다는 것에서 비롯하며, 연방주의자들은 이러한 딜레마를 해결하기 위한 해결책으로 '연방 공화국'이 도입되면, 두 가지 위험성을 모두 방지할 수 있다고 주장하였다. 이는 첫 번째 단락에서 "시민적 덕성이 제대로 발휘되어 **파벌이 통제되기 위해서**"라는 부분을 예방하기 위하여, "연방주의자인 『페더럴리스트 페이퍼』(1787. 10~1788. 8)의 저자들은 바로 연방 공화국의 형태가 **공동체 내부의 부패**와 대외적 취약성을 둘러싼 **공화주의의 딜레마**를 해결해 줄 수 있다고 보았다."라고 서술된 부분에서 확실하게 확인된다. 즉, 다음 문장에서 서술되는 "파벌 지도자의 영향력이 확산되지 못하게 막는 **분할의 이익**"을 연방이라는 헌정 체제를 통해 획득할 수 있다고 간주한 것이다.
③ (X) 공화국의 크기가 작은 것의 이점은 파벌의 위협을 통제하기 쉽다는 것에 있다. 따라서 공화국에 대한 내부 위험은 소규모의 파벌일 때가 대규모 파벌일 때에 비해 줄어든다는 점을 쉽게 유추할 수 있다. 이는 두 번째 단락에서 "광대한 영토 위에서 공화주의 정부가 유지되기 위해서는 시민들로 하여금 사익의 추구를 자제하고 공동선을 지향하도록 하는 보다 강력한 조치가 필요할 것이다."라는 부분을 통해 구체적 근거를 확인할 수 있다.
④ (O) 첫 번째 단락과 두 번째 단락의 논리적 연결 관계를 잘 파악하여야 이해할 수 있는 선지에 해당한다. 첫 번째 단락에서 공화국의 크기가 커지게 되면 얻는 분할의 이익은 "파벌 지도자의 영향력이 확산되지 못하게 막는" 것에 해당한다. 따라서, 두 번째 단락의 첫 번째 문단에서 "공동체에 대한 시민들의 이해관계가 복잡해지는 것을 나쁘게 볼 것만은 아니지만"에 해당하는 부분은 연방의 도입으로 공화국의 크기가 커짐으로 인해 얻게 되는 이득을 의미한다. 그 구체적인 내용은 뒷 두 번째 단락 이후의 부분에 "파벌과 전제적 다수의 출현을 방지"라고 제시된다. 따라서 이와 같이 쪼개져서 제시된 내용들을 논리적으로 종합하여 보면 "규모가 커진 공화국은 구성원들의 사회적 다양성이 커져서 정치적 분열이 초래되어 전제적 다수가 형성되기 어렵다."라는 ④의 설명에 도달하게 된다. → **매력적 오답**
⑤ (O) 두 번째 단락에서 "연방주의자들은 대의제와 권력분립 등 헌정주의의 요소를 가미함으로써 이성과 법의 지배를 통하여 파벌과 전제적(專制的) 다수의 출현을 방지하고자 했다."라고 서술된 부분에서, 아무리 연방 공화국이 도입된다고 하더라도 파벌의 등장으로 인한 위험성이 완전히 해소된 것이 아님이 유추되며, 이러한 위험성을 통제하기 위해서는 제도적 장치가 추가적으로 요구된다고 연방주의자들이 간주하였음을 확인할 수 있다. 따라서 파벌의 싹은 완전히 근절될 수 없다고 연방주의자들이 여겼음을 추론할 수 있고, 그것의 발호를 통제하는 제도적 장치로서 **헌정주의적 장치**가 도입되었음을 확인할 수 있으므로, ⑤의 설명은 타당하다.

06

정답 ①

분석 및 접근
해당 지문은 연방주의자들의 헌법 개념과 오늘날의 헌법 개념이라는 두 개념의 차이를 소재로 삼고 있다. 따라서 상이한 두 개념의 차이를 파악하여야 해결할 수 있는 문제이다.

해설
[개념 쪼개기]

법적 개념으로서의 헌법
↕
정치적 개념으로서의 헌법

① (X) ㉠은 **법적 개념으로서의 헌법**을 의미한다. 따라서, 공적인 토론의 과정을 정치적 대표를 선출하는 투표 과정으로 대체하는 것은 오히려 "정치적 개념으로서의 헌법"에 부합하며, 이를 "공적인 토론의 과정을 사법 심판으로 대체한다."라고 서술하여야 ㉠에 부합하는 사례가 된다. 이에 대한 근거는 마지막 단락에서 "현대 민주정치의 상황에서 시민의 정치 참여는 통치자의 선출이나 할당된 지분의 행사에서처럼 투표 과정을 중심으로 이루어져야 하는 것은 아니며"라는 서술에서 "통치자의 선출이나 할당된 지분의 행사"는 **정치적 개념으로서의 헌법**을 의미하는데, 이 개념이 **"투표 과정"과 동일시됨**을 확인할 수 있다.

② (O) 성문화된 헌법적 가치의 선언은 법적 개념으로서의 헌법을 의미하며, 법적 개념으로서의 헌법이 의회의 결정 권한이라는 의사 합의의 정치적 장치를 제한하는 것은 ㉠의 대표적인 사례로 제시된 **법률의 헌법 기속 개념**에 해당한다.

③ (O) 네 번째 단락의 "예컨대, 그러한 수단(㉠ 헌정주의적 수단들)의 하나로 제안되는 **법률의 헌법 기속 개념**은 기본적으로 시민의 대표들이 다수결로 도출한 합의를 불신한다는 면에서 공동체적 삶의 향배를 시민들의 손에 맡기고자 하는 공화주의의 이상에 반하는 것"이라는 서술에서 확인된다. 즉, 의회에서의 입법 과정을 통해 도입된 **법률**은 **정치적 개념으로서의 헌법**에 의한 산물인데, 이를 성문화된 헌법의 최고법적인 효력의 지배하에 두는 것은 **법적 개념으로서의 헌법**이 민주주의의 가치와 충돌할 수 있음을 의미한다.

④ (O) 마지막 단락에서 지문의 필자는 법적 개념으로서의 헌법이 반드시 민주주의와 공화주의의 가치와 충돌하는 것이 아니라, 오히려 민주주의와 공화주의의 가치에 부합할 수도 있음을 제시하고 있다. 마지막 단락의 첫 번째 문장에서 "현대 민주정치의 상황에서 시민의 정치 참여는 통치자의 선출이나 **할당된 지분의 행사에서처럼 투표 과정을 중심**으로 이루어져야 하는 것은 아니며"라고 제시되었고, "공적인 토론의 과정을 중심"으로 이루어질 수도 있는데, 그러한 공적인 토론을 **사법 심사의 장**이 촉발시킨다면, 법적 개념으로서의 헌법이 민주주의와 공화주의의 가치 실현을 구현할 수 있는 것이다. 따라서 ④의 선지에서 의회가 법률안을 입법할 권리를 행사하는 것은 "할당된 지분의 행사에서처럼 투표 과정을 중심"으로 이루어지는 정치적 개념으로서의 헌법에 해당하며, 이에 대한 대통령의 법률안 거부권을 인정하는 것은 법적으로 보장된 절차에 해당한다. 따라서 ④의 내용은 마지막 단락에 제시된, **법적 개념으로서의 헌법**이 **정치적 개념으로서의 헌법**을 통제함으로써 오히려 "상호 견제를 통한 권력의 제한"이라는 민주주의의 원리가 보존되는 사례에 해당한다.
→ **매력적 오답**

⑤ (O) 마지막 단락에서 "만약 사법 심사의 장이 (중략) 궁극적으로 **법의 지배**에 기여하는 것이라면 그(㉠ 헌정주의적 수단들)에 대한 평가는 달라질 것이다. 무엇보다도 여기서 민주주의의 가치를 공동선에 관한 이성적 숙의에서 찾고자 했던 **공화주의자들의 관점**을 다시 발견할 수 있기 때문이다."라고 서술되었다. ⑤의 내용은 마지막 단락의 끝에서 자연스럽게 논리적으로 추론되어 덧붙여질 수 있는 내용에 해당한다. 즉, **법의 지배가 공화주의의 이상을 구현할 수 있다는 결론**을 필자는 마지막 단락에서 논리적으로 유도해 내는 것이며, 이를 부연한 것이 ⑤의 내용에 해당한다. → **매력적 오답**

07

정답 ①

분석 및 접근
기본적인 사실 확인 문제이면서 동시에 차별에 대한 개념 획정을 세세하게 이해하고 있는지를 확인하는 문제이다.

해설

① (O) 첫 번째 단락에서 "근로자에 대한 인권 보호의 취지에 부합하지 않는 경우에는 근로자에 대한 차별 금지 입법은 그 정당성이 상실된다."라고 서술되었다. 이에 대한 **대우 명제**를 고려해 보면, '차별 금지 입법이 정당한 경우 근로자에 대한 인권 보호의 취지에 부합하는 경우이다.'라는 명제 또한 참이라는 사실을 추론할 수 있다. 따라서 주어진 선지에서 종교적 신념의 차별을 금지하는 법규가 정당하다면, 인권 보호라는 취지를 지녔을 것이라는 점도 타당하다.

② (X) 두 번째 단락에서 "장애인은 (중략) 근로의 내용과 관련된 장애의 속성 때문에 근로자로 채용되는 데 차별을 받을 수도 있다."라는 부분을 통해 확인할 수 있다.

③ (X) 첫 번째 단락에서 "전통적인 의미에서 차별은 성별, 인종, 종교, 사상, 장애, **사회적 신분** 등에 따라 특정 집단을 소수자로 낙인찍고 불리하게 대우하는 것을 말한다."라고 서술되어 있으며, 이러한 의미의 차별이 허용되지 않는다는 가치 판단이 우리 헌법에서 선언되고 있다고 제시되었다.

④ (X) 마지막 단락에서 **연령**이나 학력·학벌에 따른 근로자의 차별 금지는 **성별** 등 전통적 차별 금지 사유들에 비하여 차별의 금지로 인한 근로자의 보호 정도가 약하다"라고 서술된 부분을 통해 확인할 수 있다.

⑤ (X) 세 번째 단락에서 "여성이라는 이유로 불리하게 작용하는 임금 체계를 **소극적으로 수정하기 위한 것**이라면, 이는 여성에 대한 차별 금지의 보호 정도가 **상대적으로 약하게 적용되는 국면**으로 볼 수 있다."라고 서술된 부분을 통해 확인할 수 있다. 주어진 선지는 여성에 대한 차별을 소극적으로 수정하기 위한 경우에 여성 근로자에 대한 차별 금지 법규가 **적용되지 않는다**고 하였으므로 타당하지 않다.

08

정답 ③

분석 및 접근
차별에 대한 개념 획정을 명확히 이해하였는지를 확인하기 위해, 추가적인 사례를 적용해 볼 것을 요구하는 문제이다.

해설

① (O) 첫 번째 단락에 따르면, 우리 헌법은 고용 관계에서 종교를 이유로 차별을 하는 것은 인권 보호의 취지로 허용되지 않는다고 서술되었으므로, 주어진 선지에서 특정 종교를 이유로 고용이 거부되는 것은 우리 헌법 질서에 반한다고 볼 수 있다.

② (O) 마지막 단락에서 "노동 시장의 정책적 목적을 달성하기 위하여 (연령에 따른) 차별 금지 법규를 제정하는 것은 가능하다."라고 서술되었으므로, 고령의 전문직 종사자의 노동 시장 참여를 목적으로 한 차별 금지 법규의 제정은 가능하다는 점을 추론할 수 있다.

③ (X) 두 번째 단락에서 "구체적인 고용 관계의 근로 조건이 강행 규정에 의하여 제한되는 경우와 당사자의 자유로운 의사에 의거하여 결정되는 경우 중 어디에 해당하는지에 따라, 차별 금지로 인한 근로자의 보호 정도가 달라진다."라는 부분에서 자유로운 계약에 따른 것이라는 점이 임금 차이를 정당화하는 합리적인 이유가 될 수 있는 경우가 강행 규정에 의해 제한되지 않는 경우에 한정된다는 점을 확인할 수 있다. 따라서 임금 차별을 금지하는 강행 규정이 있다면, 자유롭게 계약을 하였다는 사유가 임금 차이를 정당화할 수 없다.

④ (O) 마지막 단락에서 "사용자의 영업 활동을 과도하게 제한하지 않는 한, 노동 시장의 정책적 목적을 달성하기 위하여 차별 금지 법규를 제정하는 것은 가능하다."라고 서술된 부분을 통해, 정책적 목적 없이 연령에 대한 차별을 획일적으로 금지하는 법규는 사용자의 영업 활동을 과도하게 제한할 수 있다는 점을 추론할 수 있다.

⑤ (O) 마지막 단락에서 "저학력자에 대한 차별 금지 법규나 원칙의 취지 역시 전통적인 차별 금지 사유의 취지와 다를 바 없다."라고 서술된 부분에서 학력과 학벌에 대한 차별 금지 법규가 인권 보호의 취지라는 전통적인 차별 금지 사유를 고려하지 않는다면 정당화될 수 없다는 점을 추론할 수 있다.

09   정답 ⑤

분석 및 접근
㉠은 연령을 이유로 한 차별을 금지하는 것이 정당하지 않다는 것이므로 연령을 이유로 한 차별이 정당하다는 입장이다.

해설
ㄱ. (O) 특정 연령층에게 취업 특혜를 부여함으로써 60대 이상 고령자에 대한 차별을 허용하는 내용이므로 ㉠에 부합한다.

ㄴ. (O) 45세라는 연령을 기준으로 특정 연령대 사람들의 취업 기회를 박탈하는 법규를 허용한다는 내용이므로 ㉠에 부합한다.

ㄷ. (O) 50세라는 연령을 기준으로 특정 연령대 사람들의 취업 기회를 박탈하는 법규를 허용한다는 내용이므로 ㉠에 부합한다.

10   정답 ④

분석 및 접근
순차적으로 조건들을 추가해나가면서 개념을 획정해나가고 있는 대상이 '평등'이기 때문에, '평등'에 대한 개념적 정의를 다양한 조건에서 비교하는 문제가 출제될 것이라는 점을 예측하면서 독해해야 한다.

해설

① (X) 첫 번째 단락에서 "(평등의 개념을) 모든 측면에서 똑같이 대우하는 절대적 평등으로 생각하는 이는 없다."라고 전제한 뒤에, 세 번째 단락에서 "어떤 규칙이 공평하고 일관되게 운영되며, 그 규칙에 따라 유사한 경우는 유사하게 취급된다면 형식적 정의는 실현된다"라고 제시되었다. 따라서 형식적 정의하에서는 공평하고 일관된 규칙에 의거하지 않는 차별적 대우가 허용되지 않는 것이지, 일체의 차별적 대우가 허용되지 않는 것이 아니다.

②, ⑤ (X) 첫 번째 단락에서 "인간은 저마다 다르게 가지고 태어난 능력과 소질을 똑같게 만들 수 없기 때문이다."라는 부분에서 "모든 인간을 모든 측면에서 똑같이 대우하는 절대적 평등"이 불가능하다는 점을 암시하고 있다. 따라서 절대적 평등이라고 할지라도 결과적인 평등을 가져온다고 볼 수 없다. 또한 인간의 능력은 절대적으로 평등하게 만드는 것 자체가 불가능하다는 점도 확인할 수 있다.

③ (X) 두 번째 단락에서 "평등에 대한 요구는 (중략) 충분한 이유가 제시되지 않은 불평등을 제거하는 데 목표를 두고 있다."라고 서술되었으므로, 충분한 이유가 제시된 불평등은 평등의 이념에 부합한다는 점을 확인할 수 있다.

④ (O) 세 번째 단락에서 "규칙에 따라 유사한 경우는 유사하게 취급된다면 형식적 정의는 실현"되지만, "형식적 정의에 따라 규칙을 준수하는 것만으로는 (평등에 대한) 정의를 담보할 수 없다"라고 제시되었다. 따라서 규칙에 따라 유사한 경우는 유사하게 취급한다고 하더라도 그 결과는 불평등할 수 있다는 점을 추론할 수 있다.

11   정답 ①

분석 및 접근
롤스와 싱어가 각기 다르게 '평등'이라는 개념을 획정한 방식을 명확하게 비교할 수 있어야 한다.

해설

① (X) 네 번째 단락에 따르면, 롤스는 평등한 대우를 받기 위한 영역 성질로 '도덕적 인격'을 제시한다. 또한 "도덕적 인격이라고 해서 도덕적으로 훌륭하다는 뜻이 아니라 도덕과 무관하다는 말과 대비되는 뜻으로 쓰고 있다."라고 제시되었다. 주어진 선지에서 '부도덕하다'는 것은 도덕적으로 훌륭하지 않다는 의미이므로, 도덕평등의 근거가 되는 특성인 도덕적 인격을 가지지 못한 존재가 롤스에서 부도덕하다는 서술은 타당하지 않다.

- **부도덕하다:** 도덕적으로 훌륭하지 않다.
- **몰도덕하다:** 도덕과 무관하다.

② (O) 네 번째 단락에 따르면, 도덕적 인격을 가지고 있는 대상은 원의 경계선 내부에 위치하며, 원의 내부에 있는 대상들은 동일한 영역 성질을 갖는다고 롤스는 주장하였다. 따라서 롤스에게 영역 성질이란 정도의 차를 고려하지 않는 동일함을 의미한다고 해석할 수 있다.

③ (O) 마지막 단락에 따르면, 싱어는 고통과 쾌락을 느끼는 능력을 갖고 있기만 한다면, 평등한 도덕적 고려의 대상이 된다고 간주한다. 즉, 쾌고 감수 능력을 도덕적 고려의 대상이 되기 위한 충분조건으로 간주하는 것이므로, 설령 인간이 아닌 존재라 할지라도 쾌고 감수 능력을 갖추고 있다면 도덕적 고려의 대상이 되어야 한다고 싱어는 간주할 것이다.

④ (O) 마지막 단락에 따르면, 싱어는 "이해관계가 강한 존재를 더 대우하는 것이 가능하다."라고 간주한다. 이는 도덕적으로 평등한 권리를 받을 수 있는 경계선 내부의 사람들 간에도 도덕적 고려를 받는 정도가 차등화될 수 있음을 의미하는 것이다.

⑤ (O) 네 번째 단락에 따르면, 롤스는 도덕적 호소에 관심을 기울이는 능력이 있는 사람에 한하여 평등한 대우를 받을 도덕적 자격이 주어진다고 여기므로 도덕에 대한 민감성이 사람마다 다르다는 점을 인정하는 것이다. 또한 마지막 단락의 "(싱어에 따르면) 도덕에 대한 민감성의 수준은 사람에 따라 다르다."라는 부분에서, 싱어 역시 마찬가지로 도덕에 대한 민감성이 사람마다 다르다고 간주한다는 점이 직접적으로 제시되어 있다.

12 정답 ④

분석 및 접근
법 조항을 케이스에 적용하는 것처럼, 지문에서 제시된 윤리철학적 개념을 〈보기〉의 케이스에 적용하는 문제가 LEET 언어이해에서 빈번하게 출제된다.

해설
① (O) 싱어는 쾌고 감수 능력이 갖추어진 대상이 도덕적 고려의 대상이 된다고 간주하므로, 고통을 느끼는 능력을 상실한 갑은 싱어에게 도덕적 고려의 대상이 아니다.

② (O) 싱어에게 도덕적 능력은 도덕적 대우를 결정하는 요인이 아니다. 또한 싱어에게 쾌고 감수 능력은 그 정도에 따라 도덕적 대우의 정도를 차등화할 수 있는 요인으로 간주된다. 따라서 을이 도덕적 능력이 선천적으로 결여되었다고 하더라도, 도덕적 능력이 있는 사람보다 더 고통을 느낀다면 싱어는 더 대우를 받아야 한다고 생각할 것이다.

③ (O) 마지막 단락에서 "롤스에서는 도덕적 능력을 태어날 때부터 가지고 있지 않거나 영구적으로 상실한 사람은 도덕적 지위를 가지고 있지 못하게 되는데, 이는 통상적인 평등 개념과 어긋난다."라는 부분을 통해 확인할 수 있다.

④ (X) 네 번째 단락에서 "롤스는 도덕적 인격을 규정하는 최소한의 요구 조건은 **잠재적(도덕적) 능력**이지 그것의 실현 여부가 아니다."라고 서술되었다. 병은 일시적으로 도덕적 능력을 상실한 것이므로, 도덕적 능력을 회복할 가능성을 내포하고 있으며 잠재적인 도덕적 능력을 지니고 있다고 볼 수 있다. 따라서 롤스는 병의 경우를 질병에 걸리지 않은 사람과 평등하게 생각할 것이다.

⑤ (O) 갑과 을은 도덕적 능력을 영구적으로 상실한 경우에 해당하므로 잠재적인 도덕적 능력조차도 갖추고 있지 않다. 따라서 갑과 을은 롤스에 의하면 도덕적 인격으로 간주되지 않을 것이며, 이는 싱어가 롤스의 주장을 비판하는 근거가 된다.

스킬 3 | 포섭과 배제

정답
p.44

01	02	03	04	05
⑤	④	①	②	③
06	07	08	09	10
①	④	①	④	②
11	12	13		
①	④	③		

01
정답 ⑤

분석 및 접근
기본적인 사실 확인 문제에 해당한다.

해설
① (X) 다섯 번째 단락에 따르면, "혼돈이론이 고전물리학의 토대 위에서만 성립할 수 있음을 의미한다."고 서술되었으므로 ①은 타당하지 않다.

② (X) 네 번째 단락에 따르면, "원자 안의 전자를 설명하는 데는 양자역학이 필요하다."고 서술되었으므로 ②는 타당하지 않다.

③ (X) 두 번째 단락에 따르면, "1905년 발표된 특수상대성이론은 시간과 공간 같은 물리학의 개념들을 변화시켰을 뿐만 아니라, 물리학에 등장하는 여러 공식들을 고쳐 쓰게 만들었다."고 서술되었으므로 기존 고전물리학의 개념들이 특수상대성이론에서 그대로 유지되는 것은 아님을 알 수 있다. 세 번째 단락에서 "그렇다고 해서 고전물리학이 새 이론에 의해 완전히 부정된 것은 아니다. 특수상대성이론의 관점에서 보더라도 고전물리학의 식들은 대부분의 상황에서 아무 문제가 없을 만큼 정확한 설명과 예측을 제공하기 때문이다."라는 부분은 기존 고전물리학의 개념들 중 특수상대성이론에서 그대로 유지되지 않는 부분의 비율이 매우 적음을 의미하지만, 그렇다고 해서 유지되지 않는 부분이 존재하지 않는 것은 아니므로 혼동하지 않도록 주의하여야 한다. → **매력적 오답**

④ (X) 두 번째 단락에 따르면, 고전 물리학에서의 '속도의 덧셈 법칙'은 특수상대성이론에 따르면 정확하지 않다고 서술되었다. 따라서 특수상대성이론에서의 '속도의 덧셈 법칙'은 고전물리학에서와 동일한 식이 아닐 것임을 유추할 수 있다.

⑤ (O) 세 번째 단락에 따르면, "기차가 만일 초속 15만 km로 달린다면 새 이론과 고전물리학의 계산에 뚜렷한 차이가 나겠지만, 음속을 넘는 시속 1,500km 정도에서도 두 계산의 결과는 충분히 훌륭한 근사를 보여 준다."라고 서술되었으므로, 음속과 비슷한 속력에서는 고전물리학과 특수상대성이론이 거의 유사한 수치를 도출해 냈다는 것을 확인할 수 있다.

02
정답 ④

분석 및 접근
두 과학 이론 사이의 관계를 이해하고 있는 지를 확인하는 문제이다.

해설
① (O) 일곱 번째 단락에 따르면, "만일 고전물리학이 폐기되어 사라졌거나 고전물리학과 양자역학이 매끄럽게 하나로 연결되지 못했다면, 20세기 물리학의 진보에 대한 평가는 논쟁거리가 될 수 있을 것이다."라고 서술되었다. 즉, 이미 한계를 드러낸 고전물리학과 같은 옛 이론이라도 할 지라도, 그 옛 이론이 새로 도입된 이론과 어떠한 관계를 이루는 지가 물리학의 진보 여부를 판단하는 데 중요한 근거가 된다는 사실을 암시하는 것이다.

② (O) 네 번째 단락에 따르면, "1910년대에 물리학자들은 원자에 속한 전자들의 동역학적 상태를 설명하려 했지만 고전물리학으로는 그런 설명이 불가능했다. 결국 물리학자들은 고전물리학과 양자역학의 양립 불가능한 전제들을 토대로 삼아 양자역학의 체계를 구축함으로써 비로소 문제의 현상에 대한 정확하고도 일관성 있는 설명을 제공할 수 있었다."라고 서술되어 있다. 즉, 기존 물리학이 설명하지 못했던 대상인 전자들의 동역학적 상태를 양자역학의 도입으로 설명하게 되었으므로, 물리학으로 설명할 수 있는 현상의 범위가 확대된 것이다. 그런데, 다섯 번째 단락에서 양자역학이 설명할 수 없는 고전물리학의 영역이 존재하기 때문에 양자역학의 등장이 물리학의 진보를 의미하지 않을 수도 있다는 시각을 소개하고 있다. 그러나 이는 위 글의 시각이 아니며, 글쓴이가 여섯 번째 단락에서 재반박하고 있는 시각에 해당된다. 여섯 번째 단락에서 글쓴이는 양자역학과 고전물리학이 각각 설명할 수 있는 영역이 상이하지만, 각자의 영역이 매끄럽게 연결되기 때문에 물리학의 진보가 인정될 수 있다고 주장한다. 즉, 기존 물리학의 모든 영역을 포섭하면서 설명할 수 있는 현상의 범위를 확장하는 방식으로 새 이론의 도입이 이루어지지 않는다 하더라도, 설명할 수 있는 영역을 상호모순적이지 않은 방식으로 추가했다고 한다면 이는 물리학의 진보로 인정될 수 있다는 관점이 위 글의 시각에 해당하는 것이다. 다섯 번째 단락에서 제기된 의견과 위 글의 시각을 혼동하지 않도록 주의하여야 한다. → **매력적 오답**

③ (O) 여섯 번째 단락에 따르면, 원자에서 막 풀려나오는 순간의 전자에 대응되는 극한 조건을 가정하면 고전물리학과 양자역학은 절묘하게 서로 연결된다. 이는 두 이론이 양립불가능한 것이 아니라 상보적인 관계에 있음을 의미하며, 양자역학의 도입이 물리학의 진보가 아닐 수 있다는 시각에 대한 반박을 가능하게 하는 중요한 근거가 된다.

④ (X) 네 번째 단락에 따르면, "고전물리학과 양립 불가능한 전제들을 토대로 삼아 양자역학의 체계를 구축하였다."라고 서술되었으므로, 양자역학의 전제들은 고전물리학과 모순적임을 추론할 수 있다. 그럼에도 여섯 번째 단락에 따르면, 양자역학과 고전물리학은 서로 매끄럽게 연결될 수 있다. 따라서 두 이론이 전제하는 기초가 서로 양립 불가능하는 경우에도, 두 이론은 충분히 매끄럽게 연결될 수 있다.

⑤ (O) 일곱 번째 단락에 따르면, 글쓴이의 결론이 제시되어 있다. "만일 고전물리학이 폐기되어 사라졌거나(A), 고전물리학과 양자역학이 매끄럽게 하나로 연결되지 못했다면(B), 20세기 물리학의 진보에 대한 평가는 논쟁거리가 될 수 있을 것이다(C)." 이는 양자역학이 등장하였다고 하더라도, A와 B 둘 중에 하나의 조건이 갖추어 졌다고 한다면, 물리학의 진보는 부인될 수 있다는 시각을 암시한다. 따라서 양자역학의 도입으로 설명되지 못했던 문제가 설명된다고 하더라도, 과학의 진보가 아닌 경우가 충분히 존재할 수 있다.

03   정답 ①

분석 및 접근
지문에서 제시된 "두 과학 이론 사이의 관계"를 〈보기〉에 제시된 다른 "두 과학 이론 사이의 관계"에 적용해 보는 문제이다.

해설

두 과학 이론 사이의 관계

A. 고전물리학과 특수상대성이론과의 관계: 특수상대성이론이 고전물리학의 모든 내용을 포함한다.
B. 고전물리학과 양자역학의 관계: 고전물리학과 양자역학은 서로 상이한 영역을 설명하지만, 극한적으로 두 영역의 경계는 매끄럽게 연결된다.
C. 뉴턴 역학과 갈릴레오의 법칙의 관계: 뉴턴 역학이 갈릴레오 역학의 모든 내용을 포함한다.

① (O) 두 번째 단락과 세 번째 단락에 제시된 내용에 따르면, 물체의 운동 속도가 음속 이하인 범위 내에서 특수상대성이론과 고전물리학 사이의 차이는 거의 발생하지 않는다. 그런데, 초속 15만 km 정도로 높은 범위에서의 속도로 물체가 운동하는 경우에 대해서는 고전물리학은 정확하게 설명하지 못하고, 특수상대성이론에 의해서만 정확하게 설명할 수 있다. 즉, 제한된 범위 내에서 고전물리학과 특수상대성이론은 거의 일치하지만, 그 범위를 벗어나게 되면 특수상대성이론에 의해서만 설명되는 관계에 두 패러다임은 놓여있는 것이다.
마찬가지로, 작은 구간의 높이에서 물체를 떨어뜨리는 낙하 운동에 대해서는 갈릴레오의 법칙과 뉴턴 역학이 거의 유사한 설명을 제공한다. 그러나 그 높이가 제한된 범위를 넘어서서 매우 높은 위치에서 이루어 지는 낙하운동의 경우에는 갈릴레오의 법칙은 정확하게 설명할 수가 없으며, 뉴턴 역학만이 정확한 설명을 제공한다. 따라서 뉴턴 역학과 갈릴레오의 법칙 사이의 관계는 특수상대성이론과 고전물리학의 관계와 동일하며, 따라서 특수상대성이론이 고전물리학의 식들을 포섭하는 것처럼, 뉴턴 역학도 갈릴레오의 법칙을 포섭한다고 서술되는 것이 타당하다. → **절대적 정답**

② (X) ②의 설명은 양자역학과 고전물리학의 관계에 대한 설명에 해당하며, 이는 뉴턴 역학과 갈릴레오 역학의 관계와는 상관 없는 내용이다.
③ (X) 갈릴레오의 법칙에서 g는 고정된 값이지만, 뉴턴 역학에서 g는 고정된 값이 아니다. 이는 지구로부터의 높이가 멀어짐에 따른 변화값을 뉴턴 역학은 반영하고, 갈릴레오의 법칙은 반영하지 못하는 데에서 비롯되는 차이이다. 따라서 지구로부터 멀리 떨어지지 않아서 g의 값이 거의 고정된 값과 유사한 제한된 높이에서는 갈릴레오의 법칙의 설명이 적용되고, 그 높이를 벗어나는 순간에 뉴턴 역학에 대한 설명이 매끄럽게 연결된다.

④ (X) ④의 설명은 양자역학과 고전물리학의 관계에 대한 설명에 해당하며, 이는 뉴턴 역학과 갈릴레오의 법칙 간의 관계와는 상관 없는 내용이다.
⑤ (X) ⑤의 설명에서 "갈릴레오의 법칙과 뉴턴 역학은 서로 상충하는 이론적 전제 위에 구축되었지만"이라는 서술은 양자역학과 고전물리학의 관계에 대한 설명에 해당하며, 이는 뉴턴 역학과 갈릴레오의 법칙 사이의 관계와는 상관 없는 내용이다.

04   정답 ②

분석 및 접근
기본적인 사실 확인 문제로, 글의 전반에서 제시된 김소월 시의 특징들을 세밀하게 정리해야 한다. 일반적인 문학 비평 지문과 다르게, 김소월의 시에 대해서 글쓴이가 비판적인 시각을 견지한다는 것에 주의해야 한다.

해설

① (X) 다섯 번째 단락에 따르면 "한국의 낭만주의가 결하고 있는 것은 이 전율, 곧 사물의 핵심에까지 꿰뚫어 보고야 말겠다는 형이상학적 충동이었다."라고 서술되었으므로, 합리적 인식을 통하여 삶의 의미를 탐구하는 태도는 오히려 김소월의 시에서 결여된 서구 낭만주의 시학의 관점에 해당한다. 또한, 여섯 번째 단락에서 "소월은 산다는 것은 무엇을 위한 것인가 하고 되풀이하여 묻는다. 그러나 이 물음은 진정한 물음이 되지 못한다. 그는 이 물음을 진정한 탐구의 충동으로 변화시키지 못한다."라고 서술된 부분 또한 ①의 설명과 상반된다.
② (O) 여섯 번째 단락에 따르면, "한국인의 정신적 지평에 장기(瘴氣)처럼 서려 있어 그 모든 활동을 힘없고 병든 것이게 한 일제 점령의 중압감"을 제기하며 김소월 시가 시대상황에 의한 중압감에 시달렸음을 암시한다. 이로 인해 김소월의 허무주의에 천착하여 "진정한 탐구의 충동으로 변화시키지 못한다."라고 제시되었으므로, "시대상황 때문에 어둠의 세계 바깥으로 나가는 것을 포기하고 있다."라는 설명은 김소월의 시에 대한 저자의 평가와 일치한다. 또한, 세 번째 단락에서 "소월의 부정적 감상주의의 잘못은 (중략) 밖으로 향하는 에너지를 가지고 있지 않다는 데에 있다."라는 서술에서도 그 근거를 확인할 수 있다.
③ (X) 세 번째 단락에서 "시에서의 부정적인 감정의 표현"은 "연민의 감미로움과 체념의 평화로써 우리(독자)를 위로해 준다."라는 시의 일반론적인 기능이 제시되어 있는데, 김소월의 시가 이러한 시의 일반론적인 기능을 부인하고 있다는 내용은 지문에서 제시된 바가 없다.
④ (X) 세 번째 단락에 따르면 "어둠의 세계에 대한 깊은 절망의 에너지를 생의 에너지로 전환하여 표출"하는 것은 김소월의 시와 대비되는 횔덜린이나 릴케의 시의 특징에 해당한다.
⑤ (X) 첫 번째 단락에 따르면, "생(生)의 잠재적 가능성"을 시의 소재로 삼는 것은 김소월의 시와 대비되는 주요한의 시의 특징에 해당한다. 또한, 두 번째 단락에서 "그것(김소월의 슬픔)은 그것 자체의 해결이 된다. 슬픔의 표현은 그대로 슬픔으로부터의 해방이 되는 것이다."라고 서술되었으므로, 김소월의 시는 슬픔을 극복하려는 적극적인 태도와는 거리가 멀다는 점을 확인할 수 있다.

05

정답 ③

분석 및 접근
한국의 낭만주의와 서구의 낭만주의의 특징의 대조되는 특징들을 정확히 포착하여야 한다. 특히, **김소월의 시의 특징**이 곧 한국의 낭만주의의 특징으로 서술되고 있음을 유의해야 한다.

해설

① (X) 세 번째 단락에 따르면, "소월의 부정적 감상주의의 잘못은 그것이 부정적이라는 사실보다 밖으로 향하는 에너지를 가지고 있지 않다는 데에 있다."라고 서술되어 있으므로, 김소월로 대표되는 한국의 낭만주의가 내적인 고통과 절망에서 벗어나지 못하고 있다고 간주하는 것은 타당하다. 그러나 서구 낭만주의가 내적인 고통과 절망에서 벗어나지 못하고 있다고 평가될 근거는 지문에서 확인될 수 없다.

② (X) 다섯 번째 단락에 따르면, 한국의 낭만주의가 서구의 낭만주의처럼 성공하지 못한 이유는 "형이상학적 전율"이 결여되었기 때문이지, "목표를 향한 조급한 열정" 때문이 아니다.

③ (O) 다섯 번째 단락에 따르면, 서구의 낭만주의는 감정이 주는 위안을 찾기 위한 것이 아니라, "감정의 직관이 진실을 아는 데 보다 적절한 수단으로 느껴졌던 것"에 근거하여, 오히려 감정을 통하여 "사물의 핵심에까지 꿰뚫어 보고야 말겠다는 형이상학적 충동"을 실현하는 데 목표를 두고 있다. 또한, 이러한 사물의 본질을 꿰뚫어 보고자 하는 형이상학적인 충동은 한국의 낭만주의가 결여된 부분이라고 서술되었다. 따라서 서구 낭만주의는 감정을 통해 선명한 시적 인식에 도달하려고 하였던 반면, 한국 낭만주의는 그러지 못하였다고 서술될 수 있다.

④ (X) 허무주의에서 벗어날 수 있는 가능성을 포기하고 있는 것은 김소월로 대표되는 한국의 낭만주의의 특징에 해당한다. 그러나 서구의 낭만주의도 이러한 특징을 지니고 있다는 점은 지문에서 확인되지 않는다.

⑤ (X) 서구의 낭만주의는 대상의 형이상학적 본질을 꿰뚫어 보려는 충동을 지니고 있다고 서술되어 있으므로, 서구의 낭만주의가 보려는 에너지를 가지고 있다는 서술은 타당하다. 그러나 세 번째 단락에서 소월의 시는 "밖으로 향하는 에너지를 가지고 있지 않다"라고 서술된 것처럼, 한국의 낭만주의가 밖으로 향하는 에너지를 가지고 있다는 설명은 타당하지 않다.

06

정답 ①

분석 및 접근
서구의 낭만주의와 한국의 낭만주의를 분리하는 기준이 되는 개념이 무엇인지에 유의해야 한다.

해설

① (X) "이상세계에 대한 뚜렷한 전망을 제시한다."에 대항하는 내용은 제시문에서 확인되지 않는다.

② (O) 다섯 번째 단락에 따르면, 서구 낭만주의는 감정을 "리얼리티를 인식하는 새로운 수단"으로 삼아 새로운 가능성에 관한 직관을 추구하였으므로 "리얼리티에 대한 새로운 인식을 지향한다."라는 설명은 서구 낭만주의의 근원적 충동인 **형이상학적 전율**에 대한 타당한 설명에 해당한다.

③ (O) 다섯 번째 단락의 "한국의 낭만주의가 결하고 있는 것은 이 전율"이라는 서술에서 한국 낭만주의는 형이상학적 전율이 결여되어 있음이 제시된다. 또한, "**이 결여가 성급한 허무주의와 불가분의 관계에 있다는 것**"이 제시되고 있다. 따라서 허무주의와 형이상학적 전율의 결여는 동전의 앞면과 같이 분리될 수 없는 관계라는 의미이므로, 허무주의가 극복되어야 형이상학적 전율이 마련될 수 있다. 두 번째 단락에서 허무주의란 "넓은 데로 향하는 생의 에너지를 상실하게" 하는 것이자 "자기 탐닉적 도구"에 국한되게 만드는 것으로 서술되었다. 따라서 "자기 밖으로 향하는 의지"가 전제되어야, 허무주의가 극복될 수 있고, 허무주의가 극복되어야, 형이상학적 전율이 가능하다. → **매력적 오답**

④ (O) 다섯 번째 단락에 "이 전율(형이상학적 전율)은 감정의 침례를, 보다 다양하고 새로운 가능성에 관한 직관으로 변용시킨다."라고 서술되었다.

⑤ (O) 다섯 번째 단락에 형이상학적 전율이란 "사물의 핵심에까지 꿰뚫어 보고야 말겠다는 형이상학적 충동"이라고 서술되었으므로, 이는 가치와 의미에 대한 진정한 탐구의 충동을 바탕으로 한다고 해석될 수 있다.

07

정답 ④

분석 및 접근
김소월의 가치관과 지문의 필자의 가치관을 분리하여 이해하는 것이 중요한 문제이다. 필자는 서구의 낭만주의를 근거로 김소월의 가치관에 비판적인 입장을 취하고 있다.

해설

① (X) 네 번째 단락에 따르면, "시에서 가장 중요한 것은 바르게 보는 것이며"라고 서술하며 "여기서 바르게 본다는 것은 가치의 질서 속에서 본다는 것이다."라고 설명을 덧붙이고 있다. 따라서 필자가 가치를 부여하는 것은 단순히 겉으로 드러나는 시각적 이미지를 보는 행위가 아니라, 가치의 질서라는 형이상학적인 본질을 보는 행위를 일컫는다.

② (X) ②의 설명에서 "세계에 대해 인식하는 시"라는 설명은 필자가 지향하는 바에 부합하지만, "정치적으로 반항하는 시"는 지문에서 제시된 필자의 예술적 지향과 아무런 관련성이 없다.

③ (X) 다섯 번째 단락에서 "그들(서구 낭만주의자들)은 감정이 주는 위안을 찾고 있었다기보다는"이라고 평가하는 것으로 비추어 볼 때, 서구 낭만주의를 높게 평가하는 필자가 감정을 통한 위안을 추구하는 시를 지향하지는 않았을 것임을 추론할 수 있다.

④ (O) 여섯 번째 단락에서 제시된 "소월은 산다는 것은 무엇을 위한 것인가 하고 되풀이하여 묻는다. 그러나 이 물음은 진정한 물음이 되지 못한다. 그는 이 물음을 진정한 탐구의 충동으로 변화시키지 못한다."를 통해서 필자가 진정한 탐구를 추구하는 예술적 가치관에 높은 가치를 부여한다는 점이 유추된다. 또한, 일곱 번째 단락에서 "그(김소월)에게는 '보려는' 에너지, '물어보는' 에너지가 결여되어 있다."라는 비판을 제기하는 것으로 보아, 필자는 현실을 직시하고 탐구하는 에너지에 높은 가치를 부여한다. 이를 종합해 볼 때, 필자는 "현실의 진면모를 파악하려는 열의를 담은 시"를 높게 평가함을 추론할 수 있다. → **절대적 정답**

⑤ (X) "집단적 슬픔으로써 개인적 슬픔을 초월한 시"에 대한 서술은 지문에서 전혀 언급되지 않는다. 자칫 어설픈 배경지식에 의존하면 잘못 고를 수 있는 선지에 해당한다.

08
정답 ①

분석 및 접근
'인격체'와 '비인격체'에 대해 저자가 정의한 개념의 외연을 정확히 파악해야 한다. '인격체'와 '비인격체'의 개념을 자신의 배경지식으로 이해하고 있으면 틀리기 쉬운 문제이다.

해설

글쓴이의 개념 획정
인격체: 인간, 유인원과 같은 동물
비인격체: 물고기와 같은 동물

① (X) 첫 번째 단락에 따르면, 자율적 판단 능력을 가지고 있는지 여부에 따라 인격체와 비인격체가 구분되는데, 동물이라도 유인원에 해당하는 경우는 자율적 판단 능력을 갖추고 있으므로 인격체로 분류된다. 따라서 자율성의 존재 여부가 인간과 동물을 구분하는 기준이 된다는 설명은 타당하지 않으며, 자율성의 존재 여부가 인격체와 비인격체를 구분하는 기준이 된다는 설명으로 수정되어야 타당한 선지가 된다.

② (O) 세 번째 단락에 따르면, "인격체는 비인격체에 비해 대단히 미래 지향적이다."라고 제시된다. 이를 인격체와 비인격체에 대한 개념 획정을 바탕으로 추론해 보면, "유인원과 같은 동물은 인간과 같은 미래 지향성을 갖지만, 물고기와 같은 동물은 인간에 비해 미래 지향성을 덜 갖는다."는 결론을 도출할 수 있다. 따라서 모든 동물이 인간과 같은 정도의 미래 지향성을 갖는 것이 아니라는 결론은 타당하다.

③ (O) 첫 번째 단락에서 글쓴이가 제기하는 질문은 "인격체를 죽이는 것이 비인격체를 죽이는 것보다 더 심각한 문제가 되는 이유는 무엇인가?"이며, 이 질문을 정당화하는 논증을 세 가지 이론을 바탕으로 답변하고 있다. 즉, 인격체의 죽음과 비인격체의 죽음이 동등한 가치를 지니지 않다는 것을 전제하고 논증을 전개하는 것이다.

④ (O) 첫 번째 단락에 따르면, "인간이나 유인원과 같은 동물은 자기의식을 지닌 합리적 존재"이므로 인격체로 분리된다고 서술되었으므로, 자기 존재에 대한 의식은 인격체와 비인격체를 구분하는 중요한 기준임이 추론 가능하다.

⑤ (O) 유인원과 같은 동물은 인간과 동일한 집합으로 분류되며, 이 집합에 속하는 모든 생명체를 동등한 인격체로 간주한다는 전제하에서 모든 논증이 전개되고 있다. 또한, 다섯 번째 단락에서 "인격체의 살생과 관련한 이러한 논변들은 인간뿐만 아니라 유인원과 같은 동물에게도 적용되어야 한다."라는 점이 글에서 분명하게 명시되어 있다.

09
정답 ④

분석 및 접근
제시된 세 가지 윤리 이론이 도출하게 되는 논리적 결론을 정확히 추론하고 있는지를 확인하는 문제이다.

해설

① (O) 세 번째 단락에 따르면, '선호 공리주의'는 어떤 행위에 의해 영향을 받는 선호들의 충족이나 좌절을 기준으로 행위에 대한 가치 평가를 내린다. 따라서 어떠한 선호를 가지지 않는 존재를 죽였다고 가정할 때, 애초에 그 존재는 선호가 존재하지 않았고, 선호가 좌절되지 않았을 뿐만 아니라 다른 존재에게 아무런 영향을 주지 않았다고 가정하였으므로, 다른 존재들의 선호가 좌절되지도 않았다. 따라서 이 경우는 그 누구의 선호도 좌절되지 않았으므로 '선호 공리주의'에 따르면 나쁘다고 비난될 수 없다.

② (O) 두 번째 단락에 따르면, 고전적 공리주의의 관점에서 '간접적 이유'를 근거로 살인 행위를 판단하는 것은 피살자가 아니라 다른 사람이 겪게 될 고통의 증가를 기준으로 살인 행위를 윤리적으로 판단하는 것이다. 따라서 아무도 모르게 고통을 주지 않고 살인을 하는 경우라면 '간접적 이유'를 근거로 한 고전적 공리주의로는 윤리적 비판이 불가능하다.

③ (O) 두 번째 단락에 따르면, 고전적 공리주의의 관점에서 '직접적 이유'를 근거로 살인 행위를 판단하는 것은 피살자가 겪게 될 고통의 증가만을 기준으로 살인 행위를 윤리적으로 판단하는 것이다. 따라서 아무런 고통을 느끼지 못하는 존재에 대한 살인 행위를 '직접적 이유'를 근거로 한 고전적 공리주의로는 윤리적 비판이 불가능하다.

④ (X) 네 번째 단락에 따르면, "공리주의는 자율성의 존중 그 자체를 독립적인 가치나 근본적인 도덕 원칙으로 받아들이지는 않지만, 자율성의 존중이 대체로 더 좋은 결과를 가져온다는 점에서 통상적으로 그것을 옹호할 가능성이 높다."고 서술되었으므로, 공리주의와 자율성론은 상반되는 입장이 아니라 동일한 입장을 취할 가능성이 더 높다.

⑤ (O) 자율성론은 죽음에 대한 자율적인 판단을 침해하였는지 여부만을 기준으로 살인에 대한 윤리적 판단을 전개하므로, 환자 본인이 죽기를 원하는 경우에 그 환자를 살인한 안락사의 경우는 피살자의 자율성을 침해한 것이 아니므로, 자율성론에 의거하여 안락사는 허용될 수 있다.

10
정답 ②

분석 및 접근
전형적인 **법학의 케이스 문제**에 해당하는 문제이기 때문에, 갑과 을의 행위에서 윤리적 판단의 기준이 되는 구성요건에 해당하는 부분을 정확히 찾는다면, 매우 깔끔하게 해결할 수 있는 문제이다.

해설

ㄱ. (X) 고전적 공리주의는 피살자의 고통 증가와 피살자로 인해 영향을 받는 사람들의 고통의 증가를 살인에 대한 윤리적 판단의 근거로 삼는다. 이에 비추어 볼 때, 갑의 살인 행위는 고릴라에게는 고통을 주지 않았지만, 다른 고릴라들의 고통을 증가시켰으므로 간접적 근거에 의거하여 나쁘다고 판단된다. 반면, 을의 행위는 피살된 물고기에게 고통을 주었으므로 직접적 근거에 의거하여 나쁘다고 판단될 가능성이 있다. 따라서 ㄱ 선지에서 '을의 행위는 나쁘지 않다고 본다.'는 부분에 의해, ㄱ 선지는 타당하지 않다. → **매력적 오답**
이에 대해, 물고기는 인격체가 아닌 비인격체이기 때문에 고전적 공리주의가 비인격체의 고통은 고려대상에 넣지 않는다고 자칫 잘못 전제하여 ㄱ 선지가 참이라고 판단하는 오류를 범할 가능성이 있다. 그러나 필자는 '인격체의 살상이 비인격체의 살상에 비해 더 나쁜 이유'에 대한 답변을 제기하기 위해 '고전적 공리주의'의 이론을 검토하면서, 비인격체의 죽음은 인격체에게 불안과 공포를 느끼게 하는 영향을 끼치지 않으므로, '고전적 공리주의'의 간접적 근거에 의거하여 인격체의 살상이 비인격체의 살상에 비해 더 나쁜 이유를 논증하고 있다. 즉, 고전적 공리주의가 비인격체의 고통 증가를 윤리적 판단의 고려 대상에서 배제한다는 내용은 지문에서 전혀 제시되지 않았으며, 주어진 내용에서 논리적으로 추론될 수도 없다.

ㄴ. (O) 세 번째 단락에 따르면, '선호 공리주의'는 선호의 충족이나 좌절을 기준으로 행위를 평가하는데, 살인 행위의 경우 미래의 삶을 계속 영위하고자 하는 선호가 존재하였는지 여부가 살인 행위의 정당성을 판단하는 기준이 된다. 〈보기〉에 따르면 갑이 살해한 고릴라는 미래에 대한 다양한 기대를 가지고 있었으나, 을이 살해한 물고기는 눈앞에 당장 놓인 먹이를 먹으려는 욕구만이 존재하였다. 따라서 갑은 미래의 삶을 계속 영위하고자 하는 선호를 가진 존재의 선호를 좌절시켰으므로 나쁘다고 판단되며, 을은 고릴라에 비해서 미래 지향성이 적은 물고기의 미래의 삶에 대한 짧은 선호를 좌절시켰으므로, 갑에 비하여 덜 나쁜 행위를 저지른 것이다. 삶에 대한 미래 지향성을 좌절시킨 정도에 따라 계량적으로 윤리적 판단이 이루어지므로 갑의 행위가 을의 행위에 비해 더 나쁘다는 결론이 도출되는 것이다.

ㄷ. (X) 첫 번째 단락에 따르면, 자율성을 지니고 있는지 여부는 인격체와 비인격체를 분류하는 기준이 된다. 이러한 분류 기준에 따르면 고릴라는 인격체이므로 자율성을 지니고, 물고기는 비인격체이므로 자율성이 없다. 자율성론에 따르면, 행위의 도덕성은 존재의 자율성을 침해하였는지 여부에 의해서만 결정된다. 따라서 자율성을 지닌 존재인 고릴라를 죽인 갑의 행위는 나쁘지만, 자율성이 결여된 존재인 물고기를 죽인 을의 행위는 나쁘지 않다.

따라서 ㄴ을 선지로 제시하는 ②가 타당하다.

11 정답 ①

분석 및 접근
전형적인 **법학의 케이스 문제**에 해당하는 문제이기 때문에, 전체 제시문을 독해 완료하고 A와 B에 대한 판결을 내린 후 문제를 풀어야 한다.

해설

① (O) 네 번째 단락에서 '위난'에 대한 정확한 정의가 소개된다. "선원 A와 선원 B가 동시에 널판을 잡은 행위는 저마다의 생명을 생각할 때 불가피한 일이었다. 이 상황은 선원 A의 입장에서 급박한 위난"이라고 서술되므로, 선원 B의 입장에서도 급박한 위난에 해당됨을 추론할 수 있다. 따라서 선원 A가 선원 B를 밀쳐낸 것도 급박한 위난에서 벗어나기 위함이었고, 선원 B가 널판을 잡은 것도 급박한 위난에서 벗어나기 위함이었으므로 ①은 타당하다.

② (X) 다섯 번째 단락에 따르면, 유책한 행위, 즉 행위자에게 법적인 책임을 물을 수 있는 행위여야 범죄에 해당한다. 그런데 법적인 책임의 정의에 따르면, 다른 적법한 행위를 할 수 있는 가능성이 존재하였을 때만이 유책하다고 판단된다. 그런데 널판은 1인만이 탈 수 있었고, 널판을 혼자 타기 위하여 상대를 밀어내지 않는 것 이외에는, 바다에서 빠져 죽는 것밖에 선택지가 없었으므로 그 이외의 선택지가 존재하지 않는 상황이라고 해석된다. 따라서 다른 적법한 행위를 할 수 있는 가능성이 존재하지 않았으므로 법적인 책임을 물을 수가 없으며, 따라서 B가 A를 밀어 빠져 죽게 한 행위 역시 마찬가지로 위법하지 않다. 이는 여섯 번째 단락에서 A의 행위에 대해서 "법적인 비난을 하기 어렵다고 보는 것이 일반적이다."라는 판정을 통해서도 유추 가능하다.

③ (X) B를 밀어낸 A의 행위는 그 구체적인 사실이 다른 사람을 살해한 행위이므로 사람을 살해하였다는 구성요건에 해당한다. B의 행위는 해당하지 않는다.

④ (X) 다섯 번째 단락에 따르면, B에 대한 A의 행위는 윤리적으로는 비판 가능하지만 법적인 비판이 가해지기는 어렵다고 서술되어 있다. 따라서 A의 행위는 윤리적으로 타당하지는 않아도, 형법상 비난받지 않는다고 서술되어야 타당하다.

⑤ (X) 여섯 번째 단락에 따르면, A가 B를 살리는 선택을 하였다면 필연적으로 자신의 목숨을 희생하는 방법밖에 없었고 이는 자신의 목숨을 희생하는 숭고한 선행이라고 서술되었으므로, A가 B를 살리는 선택을 하였다면 그것은 윤리적으로 드높은 덕행에 해당한다.

12 정답 ④

분석 및 접근
정당방위와 **긴급피난**의 개념을 정확히 이해하였느냐에 대한 확인 문제에 해당한다.
- **정당방위**: 현재의 위법한 침해로부터 자신의 법익을 방위하기 위한 상당한 이유가 있는 행동
- **긴급피난**: 현재의 위난을 피하기 위하여 자신의 법익에 대하여 상당한 이유가 있는 행동

해설

① (O) A의 행위가 정당방위라고 주장하는 입장에서는 A에 대한 B의 행위가 위법한 침해에 해당하여야 하므로 ①은 타당하다.

② (O) A의 행위가 정당방위라고 주장하는 입장에서는 B가 널판을 잡은 것에 대한 A의 행위는 자신에게 닥친 침해로부터 자신의 법익을 방위하기 위한 행위에 해당하므로 ②는 타당하다.

③ (O) 위법한 침해에 대응한 행위라는 조건은 '정당방위'가 성립하기 위한 요건이지 '긴급피난'이 성립하기 위한 조건이 아니므로, A의 행위가 '긴급피난'에 해당한다고 보는 입장에서는 B의 행위가 위법한 침해라는 주장이 필요하지 않다.

④ (X) 두 번째 단락에 따르면, '(1) 구성요건에 해당하고, (2) 위법하며, (3) 유책한 행위'라는 세 가지 요소 중에 하나라도 결격되면 범죄에 해당하지 않는다. 또한, 세 번째 단락에 따르면 '정당방위' 혹은 '긴급피난'에 해당하는 경우에는 (2) 위법성이 인정되지 않으므로, (1)과 (3)의 요건을 추가적으로 검토할 필요가 없이 범죄에 해당하지 않음이 즉시 판정된다. 따라서 A의 행위가 '긴급피난'에 해당한다고 보는 입장에서는 굳이 '(3) 유책한 행위'라는 조건을 추가적으로 따질 필요가 없이, '긴급피난'에 해당한다는 전제만으로 이미 A의 행위는 범죄 행위가 아니라는 결론이 도출된다고 간주할 것이다.

⑤ (O) '정당방위'와 '긴급피난'은 공통적으로 상당한 이유가 있는 행위가 이루어졌다고 간주하므로 ⑤는 타당하다.

13   정답 ③

분석 및 접근
판결이 이루어지는 **알고리즘**을 그려보면 명확하게 판단할 수 있는 문제이다. 범죄가 성립되는 요건과 과정을 알고리즘으로 그리면 다음과 같다.

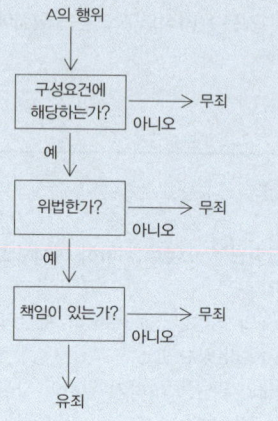

해설

① (X) A의 행위는 B의 죽음을 초래하였다는 점에서 사람을 살해하였다는 구성요건에 해당한다. 따라서 범죄가 성립하기 위한 나머지 조건인 (2) 위법성, (3) 유책성이 추가적으로 검토되어야 한다.

② (X) 여섯 번째 단락에 따르면, A가 자신의 목숨을 희생하는 쪽을 선택하는 것 이외에는 선택지가 없었으므로 A의 행위에 대해서 법적인 비난을 하기는 어렵다고 보고 있다. 따라서 지문의 판단을 존중하여, A는 법적 비난 가능성이 없으며, 형법상 책임도 없다.

③ (O) 범죄가 성립하려면 **(1) 구성요건, (2) 위법성 (3) 유책성**의 세 가지 요소가 모두 충족되어야 한다. 이 과정에서 한 가지 요소라도 충족되지 않으면 그 즉시 범죄가 성립하지 않는다. 이때 ③의 서술에서 "자신의 생명에 대한 위난을 피하기 위해 **남의 생명을 침해한 행위(구성요건)**가 **위법하다(위법성)**고 인정되기 때문"이라는 내용은 (1)과 (2)의 요건이 인정되었기 때문이라는 의미와 같다. 따라서 (1)과 (2)의 요건이 인정되었기 때문에 (3)의 요건을 따져보아야 할 필요성이 발생한 것이다. 만약, (1)과 (2) 중에 어느 하나의 요건이라도 인정되지 않았다면 A의 책임 유무를 따질 필요가 없다.

④ (X) 다섯 번째 단락에 따르면, A의 행위는 정당방위의 요건을 충족하지 못하므로 정당방위가 인정되지 않는다. 정당방위의 개념적 정의에는 유책성 여부가 포함되어 있지 않으므로, A의 행위에 대해서 정당방위를 따지지 않고 책임의 문제를 검토하는 것은 A에 대한 B의 행위가 위법한 침해였어야 하는 정당방위의 요건이 충족되지 않기 때문이지, 정당방위가 유책하지 않은 행위에 대해서는 성립할 수 없기 때문이 아니다.

⑤ (X) 여섯 번째 단락에 따르면, 법적인 개념으로서의 책임은 행위자에 대한 윤리적 비난 가능성을 검토하는 것이 아니라 법적 비난 가능성을 검토하는 것이다.

스킬 4 | 다중 분할

정답
p.56

01	02	03	04	05
①	④	①	③	⑤
06	07	08	09	10
④	①	④	④	①
11	12			
②	③			

01
정답 ①

분석 및 접근
기본적인 사실 확인 문제에 해당한다.

해설
① (X) 첫 번째 단락에서 철학적 글쓰기의 방식에서 양식의 선택에 따라 주장의 타당성을 엄밀히 논증하는 데 용이한 조건이 좌우된다고 주장되었으나, 양식의 선택이 주장의 타당성을 전적으로 결정한다고 주장되지는 않았다.
② (O) 두 번째 단락에서 주장의 정당화 방식을 "문제의 주제를 전면에 내세워 다루는 방식", "주제에 대한 자신의 내면적 사유의 흐름을 기술하는 방식", "문제를 둘러싼 여러 주장들을 직접 대결시켜 보는 방식" 중 어느 것을 택할 것이냐에 따라 철학 텍스트의 양식이 선택된다고 서술되었다.
③ (O) 네 번째 단락에서 "저자의 주장이 설득력을 지니려면 예상되는 반론들을 견뎌야 하는데"라는 부분을 통해 확인된다.
④ (O) 첫 번째 단락에서 "(철학 텍스트가) 어떤 양식으로 작성되는가 하는 것은 단순한 사적 취향의 문제에 그치는 것이 아니라"라는 부분을 통해 확인된다.
⑤ (O) 첫 번째 단락에서 "(철학적 글쓰기는) 현상에 대한 실증적 자료를 통해 그 타당성이 판정되는 경험과학과는 달리"라는 부분을 통해 확인된다.

02
정답 ④

분석 및 접근
철학적 텍스트의 양식을 세 가지로 분할하여 개별적으로 서술하는 방식으로 지문이 전개되고 있으므로, 각각의 특성을 정확히 확인하면서 독해해야 한다.

해설
ㄱ. (O) 두 번째 단락에서 "하나의 범주에 속하는 주제는 다른 범주에 속하는 글쓰기 양식으로도 기술될 수 있다."라고 서술되었으므로, ⓐ와 ⓑ도 '간주관성'을 주제로 다룰 수 있을 것이라고 추론 가능하다.

ㄴ. (X) 세 번째 단락에서 "객관성의 장르에서는 (중략) 저자 개인이 텍스트에 직접 등장하지는 않는다."라고 서술되었으므로 ⓐ에서 저자를 '나'로 전면에 내세울 수 있다는 주장은 타당하지 않다.

ㄷ. (O) 세 번째 단락에서 "주관성의 장르에서는 저자 개인 또한 주제와 관련된 그의 사유의 전개 과정이 직접적으로 드러난다."라는 부분을 통해 ⓑ에서 저자의 개성이 드러난다는 점이 확인된다. 또한 세 번째 단락에서 "(간주관성의 장르에서는) 저자 개인뿐 아니라 타인 또한 명시적 발화 주체로 등장"한다는 부분을 통해 ⓒ에서도 저자의 개성이 드러날 수 있다는 점이 확인된다.

03
정답 ①

분석 및 접근
〈보기〉에 제시된 사례는 간주관성의 장르 양식으로 서술된 철학 텍스트이다. 간주관성의 장르에 대한 회슬레의 시각이 글의 후반부에 집중적으로 제시되고 있으므로, 이를 적용하면 쉽게 해결할 수 있다.

해설
① (O) 첫 번째 단락에 따르면, 철학 텍스트의 양식적 장르 선택은 철학 텍스트의 본래적 목적인 논증의 정당화에 얼마나 기여하느냐에 따라 이루어져야 한다. 만약 〈보기〉에서 철학과 학생이 논증의 정당화에 가장 기여하는 양식으로 대화편이라는 간주관성의 장르를 택한 것이라면, 충분히 용인될 수 있을 것이다. → **절대적 정답**
② (X) 회슬레는 철학적 글쓰기의 양식으로서 간주관성의 장르를 긍정적으로 바라보고 있다.
③ (X) 주어진 선지는 〈보기〉에서 제시되지 않은 상황을 무리하게 전제한 것이므로, 지문에서 제시된 회슬레의 시각과 무관하다.
④, ⑤ (X) 철학적 글쓰기에서 양식은 상상력의 무제한적 실험을 위해 선택되어야 하는 것이 아니다. 또한 주장들의 대결 구도가 박진감 있게 드러나게 하기 위해서 선택되어야 하는 것이 아니라, 논증의 엄밀한 정당화에 기여하기 위해 선택되어야 한다.

04
정답 ③

분석 및 접근
속박을 '소극적 속박'과 '적극적 속박'으로 개념 분할한 뒤, 이를 근거로 자유를 '소극적 자유'와 '적극적 자유'로 개념 분할하고 있는 지문의 논증 과정을 엄밀하게 이해하여야 해결할 수 있는 문제이다.

해설
① (X) 주어진 선지가 타당하다면, '적극적 자유가 주어진 사람은 소극적 자유도 주어진 것'이라는 명제가 타당해야 한다. 이는 적극적 자유가 소극적 자유를 내포하고 있다는 의미이므로, 적극적 자유를 소극적 자유와 배타적으로 분할하고 있는 지문의 논지와 논리적으로 대립된다.

② (X) 네 번째 단락에서 '소극적 자유'는 "소정의 행위를 할 수 있는 어떤 조건의 현존"으로 정의된다. 동시에 "(소정의 행위를 할 수 있는 어떤) 조건이 없다고 해서, 그것이 다 소극적 속박인 것은 아니다."라고 제시되었다. 즉, '소극적 자유의 조건 부재는 소극적 속박이다.'라는 명제는 타당하지 않다는 것이다. 위 명제의 대우 명제는 '소극적 속박이 없다면, 소극적 자유의 조건이 현존하는 것이다.'일 것이고, 마찬가지로 이러한 대우 명제 또한 타당하지 않다는 결론이 도출된다. 따라서 소극적 속박으로부터 자유가 항상 소극적 자유인 것은 아니다. → 매력적 오답
③ (O) 소극적 자유만을 속박의 부재로 설명하는 기존의 통념과 달리, 소극적 자유와 적극적 자유를 모두 속박의 부재로 설명할 수 있다는 것이 지문의 글쓴이가 전개하는 논지의 핵심이다.
④ (X) 마지막 단락에서 "속박이 없다면 자유로운 것이고, 자유가 있다면 속박이 없는 것이다."라는 부분을 통해 확인할 수 있다.
⑤ (X) 네 번째 단락에서 "(소극적 자유의) 조건의 현존이 어떤 사람에게 외적일 때에는 기회라 하고 내적일 때에는 능력이라고 한다."라고 서술되었으므로, 기회와 능력은 모두 소극적 자유의 범주에 포함된다.

05   정답 ⑤

분석 및 접근
속박의 개념을 네 가지 범주로 분할한 논리를 정확히 이해하고 있는지를 확인하는 문제이다.

해설
① (X) 나의 심신 **내부에** 고소 공포증이 **있어서** 내가 원하는 것을 하는 데에 장애가 되는 경우이므로, '**내적인 적극적 속박**'에 해당한다.
② (X) 나의 심신 **외부에** 돈이 **없어서** 내가 원하는 것을 하는 데에 장애가 되는 경우이므로 '**외적인 소극적 속박**'에 해당한다.
③ (X) 나의 심신 **내부에** 두통이 **있어서** 내가 원하는 것을 하는 데에 장애가 되는 경우이므로, '**내적인 적극적 속박**'에 해당한다.
④ (X) 나의 심신 **외부에** 부모님의 방해가 **있어서** 내가 원하는 것을 하는 데에 장애가 되는 경우이므로, '**외적인 적극적 속박**'에 해당한다.
⑤ (O) 나의 심신 **내부에** 스키를 탈 능력이 **없어서** 내가 원하는 것을 하는 데에 장애가 되는 경우이므로, '**내적인 소극적 속박**'에 해당한다.
→ 절대적 정답

06   정답 ④

분석 및 접근
속박의 **개념 획정** 과정에서 **배제**되는 구성 요건이 무엇인지를 확인하였다면 어렵지 않게 해결할 수 있는 문제이다.

해설
〈보기〉는 지문의 다섯 번째 단락에서 "자연의 법칙이나 신체적 구조로 말미암아 실현이 불가능한 비현실적인 욕구와 관련된 부재는 속박으로 볼 수 없다."에 대응되는 사례이다.
① (O) 〈보기〉는 속박이 부재된 상황이 아니므로 자유롭지 못한 상황이 아니다. 따라서 〈보기〉에 제시된 무능력은 자유롭지 못해서 생기는 무능력이 아니라 자연적인 무능력에 해당한다.

②, ③ (O) 〈보기〉에서 독수리처럼 날고자 하고, 고래처럼 헤엄치는 것을 원한다 하더라도, 이러한 욕구가 실현되지 못하는 것이 자유가 없기 때문이 아니라고 제시되었다. 즉 〈보기〉를 통해서 자유의 개념을 정의하는 데 있어서, '욕구'는 실현 가능한 욕구여야 한다는 요건이 요구된다는 점을 추론할 수 있다. 또한 실현 불가능한 욕구가 좌절된다고 해서 속박이 존재한다는 결론이 도출되지 않는다는 점 역시 추론할 수 있다.
④ (X) 〈보기〉를 통해 인간이 할 수 있는 것의 자연적인 범위를 넘어서는 욕구가 실현되는 것이 자유로운 것을 의미하지는 않는다는 점을 추론할 수 있다.
⑤ (O) 인간이 할 수 없는 것을 원한다고 할 때, 그 원하는 욕구가 실현되지 않는다고 해서 자유롭지 않다고 말할 수 없다.

07   정답 ①

분석 및 접근
플라톤은 인식을 '상상', '확신', '추론적 사고', '직관'의 네 단계로 개념 분할을 하여 설명을 하고 있다. 분할된 네 개념에 대응되는 사례를 찾아 고르는 문제이다.

해설
ㄱ. (O) 플라톤은 '눈에 보이는 부류'에서 '영상'과 '영상이 닮고 있는 실제의 것'에 대한 인식을 각각 '상상'과 '확신'에 대응시키고 있다. '호수에 비친 달'은 '영상'에 해당하므로, '호수에 비친 달'은 '상상'의 대상이다.
ㄴ. (O) 플라톤은 '눈에 보이는 부류'에서 '영상'과 '영상이 닮고 있는 실제의 것'에 대한 인식을 각각 '상상'과 '확신'에 대응시키고 있다. '내가 앉아 있는 의자'는 '영상이 닮고 있는 실제의 것'에 해당하므로, '호수에 비친 달'은 '확신'의 대상이다.
ㄷ. (X) 플라톤에게 '실제의 것'은 '우리 주변의 동물과 식물 그리고 인공 일체의 것'을 의미하며, 이러한 '실제의 것'에 대한 인식은 '확신'이다. '열매 속의 씨앗'은 '실제의 것'에 해당하므로 '추론적 사고'가 아니라 '확신'의 대상이다.
ㄹ. (X) 플라톤에 따르면, 도형을 이용하는 논의는 '지성에 의해 알 수 있는 것'의 부류에 속하기는 하지만 이때 혼은 원리로는 나아가지 못하므로 '직관'을 인식으로 사용하는 것이 아니라 '추론적 사고'를 인식으로 사용하는 것이다. '칠판에 그려진 직선'은 도형을 이용한 논의에 해당하므로 '직관'이 아닌 '추론적 사고'의 대상이다.

08   정답 ④

분석 및 접근
플라톤이 개념을 다중 분할하는 방식으로 제시한 인식론을 이해하고, 이를 바탕으로 추론할 수 있는 내용을 묻는 문제이다.

해설
① (O) 선분을 '눈에 보이는 부류'와 '지성에 의해 알 수 있는 부류'로 나누며, 이 기준은 명확성과 불명확성의 정도 혹은 진리에 관여하는 정도에 따른 분류라고 제시된 부분을 통해 추론할 수 있다.

② (O) 네 가지 인식의 단계는 각각 진리에 관여되는 정도가 높은 순에서 낮은 순으로 배열되어 있으므로, 이는 진리라는 가치에 대한 위계적 분류임을 추론할 수 있다.
③ (O) '상상'은 '영상'에 대응되며, '확신'은 '실제의 것'에 대응되며, '추론적 사고'는 '지성에 의해 알 수 있는 것 중 원리로는 나아가지 못하는 것'을, '직관'은 '모든 것의 원리'에 일대일 대응 관계에 있다.
④ (X) "기하학이나 산술에 종사하는 사람들은 눈에 보이는 도형을 이용하여 논의를 하지만"이라고 제시된 부분을 통해, 이들이 감각적인 것을 이용하면서 탐구한다는 점을 확인할 수 있다.
⑤ (O) 선분으로 비유되는 '인식의 세계'를 '눈에 보이는 부류'와 '지성에 의해 알 수 있는 부류'로 나눈 것과 동일한 비율로 나눈 것이 '의견의 대상'과 '인식의 대상'과의 관계라고 한 부분을 통해 추론할 수 있다.

09 정답 ④

분석 및 접근
플라톤의 인식론에서 가장 핵심적인 논지라고 할 수 있는, '지성에 의해 알 수 있는 부류'에 대한 추론을 묻는 문제이다.

해설
① (O) '지성에 의해 알 수 있는 부류'는 인식 능력이 관여하는 바에 따라 '추론적 사고'가 관여하는 대상과 '직관'이 관여하는 대상으로 나뉜다.
② (O) '추론적 사고'가 관여하는 부분은 이데아만을 이용하여 탐구하지 않으나, '직관'이 관여하는 부분은 이데아만을 이용하여 탐구한다.
③ (O) '추론적 사고'가 관여하는 부분은 변증술적 논변의 힘에 의해 파악되지 않는 영역인 반면에, '직관'이 관여하는 부분은 변증술적 논변의 힘에 의해 파악되는 부분이다.
④ (X) 눈에 보이는 도형을 탐구하느냐 혹은 이 도형이 닮아 보이는 사물을 탐구하느냐를 기준으로 나누는 것은 '지성에 의해 알 수 있는 부류'가 아니라 '눈에 보이는 부류'이다.
⑤ (O) '추론적 사고'가 관여하는 인식은 가정에서 출발하여 결론으로 나아가는 반면, '직관'이 관여하는 인식은 가정에서 출발하여 '무가정의 것'에 이르기까지 모든 것의 원리로 나아간다.

10 정답 ①

분석 및 접근
기본적인 사실을 확인하는 문제이다.

해설
① (X) 세 번째 단락에서 "결맞음 길이가 국소화 길이보다 길어야 국소화가 일어난다."고 제시되었으므로 ①은 적절하지 않은 설명이다.
② (O) 두 번째 단락에서 "각 경로들이 갖는 위상들은 부호(+/−)가 다른 무작위 값을 가지는데", "이는 (중략) 전자 파동이 멀리 진행할 수 없고 공간적으로 완전히 갇혀 국소화됨을 의미한다."라는 부분을 통해 확인된다.
③ (O) 세 번째 단락에서 "온도가 높아지면 전자들 사이의 상호 작용과 원자들의 요동이 커져 결맞음이 어긋나면서 결맞음 길이가 0으로 접근한다."라는 부분을 통해 전자들 사이의 상호 작용이 결맞음 길이에 영향을 준다는 점이 확인된다.
④ (O) 세 번째 단락에서 "비결정질이 1차원인 형태에서는 전자가 국소화되어 부도체가 되지만, 3차원에서는 조건에 따라 전자의 상태가 국소화되지 않아 도체가 될 수도 있다."는 부분을 통해 확인된다.
⑤ (O) 두 번째 단락에서 "이는 임의의 위치에서 출발한 전자를 다른 임의의 위치에서 발견할 확률이 0에 가까워진다는 뜻이므로, 전자 파동이 멀리 진행할 수 없고 공간적으로 완전히 갇혀 국소화됨을 의미한다."라는 부분을 통해 확인된다.

11 정답 ②

분석 및 접근
앤더슨 국소화, 약한 국소화, 동역학적 국소화의 세 가지 국소화의 공통점과 차이점을 파악하는 문제이다.

해설
① (X) 네 번째 단락에 따르면, 약한 국소화는 "파동이 폐곡선 경로에 약하게 갇혀 진행에 방해를 받는 현상"을 말하므로, 약한 국소화가 폐곡선 경로 때문에 생긴다는 설명은 타당하다. 그러나 동역학적 국소화는 혼돈계에서 발생하는 현상으로, 폐곡선 경로와는 관련이 없다.
② (O) 두 번째 단락에서 "앤더슨 국소화란 파동이 더 이상 진행하지 못하고 일정한 공간에 완전히 갇히는 현상"이라는 부분을 통해서 확인된다. 또한 마지막 단락에서 "파동은 혼돈계에서 확산되지 않고 완전히 갇혀 국소화된다."는 부분을 통해 동역학적 국소화도 파동이 완전히 갇히는 현상이라는 점이 확인된다.
③ (X) 두 번째 단락에 따르면, 앤더슨 국소화는 비결정질이 도체인지 부도체인지를 결정한다. 그러나 세 번째 단락에 "약한 국소화는 도체/부도체의 특성 자체를 결정하지 못하지만"을 통해서 약한 국소화는 도체인지 부도체인지를 결정하지 못한다는 점이 확인된다.
④ (X) 앤더슨 국소화는 파동이 일정한 공간에 완전히 갇히는 현상인 반면, 약한 국소화는 파동이 폐곡선 경로에 약하게 갇혀 진행에 방해를 받는 현상이라는 점에서 차이가 있다. 또한 앤더슨 국소화는 비결정질 고체 내에서 일어나고, 동역학적 국소화는 혼돈계에서 일어난다는 점에서 차이가 있다.
⑤ (X) 앤더슨 국소화는 고체를 이루는 원자 배열의 불규칙성 때문에 생기지만, 동역학적 국소화는 혼돈계의 특성 때문에 발생한다.

12 정답 ③

분석 및 접근
주어진 **계량적 인과 정보**를 연결하여, 지문에서 생략된 결론을 추론하는 **추론형 문제**이다.

해설
③ (O) 네 번째 단락에 따르면, 전자가 시계 방향과 반시계 방향 중 동일한 경로로 돌 때, 전자의 파동이 중첩되어 변위가 커지며, 변위가 커지면 전자의 이동이 방해될 가능성이 높아져 전기 저항이 커지게 된다. 반면에 자기장이 발생하면 파동의 위상에 변동이 생겨 전자의 이동 방향에 변화가 생기게 된다고 제시되었다. 이에 따라 전자의 파동이 중첩되지 않아 변위가 작아질 것이며, 이로 인해 전기 저항도 작아질 것이라는 점을 추론할 수 있다. 따라서 A는 '작아진다'이다.

세 번째 단락에 따르면, "온도가 높아지면 전자를 사이의 상호 작용과 원자들의 요동이 커져 결맞음이 어긋나면서 결맞음 길이가 0으로 접근한다." 또한 "결맞음 길이가 국소화 길이보다 길어야 국소화가 일어난다."고 제시되었다. 따라서 결맞음 길이가 작으면 작을수록, 국소화 길이보다 결맞음 길이가 길어질 가능성이 감소할 것이므로, 온도가 높아지면 앤더슨 국소화가 발생할 가능성이 줄어들 것이라는 점이 추론된다. 따라서 앤더슨 국소화가 사라지도록 하려면 온도를 높여야 한다는 점을 추론할 수 있다. 따라서 B는 '높인다'이다.
→ **절대적 정답**

스킬 5 | 숨은 전제 찾기

정답
p.68

01	02	03	04	05
④	②	③	①	④
06	07	08	09	10
⑤	②	②	①	②
11	12			
①	⑤			

01
정답 ④

분석 및 접근
기본적인 사실 확인 문제에 해당하며, 서구 근대법과 자본주의 사이의 인과 관계에 대한 베버의 이론을 이해하여야 명확히 해결할 수 있다.

해설
① (X) 베버의 이론은 논리적이고 추상적이며 체계적인 서구 근대법의 등장이 자본주의의 발전을 추동했다는 것이다. 그런데 영국의 불문법은 이러한 서구 근대법의 특징을 결여하고 있으므로, 베버는 영국에서 나타난 자본주의의 발전은 "법의 체계화뿐만 아니라 다른 방식에 의해서도 실현"된 것이라고 부연하였다. 즉, 베버에 따르면 영국의 자본주의 발전은 영국 불문법 체계에서 비롯한 것이 아니다.
② (X) 두 번째 단락에서 "근대 자본주의 기업은 계산 가능성을 전제로 하며, 마치 기계의 작동처럼 확정적이고 일반적인 규범에 의하여 그 작용을 **합리적으로 예측할 수 있는 법 체계**와 행정 체계를 요구한다."라고 서술되었다. 이는 구체적이고 경험적인 정의에 입각한 불문법의 법 체계와 상반되는 특징에 해당한다.
③ (X) 두 번째 단락에서 "베버는 특히 관료제에 주목하면서, 관료제는 **그 내적인 필요성**에서 행정의 합리적 수단을 창출하게 되고, 그 결과로 새로운 법이 요구된다고 지적하였다."라는 부분을 통해 행정 관료가 서구 근대법을 필요로 한 것은 자본가의 이익에 봉사하기 위해서였다고 단언할 수 없다는 점을 확인할 수 있다.
④ (O) 네 번째 단락에서 "(서구 근대법 하에서) 법인(法人)과 같은 법 개념의 도입으로 개인의 책임의 한계가 명확히 규정되어 개인의 경제 활동 영역을 크게 확장할 수 있도록 해 주었다."라는 부분을 통해 확인할 수 있다.
⑤ (X) 네 번째 단락에서 "(서구 근대법 하에서) 계약 당사자 간에 존재하는 권리·의무 관계가 근대법에 구체적으로 규정되어 권리의 실현이 확실히 보장된다"라는 부분을 통해 확인할 수 있다.

02
정답 ②

분석 및 접근
베버가 설명하는 서구 근대법의 특징인 합리성이란 계산 가능성, 예측 가능성을 의미한다.

해설
① (O) "합리적으로 예측할 수 있는 법 체계"는 베버가 지적한 서구 근대법의 특징이다.
② (X) 세 번째 단락에서 "(서구 근대법에서) 법 이론은 종교적·윤리적 이해 관계자들의 요구 사항에서 점차 벗어나 독자적인 논리 체계로 구성되었다."라는 부분을 통해 윤리 규범에 따른 추론 체계로부터 서구 근대법이 벗어났다는 점을 확인할 수 있다. → **절대적 정답**
③ (O) 논리적 추상성에 의존하는 점은 영국의 경험적 불문법과 대비되는 서구 근대법의 특징이다.
④ (O) 세 번째 단락에서 "서구 근대법의 발달을 촉진한 것은 **로마법의 전통**에 입각하여 유럽 대륙에서 수행된 근대적 법학 교육이었다."라는 부분을 통해 확인할 수 있다.
⑤ (O) 세 번째 단락에서 "근대적 법학 교육에서 사용되는 법 개념들은 **성문화**되어 있는 일반 규칙에 대한 엄격히 형식적인 의미 해석을 통해 형성"되었다는 서술을 통해 확인할 수 있다.

03
정답 ③

분석 및 접근
베버가 '영국 문제'가 제기하는 논리적 맹점을 어떠한 방식으로 해결하였는지를 이해하였다면, 쉽게 해결할 수 있는 문제이다.

해설
① (X) 경쟁하는 두 방법을 절충하는 이론적 해결 방식은 베버가 '영국 문제'를 해결한 방식과 무관하다.
②, ④ (X) 주어진 선지는 초기에 제시된 주장이 후대에 제시된 이론에 의해 보완적으로 설명된 경우에 해당하며, 이는 베버가 '영국 문제'를 해결한 방식과 무관하다.
③ (O) 유전자에 의해 형질이 결정될 것이라는 전제와 달리, 다른 환경 요인도 형질에 영향을 준다는 점이 확인되자, 유전자와 환경이 모두 형질에 영향을 결정하는 요인이 될 수 있다는 입장을 취하고 있다. 이는 베버가, 서구적 근대법의 유무가 자본주의의 발전을 결정할 것이라는 자신의 이론적 전제와 달리, 서구적 근대법이 없이도 자본주의가 발전하였던 영국의 사례가 확인되자, 법의 체계화 이외의 요소도 자본주의의 발전을 결정하는 요인이 될 수 있다는 입장을 취한 것과 유사하다. → **절대적 정답**
⑤ (X) 불확정성의 원리가 초기에 제시된 것과 다르게 해석되지만, 여전히 그 부분적 타당성이 인정되고 있는 사례이며, 이는 베버가 '영국 문제'를 해결한 방식과 무관하다.

04
정답 ①

분석 및 접근
기본적인 사실 확인 문제입니다. **주장-반박-재반박**으로 구성된 글의 논리적 구조를 파악하고 있어야, 선지에 해당하는 정보의 위치를 지문에 빠르게 찾아 문제를 효율적으로 해결할 수 있다.

해설
① (X) 마지막 단락에서 "진정한 자아실현은 무엇인가 하는 문제는 단지 개인의 결단에만 맡겨서는 안 되며, 개인이 속한 사회의 삶의 지평이 되는 상위선을 고려하여 다루어야 한다."라고 서술되고 있으므로, 지문에서 참된 자아실현의 문제는 상위선과 독립적이지 않다고 여긴다고 볼 수 있다.
② (O) 첫 번째 단락에서 "상위선은 우리 자신의 욕구나 성향, 선택에 의해 형성되는 것이 아니라 그것들로부터 독립적으로 주어지며"라는 부분에서 확인된다.
③ (O) 네 번째 단락에서 "마찬가지로 절차주의적 도덕 이론도 이성적 주체의 자율성 같은 상위선을 배경으로 형성된 것이다."라는 부분에서 확인된다.
④ (O) 첫 번째 단락에서 "상위선은 도덕적 판단들의 근거가 되는 도덕적 원천인 것이다."라는 부분에서 확인된다.
⑤ (O) 세 번째 단락에서 "이러한 근대의 도덕 철학(의무론이나 절차주의적 도덕 이론)은 도덕성 개념을 협소화하여 옳음의 문제나 절차적 문제에만 자신의 과제를 제한함으로써, 도덕적 신념의 배경이 되고 있는 상위선을 포착할 수 없게 만들었다."라는 부분에서 확인된다.

05
정답 ④

분석 및 접근
상위선의 존재를 전제하고 있는 도덕 철학과 그렇지 않은 도덕 철학을 구분하는 문제로, 글쓴이가 비판한 대상과 지지한 대상이 무엇이었는지를 이해하면 어렵지 않게 해결할 수 있다.

해설
ㄱ. (O) 두 번째 단락에서 "상위선은 (중략) 사회나 문화에 따라 다를 수 있다."고 제시되었으며, 각 사회의 상위선이 무엇인지를 규명하는 것이 도덕 철학의 올바른 과제가 될 수 있다는 입장을 글쓴이는 밝히고 있다. ㄱ은 **'폴리스'**라는 특정 사회문화적 공동체에서 도덕적 상위선으로서 **덕이 있는 삶**이 무엇인지를 규명하는 도덕 철학에 해당하므로, 글쓴이가 제시하는 도덕 철학의 과제를 수행하는 예에 해당한다고 볼 수 있다.
ㄴ. (X) 글쓴이에 따르면 상위선이란 사회나 문화에 따라 개별적인 것이며, 시대를 초월하는 보편타당한 것이 아니다. ㄴ에서 제시된 것처럼 시대를 초월하는 보편타당한 도덕규범을 탐구하는 도덕 철학은 오히려 글쓴이가 지문에서 비판하는 근대의 도덕 철학에 해당한다.
ㄷ. (O) 두 번째 단락에서 글쓴이는 "도덕 철학의 주요 과제들 중의 하나는 도덕적 판단들의 배후에 있는 가치, 즉 상위선을 탐구하여 밝히는 것이다."라고 간주하고 있으므로 ㄷ은 글쓴이가 제시하는 도덕 철학의 과제를 수행하는 예에 해당한다.

06
정답 ⑤

분석 및 접근
논증형 지문에서 자주 출제되는 **'예상되는 재반박 구성 문제'**에 해당한다. 글쓴이 주장의 논리적 전개를 파악하고, 그에 대한 재반박을 글쓴이가 제시한 주장의 입장에 제한하여 구성할 수 있어야 한다.

해설
① (X) 다섯 번째 단락에서 "삶의 의미와 같은 중요한 문제를 다루기를 포기하는 (근대 도덕 철학의)이러한 태도는 도덕 철학의 전통에서 지나치게 후퇴한 것이다."라는 부분을 통해, 글쓴이가 주장하는 도덕 철학은 도덕적 문제의 의미를 포괄적으로 다룸으로써 도덕 철학의 전통을 계승하고 있다는 점을 확인할 수 있다. ①이 제기하는 비판은 오히려 지문에서 비판하는 근대 도덕 철학에 대한 비판에 해당하는 내용이다.
②, ④ (X) 다섯 번째 단락에서 글쓴이는 상위선에 기반한 도덕 철학의 장점으로 '좋은 삶의 의미'를 구체적으로 제시할 수 있다고 주장한다. 또한 같은 단락에서 상위선에 기반하지 않는 근대 도덕 철학의 단점을 "삶의 의미와 같은 중요한 문제를 다루기를 포기하는 이러한 태도는 도덕 철학의 전통에서 지나치게 후퇴한 것"이라고 지적한다. 따라서 ②와 ④가 제기하는 비판은 상위선에 기반한 도덕 철학에 대한 비판이기보다는, 상위선에 기반하지 않는 근대 도덕 철학에 대한 비판에 적합하다.
③ (X) 두 번째 단락에서 글쓴이는 "상위선은 역사적으로 형성되어 자리 잡은 것"으로 간주하고 있으므로, 주어진 선지에서 "역사적 맥락 속에서 파악하지 못할 수 있다."라는 비판은 글쓴이의 주장에 대한 비판으로 적합하지 않다.
⑤ (O) 지문에 따르면 상위선이란 그 공동체의 사회문화적 요인에 따라 공동체에 한하여 집단적으로 규정되는 것이라고 여겨진다. 이처럼 집단적으로 규정된 상위선이 최고의 가치 평가 기준이 된다면, 한 사회 내에서 여러 가치관이 상충하는 것에 대해 부정적인 태도를 취할 수 있다. 따라서 ⑤가 제기하는 비판은 글쓴이가 제기하는 도덕 철학이 야기할 수 있는 부정적인 상황을 제시하였다는 점에서 글쓴이의 주장을 적절하게 비판하는 선지에 해당한다.

07
정답 ②

분석 및 접근
지문에서 정의되고 있는 철학적 개념의 명확한 정의를 바탕으로 해결해야 하는 고난도의 사실 확인 문제에 해당한다.

해설
① (X) 외적 자연과 내적 자연은 모두 "도구적 이성으로 무장한 자아"가 억압하는 대상에 해당한다.
② (O) 외적 자연은 인간적 자연과 비인간적 자연으로 나뉘며, 타인은 외적 자연인 동시에 인간적 자연에 해당한다.
③ (X) "도구적 이성으로 무장한 자아"가 내적 자연을 억압함으로써 기계적으로 살아가게 되는 것이지, 자아가 없는 내적 자연으로서 기계적으로 살아가는 것이 아니다.
④ (X) 근대적 이성에 의한 지배가 공고화되었다고 해서 자연에 대한 개념적 정의의 범주가 변화한 것은 아니다.

⑤ (X) 외적 자연도 내적 자연과 마찬가지로 이성에 의해 억압받는 대상에 해당한다.

08 정답 ②

분석 및 접근
인간에 의한 자연 지배가 인간에 의한 인간 지배로 진행한다는 호르크하이머의 주장을 이해하였는지 확인하는 문제다.

해설
① (O) 인간에 의한 자연 지배는 인간에 의한 내적 자연 지배라는 점에서는 자아 스스로에 대한 지배이고, 인간에 의한 (인간적) 외적 자연 지배라는 점에서는 타인에 대한 지배에 해당한다. 따라서 인간에 의한 자연 지배는 인간에 의한 인간 지배의 또 다른 형태라고 볼 수 있다.
② (X) 네 번째 단락에서 "인간의 내적 자연을 억압하면 할수록 사람들은 억압의 주체인 이성과 자아에 대한 '원한 감정'을 더 키워 간다."라고 서술된 부분에서, 스스로의 내적 자연을 억압하는 과정에서 자연적 욕망을 강하게 억제하는 데 성공한 사람은 원한 감정에 사로잡히게 된다는 것을 확인할 수 있다.
③ (O) 마지막 단락에서 "도구적 이성의 전면화에 대항하는 자연적 인간들의 야만적 폭동은 표면적으로는 이성을 비하하고 자연을 순수한 생명력으로 추앙했지만"이라는 부분을 통해 확인된다.
④ (O) 마지막 단락에서 "호르크하이머는 반이성적 자연 폭동은 도구적 이성의 지배를 극복할 수 없다고 본다."라는 부분을 통해 확인된다.
⑤ (O) 두 번째 단락에서 "내적 자연을 철저하게 억압함으로써 성공한 사람이 이제는 그렇지 못한 사람을 지배한다."라는 부분을 통해 내적 자연에 통제에 실패한 사람들은 내적 자연을 성공적으로 억압한 타인, 즉 인간적 외적 자연에 의해 억압받게 된다는 점을 확인할 수 있다.

09 정답 ①

분석 및 접근
지문의 마지막 단락에 제시되어 있는 호르크하이머의 최종적인 주장에 대한 적절한 비판을 찾는 문제다. 호르크하이머의 논지를 독해하는 과정에서 숨은 전제 찾기를 수행하였다면 어렵지 않게 해결할 수 있는 문제에 해당한다.

해설
① (O) 첫 번째 단락에서 호르크하이머는 "이 과정(인간의 자연 지배 과정)에서 이성 자체가 도구화됨으로써 구체적이고 인격적인 자기는 사라지고 오직 비판 능력 없는 추상적 자아만 보존된다."라고 전제한 뒤에 본인의 논지를 전개하고 있다. 따라서 이미 이성이 비판적 능력을 상실하였다고 가정하였는데, 이러한 이성으로부터 해결책을 모색하는 것은 논리적 모순이라고 비판할 수 있다.
② (X) 호르크하이머는 인간이 내적 자연을 억압하는 과정이 보편적으로 나타난다고 주장하고 있다. 따라서 ②의 비판은 비판 대상의 주장을 왜곡하고 있다는 점에서 적절한 비판이 아니다.
③ (X) 호르크하이머는 이성으로부터 해결책을 모색하고 있으므로 그의 주장을 자연 중심 사상이라고 단언할 수 없다.
④ (X) 호르크하이머의 주장은 인간이 자연을 억압하는 과정에서 자연이 기계처럼 작용하게 된다는 것이지, 자연이 기계처럼 작용한다는 것을 가정한 뒤에 인간이 자연을 억압한다고 주장한 것이 아니다.
⑤ (X) 호르크하이머는 자연으로부터 해방된 인간이 자연을 억압하게 되는 과정을 일관된 논리로 설명하고 있다.

10 정답 ②

분석 및 접근
철학적 근대가 등장하게 된 과정에 대한 **큰 그림 독해**를 요구하는 문제이다.

해설
① (X) 철학적 근대는 이성지상주의의 반대 노선과의 논리적 절충으로서 등장한 것이 아니라, 이성지상주의의 반대 노선에 대한 더욱 강력한 재반박으로서 등장한 것이다.
② (O) 이성지상주의에 대한 반박으로서 새로운 신화학이라는 노선이 등장하였으나, 그에 대한 더욱 강력한 재반박으로서 더 강화된 이성중심주의인 철학적 근대가 등장하였다는 것이 지문의 요지이므로, 주어진 선지가 철학적 근대의 전개 과정을 가장 잘 요약하였다고 볼 수 있다. → **절대적 정답**
③ (X) 철학적 근대는 이성지상주의에 내재된 오류를 수정함으로써 등장한 것이 아니라, 더욱 강화된 이성지상주의로서 등장한 것이다.
④ (X) 철학적 근대는 이성지상주의의 반대 노선과 이성지상주의 사이의 중립적 이론으로서 등장한 것이 아니라, 이성지상주의의 반대 노선에 대한 더욱 강력한 재반박으로서 등장한 것이다.
⑤ (X) 철학적 근대는 근대 초기 이성지상주의가 그대로 다시 등장한 것이 아니라, 기존의 이성지상주의가 더욱 강화된 형태로서 등장한 것이다.

11 정답 ①

분석 및 접근
㉠과 ㉡은 모두 이성중심주의에 대한 반대 노선으로서 등장한 사상이라는 점에서 공통되지만, ㉡은 ㉠을 궁극적으로 지향하는 목표에 있어서 차이를 보인다.

해설
① (O) 네 번째 단락에서 "더 나아가 『강령』의 저자(㉡)는 이러한 노선(㉠)을 무정부주의적 방향으로까지 극단화하여, 신화학이라는 미적 차원의 문화를 참된 현실 정치의 선행 조건으로서가 아니라, 아예 국가의 종식을 통해 이르러야 할 궁극적인 목표 지점으로 구상한다."라는 부분을 통해 확인된다.
② (X) ㉠과 ㉡은 모두 이성중심적인 계몽주의와 독일 관념론에 대한 안티 테제로서 등장한 사상이다.
③ (X) ㉠과 ㉡은 모두 계몽주의에 대한 청산을 주장하는 입장을 나타내고 있다.
④ (X) ㉠은 미적 차원의 문화 건설을 궁극적 목표가 아닌 참된 인륜적 공동체를 현실 정치에서 구현하기 위한 선행 조건으로 간주하고 있다.
⑤ (X) ㉠은 참된 인륜적 공동체의 건설을 추구하는 반면에, ㉡은 국가가 종식된 무정부주의를 추구하고 있다.

12
정답 ⑤

> **분석 및 접근**
> '새로운 신화학'에 대한 철학적 근대의 비판 지점이 이미 지문에서 소개된 바 있기 때문에 지문의 내용에 충실하게 의거하여 해결하는 것이 문제를 푸는 실마리이다.

해설

① (X) 새로운 신화학에서 실러의 정치 미학은 미적 차원에 대한 지향을 현실 정치의 선행 조건으로 간주하고 있기 때문에, 현실 정치에 등을 돌리는 입장이라고 보기 어렵다.
② (X) 다섯 번째 단락에 따르면 철학적 근대는 인간의 자유가 역사가 진행될수록 확대되어 왔다고 전제하고 있다.
③ (X) 새로운 신화학은 삶의 근대적 양상을 정치적 차원뿐만 아니라 미학적 차원에서도 고찰하고 있다.
④ (X) 새로운 신화학은 계몽의 모델을 과거에서 찾는 것이 아니라, 계몽주의 자체에 대해 비판적인 태도를 취하고 있으며, 계몽에 대한 대안 모델을 과거에서 찾고 있는 입장이다.
⑤ (O) 다섯 번째 단락에 따르면, 철학적 근대는 새로운 신화학이 계몽에 대한 이상적인 대안 모델로 간주하는 고대 사회가 오히려 인간에 대한 억압이 자행되었던 시대라는 점을 지적하고 있다. ⑤는 이러한 비판 지점을 적확하게 요약한 선지에 해당한다.

스킬 6 | 모순과 역설

정답
p.80

01	02	03	04	05
②	⑤	②	③	②
06	07	08	09	10
④	①	①	④	②
11	12	13	14	15
⑤	③	④	③	④

01
정답 ②

분석 및 접근
기본적인 사실 확인 문제에 해당하며, 쾌락주의 전제와 결론을 이해하여야 문제를 해결할 수 있다.

해설
① (O) 세 번째 단락에서 "물론 이때 고통이 가치 있다는 것은 도구적인 의미에서 그런 것이지 그 자체가 목적이라는 의미는 아니다."라는 부분을 통해, 쾌락주의에서 고통은 도구적 가치를 지니는 것으로 간주된다는 점을 확인할 수 있다.
② (X) 쾌락주의는 오로지 쾌락만이 내재적 가치를 지니며, 모든 쾌락이 "질적으로 동일하며 양적으로 다를 뿐"이라고 간주한다. 또한 두 번째 단락에서 "쾌락주의는 일시적인 쾌락의 극대화가 아니라 장기적인 쾌락의 극대화를 목적으로 하므로 단기적, 말초적 쾌락만을 추구하는 것은 아니다."라는 부분에서 단기적, 말초적 쾌락 역시도 쾌락주의에게 가치 추구의 대상이 된다는 점을 확인할 수 있다.
③ (O) 세 번째 단락에 따르면, 쾌락주의는 쾌락 이외의 다른 것들도 쾌락이라는 궁극적 가치를 실현하기 위한 도구적 의미로서 가치를 지닌다고 간주한다.
④ (O) 네 번째 단락에 따르면, 쾌락주의는 금욕주의자들조차 "광의의 쾌락을 추구하고 있는 것"이라고 간주한다.
⑤ (O) 첫 번째 단락에 따르면, 쾌락주의는 "최대의 쾌락을 산출하는 행위를 올바른 것으로 간주하는 윤리설"이므로, 두 행위 중 결과적으로 더 큰 쾌락을 산출하는 행위가 옳은 것이라고 여길 것이다.

02
정답 ⑤

분석 및 접근
쾌락주의의 주장에 대한 반박을 제시한 뒤, 그에 대한 쾌락주의의 재반박을 고르는 문제이다. **논증형 지문**에서 빈번히 등장하는 문제 유형에 해당한다.

해설
① (X) 쾌락주의는 행위의 동기를 통해 행위의 옳고 그름을 판단하는 것이 아니라, 행위가 얼마나 많은 쾌락을 산출했느냐를 기준으로 옳고 그름을 판단하는 윤리적 입장이다.
② (X) 주어진 선지는 사디스트의 가학적 행위에 대한 쾌락주의의 해석으로서는 타당하나, 제시된 〈보기〉가 비판하는 지점에 대한 재반박은 제공하지 않는다.
③, ④ (X) 쾌락주의는 모든 종류의 쾌락이 그 자체로 가치를 지닌다고 간주하기 때문에, 사디스트가 가학적 행위로 얻는 쾌락조차도 그 자체로 가치를 지니며, 따라서 그 자체로 올바른 것이라고 간주할 것이다.
⑤ (O) 〈보기〉가 쾌락주의를 비판하는 지점은 통념적으로 올바르지 않은 행위라고 간주되는 사디스트의 행위가 쾌락주의에 의거하면 올바른 행위로 간주될 것이라는 점이다. 따라서 이에 대한 재반박으로 적합한 주장은, 쾌락주의의 논리에 따른다고 하더라도 사디스트의 행위는 올바르지 않은 행위로 간주될 수 있다는 것이 되어야 한다. ⑤는 사디스트가 얻는 쾌락보다 희생자의 고통이 더 클 경우에 사회 전체적으로 쾌락의 총합이 감소하게 되기 때문에 사디스트의 행위가 쾌락주의에 의해서도 비판될 수 있다는 내용을 담고 있으므로, 〈보기〉가 제시한 비판에 대한 재반박으로 적확하다. → **절대적 정답**

03
정답 ②

분석 및 접근
밀의 주장이 쾌락주의의 전제 중 어느 측면과 **논리적 모순**을 이루고 있는지를 찾아주어야 하는 문제이다.

해설
① (X) 쾌락주의는 쾌락이 도구적 가치를 지니는 것이 아니라 내재적 가치를 지닌다고 간주한다.
② (O) 쾌락주의는 "쾌락들이 질적으로 동일하며 양적으로 다를 뿐"이라는 전제하에서 쾌락만이 내재적 가치를 지닌다고 간주하고 있다. 밀은 쾌락을 고급 쾌락과 저급 쾌락으로 구분할 수 있다고 주장하는데, 이는 쾌락을 질적으로 다르게 판단할 수 있는 도덕적 가치 기준이 존재하며, 그러한 기준이 되는 도덕적 가치 기준이 쾌락보다 상위에서 내재적 가치를 지닌다는 것을 의미한다. 따라서 쾌락만이 유일한 내재적 가치를 갖는다는 쾌락주의의 전제와 밀의 주장은 논리적 모순을 이룬다. → **절대적 정답**
③ (X) 쾌락의 원천이 다양하다는 점은 쾌락주의에서도 인정되는 주장이다.
④ (X) 모든 쾌락을 하나의 기준으로 환원하여 계산할 수 있다는 입장은 쾌락이 유일한 양적인 내적 가치를 지닌다는 쾌락주의의 입장에 부합한다.
⑤ (X) 주어진 선지와 달리, 밀은 질적 차이가 있는 쾌락을 서로 비교하여 평가할 수 있다는 입장이다.

04
정답 ③

분석 및 접근
도덕적 상태에 대한 **개념 분할**에 유의하면서 독해하여야 해결할 수 있는 문제이다.

해설
① (X) 아크라시아는 이성적 판단이 아닌 감성에 따르기 때문에 일어나는 도덕적 상태이다.
② (X) 네 번째 단락에서 "육체적인 쾌락이라 할 수 없는 것들도 아크라시아에 빠지게 할 수 있다는 점에서 아크라시아가 (아콜라시아에 비해) 관련되는 대상의 영역이 더 넓다."라는 부분을 통해 확인할 수 있다.
③ (O) 다섯 번째 단락에 따르면, 아크라시아는 이성에 의한 판단을 따르지 못하고 욕구를 추구할 때 발생하는 반면에, 아콜라시아는 이성에 의한 판단에 의해 욕구를 추구할 때 발생하는 도덕적 상태이다. 따라서 아콜라시아의 경우에는 이성과 욕구의 갈등이 발생하지 않는다고 추론할 수 있다.
④ (X) 아크라시아에 빠지게 되는 것은 이성적 판단에 따르게 될 자제력이 부족해서이지, 이성적 판단이 애매하기 때문이 아니다.
⑤ (X) 아콜라시아는 이성적 판단에 의해 무절제한 욕구를 추구하는 도덕적 상태이므로, 이성적 선택이 배제되어 있는 상황에 해당하지 않는다.

05
정답 ②

분석 및 접근
아크라시아와 아콜라시아의 차이에 주의하면서 적합한 사례를 선택하여야 한다.

해설
① (X) A군은 이성적 판단으로는 게임을 조금만 하려고 하는데, 그러한 판단과 배치되게 행동하는 상황이므로 아크라시아의 사례에 해당한다.
② (O) B씨는 이성적 판단에 의해 질주할 때 느끼는 스릴이라는 쾌락을 무절제하게 추구하는 상황이므로 아콜라시아의 사례에 해당한다.
→ 절대적 정답
③, ⑤ (X) 네 번째 단락에 따르면, 아콜라시아는 육체적인 쾌락에만 관련된 반면에, 아크라시아는 명예, 승리와 같은 정신적인 쾌락과도 관련된다. C군은 자신의 패션 감각이 남보다 낫다는 평판이 주는 명예에 도취된 것이므로, 아콜라시아의 사례에 해당하지 않는다. 또한 E군도 국위 선양이라는 명예에 도취된 것이므로, 아콜라시아의 사례에 해당하지 않는다.
④ (X) D씨는 이성적 판단으로는 금연을 하고자 하지만, 그러한 판단과 배치되게 행동하는 상황이므로 아크라시아의 사례에 해당한다.

06
정답 ④

분석 및 접근
㉠은 아크라시아라는 개념이 모순을 내포하고 있으므로 성립할 수 없다는 소크라테스의 견해이다. 어떠한 부분에서 모순이 발생할 수 있는지를 명확하게 이해하여야 해결할 수 있는 문제에 해당한다.

해설
① (O) 소크라테스는 모든 사람은 자신의 앎에 따라 행동한다고 전제하고 있다. 아콜라시아는 자신의 이성적 판단에 의한 앎에 따라 무절제한 욕구를 추구하는 도덕적 상태에 해당하므로, 소크라테스의 입장과 모순되지 않는다.
② (O) 소크라테스는 "어떤 것이 나쁘다는 것을 알면서도 그것을 할 수는 없다."라고 전제한다. 이를 통해 "모든 악행은 무지의 탓일 뿐이다."라는 결론이 도출되기 위해서는, 중간 단계에 "모든 악행은 나쁘다."라는 주장이 함축되어 있어야 한다.
③ (O) 소크라테스는 아크라시아가 성립하지 않는다는 입장이다. 이러한 소크라테스의 입장에 따르면, 어떤 사람이 자신에게 나쁜 것을 행하고 있다면, 그 원인은 그 행위가 자신에게 나쁜 것이라는 점을 알지 못하기 때문이라는 것이다. 만약 어떤 행위가 자신에게 나쁜 것이라는 것을 알면서도 행한다면 소크라테스의 주장은 성립하지 않는다. 따라서 인간이 자신에게 나쁜 것을 원할 수 없다는 점이 전제되어야 소크라테스의 주장은 논리적으로 성립한다.
④ (X) 소크라테스는 모든 사람은 자신의 앎에 따라 행동한다고 전제하는 것이지, 모든 사람은 자신의 앎에 따라 행동할 때 좋은 행동을 하게 된다고 전제한 것이 아니다. ④의 주장은 소크라테스가 후자를 전제하였을 경우에만 논리적으로 성립할 수 있는 명제이다.
⑤ (O) 소크라테스는 모든 사람은 자신의 앎에 따라 행동한다고 전제하고 있다. 이러한 전제하에서 자신의 앎과 배치되는 행동을 하는 상태를 지칭하는 아크라시아는 논리적으로 성립할 수 없다. 즉, 사각형이면서 둥글 수 없는 것처럼 알면서도 아는 것과 다르게 행동하는 것이 모순이라는 입장을 취하고 있는 것이다.

07
정답 ①

분석 및 접근
기본적인 사실 확인 문제에 해당한다.

해설
① (X) 레비의 이론에 따르면, 아우슈비츠의 희생자들에게도 비인간적이고 반도덕적인 행동이 나타났으며, 이러한 행동의 사례로 '신참'에 대한 '고참'의 고함과 욕설, 폭력 등의 행위를 제시한다. 이는 실제로는 악하지 않은데 겉으로만 악하게 행동하는 '위악적' 행동이 아니라, 실제로도 악하게 행동하는 비인간적이고 반도덕적인 행동에 해당하므로 ①은 타당하지 않다.
- **위악적**: 실제로는 악하지 않으나 겉으로만 악하게 행동하는 것
- **위선적**: 실제로는 선하지 않으나 겉으로만 선하게 행동하는 것
② (O) 세 번째 단락에 따르면, "특권층은 겉으로는 협력하면서도 (이중 소수는) 실은 저항 운동에 참여하기도 했다."라고 제시되어 있다.

③ (O) 두 번째 단락에 따르면, 생환자에 해당하는 '특권층'과 '정글에 적응한 사람들'은 생존을 위해 "도덕률에 대한 적지 않은 일탈과 타협"을 감수하였다고 서술되었다. 이는 생환자들의 일부가 비윤리적인 행동을 하는 것을 감수하면서 생존을 하였다는 것을 암시한다.
④ (O) 두 번째 단락에 따르면, "대부분의 사람들이 택한 삶의 방식은 포기와 순응이었다. 그들 중 살아남은 이는 극소수였다."라고 서술되었고, 살아남지 못한 대부분의 사람들을 레비는 "익명의 군중"이라고 묘사한다. 따라서 생존 투쟁을 포기한 사람들은 익명의 군중이 되어 대부분 사망하였다는 것을 추론할 수 있다.
⑤ (O) 세 번째 단락에 따르면, 레비의 회색 지대 이론은 가해자와 희생자가 이분법적으로 분리되지 않으며, 가해자이면서 동시에 희생자인 회색적 정체성을 띄는 사람들의 모습을 설명하고 있다. 따라서 아우슈비츠 수감자 중 일부는 무고한 희생자였으며 동시에 가해자이기도 하였다는 것이 레비의 이론에 대한 핵심에 해당한다.

08 정답 ①

분석 및 접근
이론의 핵심 내용을 묻는 문제이므로, 이론이 제기된 목적성을 정확히 파악하면 쉽게 풀 수 있는 문제에 해당한다.

해설
① (O) 세 번째 단락에 따르면 레비의 "'회색 지대'는 (아우슈비츠에 대한) 이분법적 사고 경향에 문제를 제기한다."라고 서술되었다. 이러한 기존의 이분법적 사고 경향은 통념이라고 일컬어질 수 있으며, 레비는 이러한 통념에 의문을 제기함으로써 가해자와 희생자가 이분법적으로 분류되기 어려웠음을 증언한다. 이러한 레비의 이론이 지니는 목적성은 네 번째 단락에 "레비가 우리에게 던지는 화두는 다른 것이다. 그는 인간과 인간성에 대한 끊임없는 성찰을 요구한다."라는 부분에서 명시되어 있다. 즉, ①의 설명처럼 레비는 이분법적 통념에 의문을 제기함으로써 인간 존재와 본성에 대한 성찰을 유도하는 것이다. → **절대적 정답**
② (X) 억압자와 피억압자의 심리를 규명한다기보다는, 레비 본인이 관찰하였던 겉으로 드러나는 행동 양태를 기술하고 있으며, 책임의 소재를 분명하게 하려는 것이 이론의 목적성에 해당하지도 않는다.
③ (X) 피해자들 사이에도 서로가 서로를 이용하고 착취하는 '정글'의 관계가 존재하였다는 것을 기술하고 있으므로, 피해자들 간에 공모의 유대가 있음을 드러낸다는 설명은 지문의 내용과 완전히 상반된다.
④ (X) 레비는 아우슈비츠에서의 일상사라는 역사적 구체를 분석하고 '회색 지대'라는 새로운 개념을 정의하였으므로 "역사적 구체들을 분석하고 정의하여"라는 설명은 타당하다. 그러나 이를 통해 사회적 합의를 이끌어 내는 데 기여했다는 레비의 이론에 대한 결과론적인 평가는 지문에서 도출될 수 없으며, 오히려 레비의 이론에 대한 결과론적 평가는 '인간의 본성에 대한 깊이 있는 성찰'이라고 서술되어야 한다.
⑤ (X) "이분법적 분류를 넘어서게 하여"라는 부분은 타당하나, 이를 통해 적극적 협력자에 대한 능동적 단죄를 요청한 것이 아니라, 오히려 적극적 협력자에 복잡한 삶의 양태에 대한 깊이 있는 이해를 가능하게 하였으므로, ⑤는 타당하지 않다.

09 정답 ④

분석 및 접근
'일상사'에 대한 비판과 '레비가 제기한 일상사'에 대한 비판을 구분할 수 있어야 한다. 〈보기〉는 '레비가 제기한 일상사'에 대한 비판이지, '일상사' 자체에 대한 비판이 아니다.

해설
① (X) 첫 번째 단락에 따르면, 사회 전체나 개인을 움직이는 구조와 힘과 같은 거시적인 틀이 아닌, 사람들 사이의 상호 작용과 같은 역사적 구체에 대해 서술하는 것에 '일상사'의 가치가 존재한다. 따라서 역사를 거시적으로 보지 못하게 한다는 점을 비판하는 것은, '레비의 글'에 대한 비판이라기보다는 '아우슈비츠에 대한 일상사' 전반에 대한 비판에 해당하므로 적절성이 떨어진다.
② (X) 일상사가 갖는 본연의 의미는 역사적 구체에 해당하는 일상에 집중하게 하는 것이므로, 일상에만 집중한다고 비판하는 것은 '레비의 글'에 대한 비판이라기보다는 '일상사'라는 사관에 대한 일반론적인 비판에 해당하므로 적절성이 떨어진다.
③ (X) "다층적 차원에서 수감자들에 대해 분석함으로써"라는 서술은 타당하지만, 이를 통해 "그들(수감자들)에 대한 역사적 평가를 유보하게 한다."라는 설명은 타당하지 않다. 수감자들에 대한 역사적 평가는 아직 이루어질 수 있다고 레비는 주장한 것이 아니라, 수감자들이 가해자로서의 측면도 지니고 있었다는 새로운 역사적 평가를 제기한 것이다. 따라서 "역사적 평가를 유보하게 한다."라는 부분이 타당하지 않으므로 ③은 적절성이 떨어진다.
④ (O) 레비의 글은 피해자들 내부의 관계에서 가해자의 모습을 보였던 사람들이 존재하였다는 것을 근거로, 피해자들이 실은 가해자들이기도 했던 회색적 양면성이 존재하였다고 주장하고 있다. 그러나 피해자들이 다른 피해자들에 대해서 비인간적이고 반윤리적인 태도를 보이게 된 것은, 독일인이라고 하는 가해자들로 인해 가혹한 환경에 놓이게 된 부차적인 결과인데, 피해자들의 내부 관계에만 집중적으로 서술하다 보니, 오히려 가해자와 피해자의 관계가 부차적으로 보이게 되는 위험성이 존재한다. 따라서 〈보기〉에서 '비젤'의 '생존자들에게 너무 많은 죄의식을 강요하고 있다.'라는 주장은 생존자들 중 비인간적인 행위를 한 사람들은 완전한 가해자라기보다는, 가혹한 환경에 놓였기에 그러한 행위를 할 수밖에 없었다는 점에서 정상 참작이 가능한 가해자임에도, 레비는 이들을 완전한 가해자로 간주하고 있다는 비판을 전개하는 것이다. 따라서 ④가 〈보기〉의 관점, 특히 비젤의 관점에서 제기될 수 있는 가장 적절한 비판에 해당한다.
⑤ (X) 레비가 집중적으로 서술한 대상은 관리자와 수감자 사이의 관계가 아니라 수감자 내부에서 이루어진 관계이므로 레비의 글에 대한 기본적인 사실 관계를 타당하지 않게 서술하였다.

10
정답 ②

분석 및 접근
기본적인 사실을 확인하는 문제이다.

해설
① (O) 첫 번째 단락에 따르면, 초기의 멜로드라마는 "사회적 모순을 적극적으로 타개하는 데에는 이르지 못한 채"라고 제시되었다. 또한, 다섯 번째 단락에 따르면, 멜로드라마의 사례로 제시된 작품이 "사회적 모순에 눈 감은 채", "여전히 근본적인 갈등이 해소되지 않은" 갈등 구조를 다루고 있다고 제시되므로, "갈등을 낳은 사회적 모순을 적극적으로 극복하려는 노력은 없었다."라는 ①의 설명은 타당하다.

② (X) 네 번째 단락에 따르면, 1950년대의 헐리우드 멜로드라마에서도 "멜로드라마는 통속적 서사의 틀을 유지"했다고 서술되었으므로, "통속성이 점차 사라졌다"는 설명은 타당하지 않다. 또한, 마지막 단락에서 "서크의 영화에서처럼 멜로드라마는 사회적 약자의 말할 수 없는 슬픔과 이루어질 수 없는 꿈을 전달하는 서사"라는 점에서 미루어 볼 때, "정서 표출보다 현실 묘사에 치중하게 되었다."라는 부분도 타당하지 않다.

③ (O) 네 번째 단락에 따르면, "멜로드라마는 사회적 갈등의 축소와도 같은 미국 중산층 핵가족에 주목하게 되는데, 그것은 가족이 자본이나 가부장제 같은 사회 권력이 작동하는 무대이기 때문이다."라고 서술되었다. 이는 멜로드라마적 영화에서 다루는 가정이나 개인의 문제가 사회적 권력을 표상하고 있음을 제시하는 내용이므로 ③의 설명은 타당하다.

④ (O) 첫 번째 단락에 따르면, 초기 멜로드라마는 "비약이나 우연 같은 의외성에 기대어 부르주아의 덕행과 순결이 어떻게든 승리하도록 만들려고 했다."고 제시되었으므로, 서사적 필연성이 결격된 이야기 구조로서 중심 인물의 문제를 해결하려 하였다는 점에서, "작위적인 서사"를 통해 "인물이 처한 문제를 해소"하였다고 평가한 ④의 설명은 타당하다.

⑤ (O) 세 번째 단락에 따르면, "멜로드라마 영화는 악인에게 괴롭힘을 당하는 약자로부터가 아니라, 사회적 모순에 따른 억압적 상황에서 고통받는 약자, 특히 여성들로부터 파토스를 이끌어 냈다."고 서술되었으므로 ⑤의 설명은 타당하다.

11
정답 ⑤

분석 및 접근
내용이 간접적으로 제시된 작품에 멜로드라마에 대한 비평 이론을 적용하는 문제에 해당한다. 하나의 작품이 아니라 두 개의 작품에 적용하여야 하므로, 조금 더 까다로울 수 있다.

해설
① (O) 세 번째 단락에 따르면, 멜로드라마 영화는 음악을 통해 과잉된 정서를 효과적으로 표현하였다고 서술되어 있다. 따라서 정서가 직접적으로 표현되는 서사를 담고 있는 ㉠과 ㉡ 모두 음악을 사용하여 정서를 표현하였을 것이라고 추론할 수 있다.

② (O) 세 번째 단락에서 "여성들로부터 파토스를 이끌어 낸" 사례로서 ㉠ 작품이 제시되므로, ㉠이 ㉡에 비해 여성 인물의 동일시를 더 강하게 이끌어 낼 것이라고 추론할 수 있다.

③ (O) 다섯 번째 단락에 따르면, ㉡은 "여전히 근본적인 갈등이 해소되지 않은 결말에 관객들이 주목하게 하여, 자신들이 보고 있는 것이 '만들어진 현실'이며 행복한 결말은 인위적인 허구 안에서만 가능하다는 것을 생각하게 하고자 했다."라고 제시되므로 관객들의 능동적인 감상을 요구하는 점이 ㉡의 특징으로 제시된 것이다. 반면, ㉠에 대해서는 "관객들은 고통 어린 만족을 선택한 모성에 공감의 눈물을 흘리게 된다."라고 서술되었으므로 관객의 수동적인 감정 이입을 이끌어 내는 것이 작품의 특징으로 제시되었다.

④ (O) 마지막 단락에 따르면, 멜로드라마는 "사회적 약자"가 "현실에 종속되면서도 그 현실을 넘어서려는 절박한 요구"를 "영화라는 재현 체계 속에서" 생산하였다고 서술되었으므로, 멜로드라마 영화에 해당하는 ㉠과 ㉡ 모두 현실적 억압에도 불구하고 소망을 성취하려는 약자를 그려내었다고 추론해 볼 수 있다. 또한, 작품의 구체적인 내용을 확인해 보아도, ㉠은 딸과 같이 살고자 하는 하층민 어머니의 모습을 그려내며, ㉡은 가족들의 반대에도 정원사와의 사랑을 소망하는 과부의 모습을 그려낸다는 점에서 ④의 설명에 부합한다.

⑤ (X) ㉠은 상류 계급의 문화 장벽을 넘지 못하여 가족을 이루는 데 실패한 하층민 여성에 대한 이야기를 다루고 있으므로, "중산층 가족의 가치 회복"이라는 주제 의식에 해당하지 않는다. 또한, ㉡에 대해서 네 번째 단락은 "가족은 더 이상 애틋한 유대의 단위가 아니라 개인의 삶을 관리하는 제도가 된다."라고 서술되었으므로, ㉡은 오히려 가족이라는 가치에 대해 부정적으로 간주하는 주제 의식을 담고 있음이 추론 가능하다.

12
정답 ③

분석 및 접근
LEET 언어이해에서 **모순/역설**로 제시된 내용은 문제에서 높은 확률로 출제된다. 왜냐하면 그 모순/역설 어법 속에 복합적이고 다층적인 의미가 함축되어 있기 때문에, 그 의미를 정확히 이해하였는지를 확인하고자 하는 문제가 LEET의 취지에 부합하는 고급 문제이기 때문이다.

해설
ⓐ는 현실의 억압을 벗어나려는 시도가 현실에 종속되는 방식으로 이루어지는 서사를 의미하며, 이에 대한 사례로 더글라스 서크의 〈천국이 허락한 모든 것〉의 "행복하지 않은 해피엔딩"을 제시하고 있다. 따라서 이와 가장 유사한 서사구조를 제시한 작품을 선택하는 것이 문제를 푸는 핵심이다.

① (X) 〈장한몽〉의 서사에서는 "현실을 넘어서려는 절박한 요구"에 대응되는 부분이 제시되지 않는다.

② (X) 〈검사와 여선생〉에서 "살인범의 누명을 쓴 여선생"의 상황은 현실을 넘어서려는 절박한 요구를 재현한 것으로 해석될 여지도 있으나, 마지막 단락에서 제시된 "이루어질 수 없는 꿈"에 대한 절박한 요구가 아니므로, ⓐ의 서사적 특성에 완전히 부합하지는 않는다.
→ 매력적 오답

③ (O) 〈자유부인〉의 서사는 사회 활동을 갈망하는 여성의 욕망이 서사를 추동한다는 점에서, 현실을 넘어서려는 절박한 요구를 다루고 있으면서도, 그 욕망의 실현이 "고작 춤바람이 났다가 집으로 돌아오는 것"으로 실현된다는 점에서 현실에 종속되는 방식으로 현실에 대한 억압으로 벗어날 수 있는 모순적인 결말을 제시하고 있다. 이러한 서사 구조는 지문에서 제시한 "행복하지 않은 해피엔딩"의 사례에 부합한다.

④ (X) 〈미워도 다시 한 번〉의 서사에서 어머니와 아이가 같이 살고자 하는 소망은 "현실을 넘어서려는 절박한 요구"에 해당한다고 해석될 수 있으나, 그 소망을 전혀 충족하지 못하고 헤어지는 것으로 매듭지어지는 서사에서, 소망이 현실에 종속된 방식으로 충족된다는 "행복하지 않은 해피엔딩"의 역설적 요소가 발견되지 않는다.

⑤ (X) 〈별들의 고향〉의 서사에서 "현실을 넘어서려는 절박한 요구"에 대응되는 서사적 요소는 발견되지 않는다.

13 정답 ④

분석 및 접근
스토아학파가 전제하고 있는 어떠한 논리적 요소로 인하여, 역설의 상황이 발생하고 있는지를 이해하여야 한다.

해설
①, ③ (O) 세 번째 단락에서 "모든 명제는 참이 아니면 거짓이어야 한다는 배중률(排中律)을 스토아학파는 철저히 적용했다."라고 제시되었으므로, 적으면서 동시에 적지 않은 지점이 존재할 수 있다는 점을 스토아학파는 인정하지 않았다. 따라서 '적음'과 '적지 않음'이 나뉘는 기준점은 유일하게 존재하여야 한다. 이는 "만일 "n은 적은가?"의 답이 "예."이고 "n+1은 적은가?"의 답이 "아니요."라면, 바로 그 n이 적은지, 적지 않은지를 가르는 기준점이 된다. 스토아학파는 그런 기준점이 있으며, 있어야 한다고 본다."라고 서술된 부분을 통해서도 확인된다.

② (O) 네 번째 단락에서, "앎 곧 지식은 '분명한 것에 대한 동의'를 통해 성립하므로, 인식된 것은 분명하며 분명한 것 또한 인식되는 경향이 있다."라는 입장을 스토아학파가 취한다는 사실이 제시되었다. '분명하면 인식된다.'가 참이라면, '인식되지 않는 것은 분명하지 않다.'도 참일 것이므로, "'적음'을 알 수 없으면 '적음'은 불분명하다."는 ②의 추론도 참이다.

④ (X) 스토아학파에게 분명하다는 것은 그것을 안다는 것과 동일한 의미를 지닌다. 따라서 ④가 참이라면, 'n이 적음'이 불분명할수록 'n+1이 적지 않음'을 판단할 수 있게 된다. 이는 '적음'과 '적지 않음'의 기준점이 분명하다는 의미가 되므로, '적음'과 '적지 않음'의 기준점이 불분명하다는 결론에 도달한 스토아학파의 입장에서 받아들일 수 없는 결론에 해당한다.

⑤ (O) 마지막 단락에서 "그러다 보면 분별 가능한지를 분별해야 하는 차원에서도 침묵해야 할지도 모른다."라고 제시된 부분을 통해, 'n이 적음'과 'n+1이 적지 않음'의 기준점을 알 수 없다는 문제는 그러한 기준점이 존재한다는 점을 알 수 없다는 문제로 확장된다는 점을 추론할 수 있다.

14 정답 ③

분석 및 접근
'더미의 역설'이 역설로서 성립되는 논리적 구조를 이해하여야 한다.

해설
③ (O) '더미의 역설'은 '곡식 더미가 아닌 상태'를 이루고 있는 어떤 대상에 대하여, 한 톨씩 곡식을 더하더라도 '곡식 더미가 아닌 상태'가 유지되어야 한다면, '곡식 더미'에 도달했을 때도 '곡식 더미가 아닌 상태'라고 명명되는 역설을 의미한다. 이는 테세우스의 목선에서 판자가 하나씩 바뀌어 갈 때 '테세우스의 배인 상태'가 유지된다고 하면, 모든 판자가 바뀌어 '테세우스의 배가 아닌 상태'에 도달하였을 때도 '테세우스의 배인 상태'로 명명되는 역설과 동일한 논리적 연쇄 구조를 지닌다. → **절대적 정답**

15 정답 ④

분석 및 접근
기본적인 사실 확인 문제로, 스토아학파의 학문적 입장이 연쇄 논법 퍼즐에 의해 반박되는 논리적 구조를 이해하여야 한다.

해설
① (O) '더미의 역설'은 '더미가 아닌 상태'가 '더미'로 전환되는 기준점을 알 수 없다는 것을 암시하므로 타당한 설명에 해당한다.

② (O) 마지막 단락에서 "분명한지 불분명한지를 분별할 수 없는 모든 경우에 침묵해야 할 것"이라고 제시된 부분을 통해, 모른다는 것이 분명한지를 확정할 수 없기 때문에 침묵 정책이 나오게 되었다는 점을 추론할 수 있다.

③ (O) 세 번째 단락에서 "모든 명제는 참이 아니면 거짓이어야 한다는 배중률(排中律)을 스토아학파는 철저히 적용했다."라고 제시되었으므로, 적으면서 동시에 적지 않은 지점이 존재할 수 있다는 점을 스토아학파는 인정하지 않았다. 따라서 배중률이 모든 경우에 적용된다면, '적음'과 '적지 않음'이 나뉘는 기준점은 존재하여야 한다.

④ (X) 네 번째 단락에서 "그러나 '적음'의 뚜렷한 기준점이 있다 해도, n이 적다는 분명한 인상과 n+1이 적다는 불분명한 인상이 너무 흡사할 때에는 "불분명하다."라는 대답조차 하기가 곤란해진다."라고 서술된 부분을 통해, 아는 것만 말한다는 원칙을 양보하여 '불분명하다.'라는 대답을 하려고 해도, 그조차 대답할 수 없는 역설에 빠지게 된다는 점을 확인할 수 있다.

⑤ (O) 네 번째 단락에서 "스토아 학도들은 아는 것만 진술한다는 원칙을 지켰다고 한다. 그러니 "모른다."라고 답한다면 그것은 자신의 무지를 안다는 것을 의미한다."라는 부분을 통해서, 지식과 분명함을 동일하게 간주하기 때문에, 불분명한 경우와 알지 못하는 경우도 동일하게 간주되며, 따라서 "모른다."라고 답할 수 없는 경우가 발생한다는 점을 확인할 수 있다.

스킬 7 | 정반합

정답 p.94

01	02	03	04	05
④	⑤	④	④	⑤
06	**07**	**08**	**09**	**10**
③	④	⑤	④	③
11	**12**	**13**	**14**	**15**
①	①	④	②	②

01 정답 ④

분석 및 접근
기본적인 사실 확인 문제에 해당한다.

해설
① (O) 유연성과 안정성이 동시에 신장된 사례로 덴마크와 네덜란드의 경우가 지문에서 소개되고 있다.
② (O) 지문에 제시된 덴마크와 네덜란드의 유연안정성 모델에서 정부가 중요한 역할을 하고 있음이 부각되고 있다.
③ (O) 덴마크의 유연안정성 모델에서 높은 사회 보장의 기능이 강조되고 있다.
④ (X) 첫 번째 단락에 따르면, 유연안정성 모델은 기업의 경쟁력과 고용의 안정성을 동시에 추구하려는 전략이다. 따라서 둘 중에 어느 한 요소를 더 중시한다고 간주되기 어렵다.
⑤ (O) 덴마크의 유연안정성 모델에서는 노동자들의 고용 불안 체감도가 OECD 국가 중 가장 낮은 결과를 초래하였으며, 네덜란드의 유연안정성 모델에서는 노동자들이 일과 가사, 여가 사이에서 더 자유로운 선택을 할 수 있는 여건이 마련되었다. 이를 통해 유연안정성 모델에서 고용 안정뿐만 아니라 삶의 질 향상이라는 목표도 포함되었다는 점을 추론할 수 있다.

02 정답 ⑤

분석 및 접근
유연성과 안정성의 개념에 대한 다중 분할을 바탕으로 지문이 전개되며, 덴마크와 네덜란드 양국의 모델이 구체적으로 어떠한 유연성과 안정성을 신장시키는지를 엄밀하게 파악하여야 해결할 수 있는 문제이다.

해설
① (X) 덴마크의 모델은 해고가 자유로운 대신에 재취업을 돕는 사회적 시스템을 운영하는 것이다. 따라서 덴마크에서 네덜란드보다 노동자가 한 직장에 얼마나 오래 근무하는가에 대한 안정성이 더 높다고 추론할 수 없다.

② (X) 네덜란드의 모델은 "해고를 자제하되 노동 시간을 탄력적으로 조정하는 '내부적–수량적 유연성'"을 신장시킨 사례에 해당한다.
③ (X) '직장 안정성'은 동일한 직장을 유지할 수 있는 정도에 대한 안정성 개념이다. 덴마크의 모델은 해고가 자유로운 대신에 재취업 과정에 대한 사회 보장 제도를 마련하는 것이므로, 외부적–수량적 유연성에는 기여하는 대신에 직장 안정성은 보장하지 못하는 방안에 해당된다.
④ (X) 덴마크의 모델에서 자유로운 해고에 따라 신장된 유연성은 '외부적–수량적 유연성'에 해당한다.
⑤ (O) 네덜란드의 모델은 시간제 노동자 비율을 늘려 '내부적–수량적 유연성'을 신장시키며, 일과 가사, 여가 시간 사이의 선택의 폭을 늘렸다는 점에서 '결합 안정성'을 높였다고 평가될 수 있다.

03 정답 ④

분석 및 접근
유연성과 안정성이라는 상호 배타적인 가치가 동시에 공존하는 방안이 제시되었다는 것은, 그 방안이 지니고 있는 논리적 취약점에 대한 비판 지점도 다양하게 제기될 수 있다는 것을 의미한다.

해설
ㄱ. (O) 덴마크의 모델에서는 "사회적 타협의 오랜 전통을 통해 실직 기간 중 생계유지에 필요한 비용을 국가가 제공한다는 약속이 확립되어 있기 때문"이라는 요인과, 네덜란드의 모델에서는 "외부 상황의 변화에 신축적으로 대응하려는 기업과 고용 불안을 막으려는 노조 사이의 타협의 산물"이라는 요인이 명시되어 있다. 즉, 지문에 제시된 사례는 모두 사회적 합의를 성공 요건으로 요구하므로, 이러한 요인이 갖추어지지 않은 국가에서는 도입이 불가능한 모델이라는 비판이 제기될 수 있다.
ㄴ. (X) 유연안정성 모델은 시장 상황의 변화에 대한 대응을 유연하게 할 수 있는 유연성을 확보할 수 있는 시스템으로 제시되었다. 따라서 유연안정성 모델에서 유연성 확보가 문제시된다는 비판은 적합하지 않다.
ㄷ. (O) 덴마크와 네덜란드의 모델 모두 국가의 재정적인 지원을 전제로 하고 있으므로, 유연안정성 모델을 통해 얻는 이익보다 국가의 재정적 지원에 소요되는 부담이 더 크다면, 유연안정성 모델은 유지하기 어려울 수 있다.
ㄹ. (O) 유연안정성 모델은 노동 시장에 한정된 모델인데, 만약 실업률이나 생산성에 대해 영향을 미치는 요인이 노동 시장 외부에서도 존재한다면, 실업률과 생산성을 통해 유연안정성 모델이 성공하였다고 판단하기는 어려울 것이다.

04
정답 ④

분석 및 접근
여러 학자의 수많은 학설이 동시다발적으로 등장하는 LEET 언어이해의 **학설비교형 지문**이다. **학설비교형 지문**은 기본적인 사실 확인 문제도 매우 까다로우니 집중하여서 해결해야 한다.

해설
① (O) 매클로스키는 흩어진 경지 소유 형태를 도입하면 곡물 생산이 감소한다고 전제하고 있다.
② (O) 달만과 헨리 스미스와 달리, 매클로스키와 페노알티아는 곡물의 측면에서만 흩어진 경지 소유 형태를 설명하고 있다.
③ (O) 페노알티아는 노동 배분이라는 측면에서 흩어진 경지 소유가 곡물 생산에 효율적이라고 설명하고 있으며, 달만은 규모의 경제로 인한 효율성 이점을 위해 흩어진 경지 형태가 채택되었다고 설명하고 있다.
④ (X) 헨리 스미스와 달만은 모두 대규모의 토지를 공동으로 이용할 때 목축이 효율적이라는 점을 전제하고 있다.
⑤ (O) 페노알티아, 달만, 헨리 스미스는 공통적으로 흩어진 경지 형태가 합리적 선택의 결과였다고 주장하고 있다. 이는 어떤 제도가 유지되었다면 그 제도가 합리적 선택의 결과였을 것이라는 점을 전제하는 것이다.

05
정답 ⑤

분석 및 접근
매클로스키의 주장에서 **숨은 전제**를 발견한다면 어렵지 않게 해결할 수 있는 문제이다.

해설
ㄱ. (O) 매클로스키는 흩어진 경지 보유 형태가 나타난 요인으로 곡물 생산 측면만을 고려하고 있다. 만약 ㄱ의 주장이 사실이라면, 공동 방목 여부가 흩어진 경지 보유 형태에 영향을 미치는 요인이라는 것을 의미하므로, 이러한 요인을 고려하지 않은 매클로스키의 이론은 설득력을 상실하게 된다.
ㄴ. (X) 매클로스키의 이론은 토지 교환이나 매매가 활발하게 이루어지기 어렵기 때문에 흩어진 경지 보유 형태가 나타났다고 주장한 것이 아니기 때문에, ㄴ은 매클로스키의 이론에 대한 비판으로 적합하지 않다.
ㄷ. (O) 매클로스키의 이론은 토지에 따른 곡물 생산이 지역별로 차이가 났기 때문에, 특정 지역에 집중하여 토지를 보유하였을 때, 그 지역에서 산출량이 급격히 낮아질 위험성에 대비하기 위해 다양한 지역에 분산하여 토지를 보유했다는 주장이다. 그러나 이러한 주장이 성립하려면, 지역별로 곡물 생산량의 편차가 일정 규모 이상으로 존재하였다는 점이 전제되어야 한다. 만약 ㄷ에서 지적하는 것처럼, 지역 내에 산출 편차가 거의 없었다고 한다면 매클로스키의 이론은 설득력을 상실한다.
ㄹ. (O) 매클로스키의 이론은 곡물 생산량 감소에 따른 위험성을 대비하기 위해 흩어진 경지 보유 형태가 나타났다는 주장이다. 만약 ㄹ에서 지적하는 것처럼 그러한 위험성에 대비하기 위한 더 효율적인 방안이 존재하였다고 한다면, 매클로스키의 이론은 설득력을 상실한다.

06
정답 ③

분석 및 접근
LEET 언어이해에서는 대학교 졸업자 수준의 경제학 지문에 대한 독해 능력을 요구한다. 따라서 기본적인 수준의 경제학 어휘에 대한 학습이 요구된다.

해설
① (O) ㉠은 자원 소유가 공유되지 않아 규모의 경제 효과가 적게 나타나는 상황을 의미하며, ㉢은 자원 소유가 공유되어 자원이 과도하게 사용되는 상황을 의미한다.
② (O) ㉡은 곡물 생산에 있어서는 소규모 생산이 유리한 반면에 목축에 있어서는 대규모 생산이 유리한 상황이 공존하기 때문에 나타나는 현상이다.
③ (X) ㉢은 자원을 소유한 사람이 그 자원을 타인이 사용하지 못하도록 할 수 있는 권리가 **약하여** 발생하는 문제이다.
④ (O) ㉠과 ㉡에서는 소유자들이 자원을 공동으로 함께 사용함으로써 규모의 경제가 실현하고자 하는 상황이 나타나며, ㉢에서는 소유자들이 자원을 사적으로 사용함으로써 자원이 과도하게 남용되는 상황이 나타난다.
⑤ (O) ㉠, ㉡, ㉢은 공통적으로 자원에 대한 소유자와 이용자가 일치하지 않음으로 인해 사회 전체적으로 최적의 사용량이 유도되지 못하는 문제를 다루고 있다.

07
정답 ④

분석 및 접근
기본적인 사실 확인 문제에 해당한다.

해설
① (O) 두 번째 단락의 "우리가 이성으로 인식할 수 있는 이데아의 세계"라는 부분에서, 플라톤이 이데아의 세계를 이성으로 인식할 수 있다고 간주하였음을 확인할 수 있다.
② (O) 두 번째 단락에서 "현실 세계는 이데아 세계를 모방한 것이기에 현실 세계에서 이루어지는 인간들의 행위도 불완전할 수밖에 없다."라는 부분을 통해, 현실 세계의 선도 이데아 세계의 선을 모방한 것이기에 불완전한 선에 해당할 것이라는 점을 추론할 수 있다.
③ (O) 세 번째 단락에서 "그(무어)에 따르면 선이란 노란색처럼 단순하고 분석 불가능한 것이기에, 선이 무엇인지에 대해 정의를 내릴 수 없으며"라는 부분을 통해 확인할 수 있다.
④ (X) 세 번째 단락에서 "그(무어)는 선을 최대로 산출하는 행동이 도덕적으로 옳은 행동이라고 보았다."라는 부분을 통해, 무어가 도덕적으로 옳은 행동을 판별할 기준을 제시하였다는 점이 확인된다.
⑤ (O) 네 번째 단락에서 "페리는 어떤 대상에 대한 관심이 깊으면 깊을수록 그것은 그만큼 더 가치가 있게 되며"라는 부분을 통해 확인할 수 있다.

08

정답 ⑤

분석 및 접근
㉠, ㉡, ㉢ 사이의 논리적 관계를 이해하여야 명확히 해결할 수 있는 문제이다.

해설
① (X) ㉡에 대한 ㉠의 문제 제기에 해당한다.
② (X) ㉠에 대한 ㉡의 문제 제기에 해당하나, ㉠에 대한 ㉡과 ㉢의 공통된 문제 제기에는 해당하지 않는다.
③ (X) ㉠은 선의 이데아를 기준으로 선과 악을 구분할 수 있다고 주장하고 있기 때문에, 주어진 선지는 ㉠에 대한 문제 제기가 될 수 없다.
④ (X) ㉠은 인간이 이성을 통해 선의 이데아를 인식할 수 있다고 간주하기 때문에, 주어진 선지는 ㉠에 대한 문제 제기가 될 수 없다.
⑤ (O) ㉠은 인간의 관심 여부와는 상관없이 선이 독립적으로 존재한다고 간주한다. 반면에 ㉡과 ㉢은 공통적으로 선을 향유하는 인간의 욕구와 결합하여 선이 존재한다고 주장한다. 따라서 선이 그것을 향유하는 인간과 독립적으로 존재한다고 간주하는 ㉠의 주장은 ㉡과 ㉢ 입장에서 문제 제기를 할 수 있는 부분에 해당한다.

09

정답 ④

분석 및 접근
정반합 구조의 지문에서는 양립하는 두 주장을 통합하기 위한 논리적 장치가 가장 중요한 지점이 되므로, 그에 대한 역할을 물어보는 문제가 출제될 수 있다.

해설
① (X) '고전적 객관주의'가 선을 이성을 통해 인식할 수 있다고 보는 점은 ⓐ를 상정한 이유와 무관하다.
② (X) ⓐ는 적절한 욕구만을 욕망하는 주체이므로, ⓐ를 상정한 것은 '고전적 객관주의'의 주장을 약화시킨다.
③ (X) ⓐ는 적절한 욕구만을 욕망하는 주체이므로, ⓐ를 상정한 것은 '주관주의'의 주장 중에서 욕구하는 사람이 존재해야만 선이 형성된다는 주장을 약화시키지 않는다.
④ (O) ⓐ는 적절한 욕구만을 욕망하는 주체이므로, ⓐ를 상정한 것은 '주관주의'의 주장 중에서 무엇을 욕구하더라도 모두 선이라고 간주해야 하는 '주관주의'의 주장을 약화시키며, 이를 통해 '주관주의'와 '고전적 객관주의'가 모두 동의할 수 있는 영역을 확대시킨다.
⑤ (X) 선의 형성에서 인간과 사물의 상호 통합 작용이 필수적이라는 입장은 '주관주의'가 아니라 '온건한 객관주의'의 입장에 해당한다.

10

정답 ③

분석 및 접근
기본적인 사실 확인 문제에 해당한다.

해설
① (X) 네 번째 단락에서 "잠재력은 그것이 경험되고 있지 않을 때에도 그 대상 안에 남는다."라고 서술되었으므로, 미적 가치를 잠재력으로 본 것은 '객관주의적 성격'이다. 또한 네 번째 단락에서 "이(잠재력)는 관계적 속성, 즉 인간과의 상호 작용이 있기 때문에 어떤 사물에 귀속되는 속성들 중의 하나이다."라고 서술되었으므로, 그 잠재력을 대상의 속성으로 본 것은 '주관주의적 성격'이다.
② (X) 미적 판단이 자신의 느낌에 근거한다는 것은 '주관주의적 성격'이다. 세 번째 단락에 따르면 "사물은 엄밀한 의미로는 본유적 가치를 가질 수 없고, 오직 직접적인 경험만이 본유적으로 좋은 것일 수 있다고 한다."라고 제시되었으므로, '본유적 가치'는 '주관주의적 성격'이다.
③ (O) 루이스 이론은 미적 가치가 경험으로서 구성된다고 간주한다는 점에서 '주관주의적 성격'을 띠며, 동시에 그러한 경험이 대상에 내재한 가치에서 비롯된다고 본다는 점에서 '객관주의적 성격'을 띤다. 따라서 ③의 서술은 루이스 이론의 양가적 성격을 정확히 반영한 진술에 해당한다.
④ (X) 미적 가치에 대한 판단이 틀릴 수 없다는 주장은 루이스 이론에서 확인될 수 없다.
⑤ (X) 마지막 단락에서 "미적 가치 평가란 미적 경험을 하는 사람 자신의 느낌에 대한 진술, 즉 "나는 이것이 좋다."라는 틀릴 수 없는 판단과 동일하다는 것이 주관주의의 핵심이다."라는 부분을 통해, 미적 판단을 자신의 느낌에 근거한 수정될 수 없는 판단으로 보는 것 자체는 주관주의의 입장이지, 루이스의 상대주의의 입장이 아니라는 점을 확인할 수 있다. 즉 "미적 판단을 자신의 느낌에 근거한 수정될 수 없는 판단으로 보는 것"은 주관주의의 주장이지만, 루이스 이론에서 주관주의적 성격에는 해당하지 않는다. 또한, 마지막 단락에서 "미가 본유적 가치 경험을 자극하는 하나의 잠재력이라고 보는 상대주의자에게 이러한 판단은 객관주의자의 이해와 달리 일종의 예측이다."라는 부분을 통해, 미적 판단을 수정될 수 없는 경험적 예측으로 보는 것은 주관주의적 성격임을 확인할 수 있다. → **매력적 오답**

11

정답 ①

분석 및 접근
〈보기〉의 내용을 비유적 서술로 이해할 때, 지문 속 철학적 개념 중 어떤 것과 가장 적합하게 대응되는지를 판단하는 문제이다.

해설
① (O) 네 번째 단락에 따르면, 미적 가치는 본유적 가치를 경험케 하는 '대상의 잠재력'이다. 또한 "대상이 인간과 실제로 접촉될 때에만 그 속성(대상의 잠재력)이 존재한다는 것은 아니다. 잠재력은 그것이 경험되고 있지 않을 때에도 그 대상 안에 남는다."라고 제시되었다. 이를 종합하여 볼 때, '대상의 잠재력'은 대상 안에 존재하며, 대상이 경험될 때 대상에 대한 미적 가치 판단을 가능하게 하면서도, 대상이 경험되지 않는다고 해도 사라지지 않는다. 또한, 그 자체로 본유적 가치를 갖는 것은 아니며, 본유적 가치를 가능케 하는 가능성에 해당한다. 따라서 〈보기〉의 서술에서, '빵'은 대상, '영양가'는 '대상의 잠재력'에 비유적으로 대응된다고 추론할 수 있으므로, 〈보기〉를 예를 들어 설명하기에 가장 적절한 개념은 '대상의 잠재력'에 해당한다.
→ **절대적 정답**

12 정답 ①

분석 및 접근

정반합 구조의 지문에서는 서로 양립하는 주장이 동시에 가능하다는 설명에 대한 비판이 제기되는 문제가 출제될 수 있다. 이때 적절한 비판은 서로 양립하는 주장이 공존 가능하도록 연결하는 지점을 지적하는 것이 적절한 비판이 된다.

해설

① (O) 마지막 단락에서 "(루이스에 따르면 미적 판단은) 만약 다른 이들이 그 작품을 감상한다면 그들도 미적 즐거움을 느낄 것이라 예측하는 것이다."라고 제시되었다. 그러나 예측으로서의 미적 판단은 그에 동의하지 않는 사람들에게 구속력을 행사할 근거가 없으므로, 모든 사람들이 대상을 아름답지 않다고 판단할 수도 있다. 그런 경우라면 미적 판단에 대한 루이스의 주장은 객관주의적 성격을 상실하고 주관주의적 성격만을 갖게 되므로, 상대주의는 주관주의와 구분될 수 없다. 따라서 ①은 루이스의 주장이 객관주의적 성격을 갖기 위한 전제를 비판함으로써, 루이스의 주장이 주관주의와 다르지 않다는 점을 지적하는 적절한 비판에 해당한다.

② (X) 루이스에 따르면 미적 판단이란 다른 이들이 그 작품에 대하여 미적 즐거움을 느낄 것이라는 예측에 해당한다. 따라서, 루이스의 이론은 "나는 좋아하지 않지만 이 작품은 좋다."라는 판단에 대하여 완벽하게 설명할 수 있다.

③ (X) 주관주의는 미적 가치 판단이 특정 개인이 어떤 감정을 가진다는 것에 대한 판단이라고 주장한다. 따라서 ③은 루이스의 주장이 아닌 주관주의에 대한 비판에 해당한다. 루이스의 주장은 미적 판단이 '미적 예측'이라고 주장함으로써, 주관적 느낌에 대한 판단과 미적 판단을 구분한다.

④, ⑤ (X) 마지막 단락에서 "상대주의자는 이로부터 모든 이의 평가를 동등하게 취급할 수 없다는 주장으로 나아간다."라고 제시되었다. 즉, 각자의 미적 예측은 그 예측이 지지되는 정도에 따라 동등하지 않게 평가될 수 있으므로, 미묘함을 볼 수 없는 사람의 미적 판단을 차등적으로 고려할 수 있다. 또한, 대상이 붉다고 느낀 것이 조명 탓이었을 경우에는, 그러한 미적 판단은 경험적 근거에 의해 지지되지 않을 것이므로, 철회될 것이다. 따라서 루이스 이론은 ④와 ⑤에서 제기된 비판에 대해 충분히 설명할 수 있다.

13 정답 ④

분석 및 접근

기본적인 사실을 확인하는 문제이다.

해설

① (O) 첫 번째 단락에서 "뉴턴의 체계에 따르면 물리적 실재는 아무것도 없는 공간"으로 간주된다는 점이 서술되었다. 또한 세 번째 단락에서 "(패러데이에 따르면) 역선이 존재하는 공간인 장(場)은 연속적인 매질로 가득 차 있는 것으로 상정되었다."고 제시되었고, 마지막 단락에서 맥스웰은 공간에 대한 패러데이의 개념을 수학화하였다고 제시되었으므로, 맥스웰의 공간도 매질로 채워져 있다는 점을 추론할 수 있다.

② (O) 세 번째 단락에 따르면, 에테르라는 연속적인 매질로 가득 차 있는 공간에서 에테르의 진동으로서 빛을 설명하게 되면서, 뉴턴이 제시하였던 빛의 입자론적인 설명은 폐기되었다고 제시되었다. 이를 통해 뉴턴의 빛 입자 개념이 에테르 개념과 양립할 수 없다는 점을 추론할 수 있다.

③ (O) 첫 번째 단락에서 뉴턴은 "입자 사이의 원격 작용"으로, 세 번째 단락에서 패러데이는 "역선의 개념"으로 빛을 설명하였다는 점을 확인할 수 있다.

④ (X) 마지막 단락에서 맥스웰은 패러데이의 공간 개념을 수학화하였다고 제시되었다. 즉 맥스웰은 연속적인 장 속에서 운동하는 전자기적 파동으로 빛을 설명한 것이므로, 맥스웰이 '운동하는 입자'로 세계가 이루어졌다고 설명하였다는 주어진 선지의 서술은 타당하지 않다.

⑤ (O) 마지막 단락에 따르면, 맥스웰은 "당시에 전자기 현상에 대해 알려진 것 대부분을 몇 개의 '맥스웰 방정식'의 체계로 표현"하였으며, "맥스웰 방정식은 서로 결합되었을 때, 광속으로 공간을 퍼져 나가는 전자기적 파동이 존재한다는 것을 예측"하였다고 제시되었다.

14 정답 ②

분석 및 접근

과학사의 흐름에서 ⊙ 라플라스 학파가 동의하는 지점과 동의하지 않은 지점을 정확하게 파악하여야 해결할 수 있는 문제이다.

해설

① (O) 전기 입자의 개념을 통해 전기 현상을 설명하고 있으므로 ⊙의 입장에 부합한다.

② (X) ⊙의 입장은 빈 공간에서 입자 사이의 역학적 원격 작용을 통해 물리 현상을 설명하는 것인데, 주어진 선지는 '공간의 매질'을 상정하여 현상을 설명하고 있으므로 ⊙의 입장에 부합하지 않는다.

③ (O) 열 입자의 개념을 통해 열의 전도 현상을 설명하고 있으므로 ⊙의 입장에 부합한다.

④ (O) 달의 무게 중심과 지구의 무게 중심이라는 두 질점 사이의 원격 작용을 통해 달의 공전 현상을 설명하고 있으므로 ⊙의 입장에 부합한다.

⑤ (O) 원자라는 입자의 개념을 통해 화학 반응의 현상을 설명하고 있으므로 ⊙의 입장에 부합한다.

15 정답 ②

분석 및 접근

겉보기에는 과학 문제처럼 보이지만, 과학사의 사료가 제시된 문제로, 지문에 제시된 여러 패러다임 중 어느 패러다임에 속하는 사료인지를 판단해야 하는 문제이다.

해설

① (X) 〈보기〉는 전기 입자를 통해 전기 현상을 설명한 것이 아니라 전기력선의 개념을 통해 전기 현상을 설명한 것이다.

② (O) 〈보기〉는 '전기력선', 즉 '역선'의 개념으로 전기 현상을 설명하고 있다. 따라서 이는 역선의 개념을 도입한 패러데이의 관점에서 전기 현상을 설명하고 있는 사료로 보아야 한다. 따라서 연속적 매질의 역학적 모형으로 전기 현상을 해석하였다고 평가한 ②번 선지가 적절하다. → **절대적 정답**

③ (X) 원격 작용의 개념으로 전기 현상을 설명한 것은 패러데이 이전 뉴턴주의의 관점에 따른 것이므로 〈보기〉와 무관하다.
④ (X) 빈 공간을 상정하는 것은 패러데이 이전 뉴턴주의의 관점에 따른 것으로 〈보기〉와 무관하다.
⑤ (X) 질점의 집합체와 원격 작용을 통해 물리 현상을 설명하는 것은 패러데이 이전 뉴턴주의의 관점에 따른 것으로 〈보기〉와 무관하다.

스킬 8 | 가설과 실험 설계

정답   p.108

01	02	03	04	05
③	④	④	②	③
06	07	08	09	10
④	⑤	①	②	④
11				
②				

01   정답 ③

분석 및 접근

지문에 등장하는 네 가지 가설에 대한 사실 확인 문제이다. '사례가 존재하면 참, 반례가 존재하면 거짓'이라는 원칙을 기억하면 어렵지 않게 해결할 수 있다.

해설

① (O) 고전적 가설은 채무불이행을 한 국가가 신용시장에서 영구적으로 배제됨으로써 이후의 자금 확보가 불가능해진다는 경제적 손실을 채무 상환의 원인으로 제시한다. 첫째 가설은 무역 제재나 자산 동결과 같은 직접적인 경제 제재를 통한 손실을 원인으로 제시한다. 둘째 가설은 차입 비용의 상승을 통한 손실을 원인으로 제시한다. 셋째 가설은 채무불이행으로 인한 채무국 국내 경제의 피해를 원인으로 제시한다. 따라서 모든 가설은 채무불이행으로 인한 경제적 손실을 고려하고 있다.

② (O) 두 번째 단락에서 "국가의 채무불이행에 대한 법적 제재나 구제 절차가 매우 제한적임에도 불구하고 국가 채무가 상환되는 이유에 대한 관심을 갖고 그 답을 찾고자 하였다."라고 제시되었고, 법적 제재가 제한적임에도 다른 원인이 존재하기 때문에 국가 채무가 상환된다는 전제하에 모든 가설들이 제시되었음을 추론할 수 있다.

③ (X) 두 번째 단락에 따르면 고전적 가설은 채무불이행으로 인해 채무국은 신용시장에서 영구적으로 배제되게 되고, 그로 인한 채무국에의 악영향으로 인해 국가 간 채무 상환이 이루어진다고 주장한다. 따라서 고전적 가설에 신용시장에서 채무국을 배제하는 것이 채권국에 영향을 준다는 명제가 포함되지 않음을 확인할 수 있다. 오히려 고전적 가설에 대한 반론에 신용시장에서 채무국을 배제하는 것이 채권국에 영향을 준다는 명제가 내포되어 있다. 세 번째 단락에는 "채무불이행이 일어난 후에는 채권국의 입장에서도 영구 배제보다 신용거래 재개가 더 유리하기 때문이다."라고 서술되었는데, 이는 신용시장에서 채무국을 영구적으로 배제하는 것이 채무국뿐만 아니라 채권국에도 악영향을 미친다는 점을 의미하기 때문이다.

④ (O) 첫째 가설은 채무불이행에 대해 무역 제재, 자산 동결과 같은 채권국의 직접적인 경제 제재 수단이 존재한다고 가정하고 있다.

⑤ (O) 둘째 가설은 채무불이행이 선언되면 채무국의 신용도가 하락하게 되고, 이러한 신용 상태의 변화가 신용시장에 반영되어 채무국의 차입 비용이 상승하는 시장 메커니즘이 작동한다고 가정하고 있다.

02   정답 ④

분석 및 접근

주어진 그래프와 지문의 내용을 비교하는 문제에 해당한다. 가설에 부합하지 않는 사례는 가설의 타당성을 약화하며, 가설에 부합하는 사례는 가설의 타당성을 강화한다.

해설

ㄱ. (O) 세 번째 단락에서 "지난 30년 동안 채무불이행을 경험한 국가들은 빠른 시간 내에 국제자본시장에 다시 접근할 수 있었다. 채무불이행 이후 자본시장 접근이 배제되는 기간은 1980년대에는 평균 4년이었으며, 이후에는 2년 이내로 더 짧아졌다."라고 제시된 부분은 고전적 가설의 내용 중 채무불이행을 선언한 국가가 신용시장에서 영구적으로 배제된다는 주장에 대한 실증적 반박에 해당한다. (가)에서 해외 자본 유입은 채무불이행 선언 후 2년 동안만 감소하였다가 다시 이전의 해외 자본 유입량을 회복하는 모습을 보인다. 이는 채무불이행 이후에도 신용시장에서 일시적으로만 배제될 뿐, 영구적으로 배제되지 않는 사례에 해당하므로, 고전적 가설의 타당성을 약화하는 증거가 된다.

ㄴ. (O) 첫째 가설에 따르면, 채무불이행을 선언한 국가는 채권국의 직접적인 제재로 인해 무역량이 감소해야 한다. 그러나 (나)에서 채무불이행 이후에 오히려 수출량이 증가하는 현상이 나타났으므로, 이는 첫째 가설의 타당성을 약화하는 증거가 된다.

ㄷ. (X) 둘째 가설에 따르면, 채무불이행을 선언한 국가는 신용시장에서의 평판이 감소하여 차입 금리가 상승하여야 한다. (다)에서는 채무불이행 직후에 가산 금리가 일시적으로 2.5% 포인트 상승하였다가 곧 감소하는 현상이 나타난다. 여섯 번째 단락에서 "채무불이행 이후 1년 동안은 가산 금리가 4% 포인트 상승했지만 2차년도에는 2.5% 포인트로 낮아"진 사례에 대해서 "신용시장 평판 하락이 채무이행의 이유라고 단정하기 어렵다."라는 결론을 내리고 있다. 채무불이행 이후 1년 동안의 가산 금리 4% 포인트 상승에 대해서도 통계적 유의미성이 높지 않다고 제시되었으므로, (다)에서 나타난 것처럼 1년 동안의 가산 금리 2.5% 포인트 상승은 통계적 유의미성이 더욱 낮다고 평가될 것이다. 따라서 (다)는 둘째 가설의 타당성을 강화하는 근거가 될 수 없다.

ㄹ. (O) 셋째 가설에 따르면 채무불이행으로 인한 국내 경제적 피해는 GDP 증가율의 변화로 나타나는데, 마지막 단락에서 "일시적 GDP 증가율 하락도 영구적인 손실인 것은 분명하다."라고 제시되었다. (라)에서는 채무불이행 이후 GDP 증가율이 1년 동안 급격히 감소하였다가 이후 서서히 회복하는 현상이 나타난다. 1년 동안에 걸친 일시적인 하락이라고 해도, 지문에서 일시적인 GDP 증가율 하락도 채무불이행으로 인한 영구적인 손실로 판단된다는 기준이 제시되었으므로 (라)는 셋째 가설의 타당성을 강화하는 증거가 될 수 있다.

03
정답 ④

분석 및 접근
단순한 사실 확인 문제로 이해하여 '숨은 그림 찾기'식 풀이를 하는 것보다는, '에클로자이트'가 대륙 충돌 직전의 시점에 형성된다는 특성 때문에, 다비-수루 벨트가 한반도까지 연결되어 있음을 입증할 수 있는 증거로서 기능한다는 점을 추론하였다면, 광장히 빠르게 풀 수 있는 문제이다.

해설
① (O) 두 번째 단락에서 "섭입된 해양 지각 내의 현무암질 화성암이 지하 깊은 곳에 도달했을 때의 높은 압력에 의해 에클로자이트로 변성되었다."라고 서술된 부분, 그리고 세 번째 단락에서 "현무암질 화성암도 높은 압력을 받아 에클로자이트로 변성되었다."라고 서술된 부분에서 확인할 수 있다.
② (O) 마지막 단락에서 "홍성 지역은 산둥 반도와 마찬가지로 높은 산맥 지역은 아니지만 에클로자이트와 함께 맨틀 물질도 발견되어"라고 서술된 부분에서 확인할 수 있다.
③ (O) 두 번째 단락에서 "현무암질 화성암도 높은 압력을 받아 에클로자이트로 변성되었다."라고 서술된 부분에서 확인할 수 있다.
④ (X) 두 번째 단락에서 "두 대륙의 충돌 이전에 그 사이에 존재했던 넓은 해양 밑의 해양 지각이 아시아 대륙 밑으로 밀려 들어가는 섭입이 일어났다."라고 제시된 부분에서 에클로자이트는 대륙 충돌 이전에 해양지각의 섭입으로 인한 고압 조건에서의 변성 작용에 따라 발생한다는 것을 확인할 수 있다. 만약 에클로자이트가 대륙 충돌이 일어난 후에야 만들어지기 시작한 것이라면 다비-수루 벨트 한반도까지 이어졌다는 가설을 확인하는 증거가 될 수 없었을 것이다.
→ 절대적 정답
⑤ (O) 네 번째 단락에서 "남중국 판과 북중국 판 사이의 다비-수루 벨트에서도 2억 2천만~2억 3천만 년 전(트라이아스기 중기)에 형성된 에클로자이트가 발견되었다. 이는 남중국 판과 북중국 판이 충돌하였고 충돌 이전에 두 대륙 사이에 해양이 있었음을 의미한다."라고 서술된 부분에서 에클로자이트가 대륙 충돌 전 대륙 사이에 해양이 존재하였음을 보여주는 증거가 된다는 점을 확인할 수 있다.

04
정답 ②

분석 및 접근
판 경계에 대한 추가적인 정보를 바탕으로 지문의 주어진 내용을 확장하여 추론할 것을 요구하는 문제이다.

해설
① (O) 에클로자이트는 대륙 충돌 또는 해양 지각이 섭입되는 과정에서 형성된다고 제시되었으므로, 〈보기〉에 제시된 판 경계의 세 가지 유형에서 수렴 경계에서 형성된다는 점을 추론할 수 있다. 따라서 유지 경계에 속하는 산안드레아스 단층에서는 에클로자이트가 형성되지 않았을 것이다.
② (X) 에클로자이트는 대륙 충돌 또는 해양지각이 섭입되는 과정에서 형성되는데, 안데스 산맥 지역은 수렴 경계의 충돌형에 속하므로 에클로자이트가 형성될 가능성이 크다.
③ (O) 네 번째 단락에서 남중국 판과 북중국 판 사이의 다비-수루 벨트에서 에클로자이트가 발견되었고, 이는 남중국 판과 북중국 판이 충돌하기 이전에 두 대륙 사이에 해양이 존재하였음을 의미한다고 서술되었다. 히말라야 조산대에서도 해양 지각이 섭입되면서 에클로자이트가 형성되었으므로 동일하게 충돌 이전에 아시아 판과 인도 판 사이에 해양이 존재하였음을 추론할 수 있으며, 따라서 해양 생물 화석이 나타날 것이다.
④ (O) 네 번째 단락에서 "히말라야 충돌대에는 해양 지각, 에클로자이트, 맨틀 물질들이 분포하게 되었다."라고 제시되었으므로, 히말라야 충돌대와 동일한 충돌형 수렴 경계에 속하는 알프스 조산대에서도 맨틀 물질이 나타날 것이라고 추론할 수 있다.
⑤ (O) 두 번째 단락에서 "이때 발생한 강력한 압축력에 의해 아시아 대륙의 충돌 부분이 습곡이 되어 히말라야 산맥이 만들어지기 시작하였으며"라고 제시되었으므로, 히말라야 충돌대와 동일한 충돌형 수렴 경계에 속하는 우랄 조산대에서도 습곡이 나타날 것이라고 추론할 수 있다.

05
정답 ③

분석 및 접근
가설이 사실일 경우에 참일 명제들을 추론해 보는 문제이다.

해설
① (O) 네 번째 단락에서 "남중국 판과 북중국 판 사이의 다비-수루 벨트에서도 2억 2천만~2억 3천만 년 전(트라이아스기 중기)에 형성된 에클로자이트가 발견되었다."라고 제시된 반면, 마지막 단락에서 "홍성 지역에서 발견된 에클로자이트는 연대 측정 결과 2억 3천만 년 전에 형성된 것임이 밝혀졌다."라고 제시되었다. 에클로자이트는 두 개의 판이 충돌하기 직전에 형성되는 물질이므로, 홍성 지역에서의 충돌이 다비-수루 지역에서의 충돌보다 더 이른 시점에 일어났다는 점을 추론할 수 있다. 따라서 북중국 판과 남중국 판의 충돌은 한반도 동쪽에서부터 일어났을 것이라는 점이 추론된다.
② (O) 네 번째 단락에서 "지질학적 증거에 따르면 이 두 대륙 (북중국 판과 남중국 판)은 4~5억 년 전 곤드와나 초대륙의 일부로서 적도 근처에 위치해 있었는데"라고 제시되었다. 지문의 결론에 따르면 한반도 또한 두 대륙의 판에 속해있었으므로 한반도는 적도 부근에 존재했던 대륙의 일부였을 것이라는 점이 추론된다.
③ (X) 네 번째 단락에서 "충돌 시 남중국 판의 앞부분이 북중국 판 밑으로 섭입되었다는 사실이 확인되었다."라고 제시되었으므로 한반도 남부 지역이 한반도 북부 지역의 밑으로 섭입되었을 것이다.
④ (O) 네 번째 단락에서 남중국 판과 북중국 판 사이의 다비-수루 벨트에서 에클로자이트가 발견되었고, 이는 남중국 판과 북중국 판이 충돌하기 이전에 두 대륙 사이에 해양이 존재하였음을 의미한다고 서술되었다. 홍성-오대산 충돌대를 중심으로 북부 지역은 북중국 판의 일부이며, 남부 지역은 남중국 판의 일부였으므로 한반도의 북부 지역과 남부 지역 사이에도 해양이 있었을 것이다.
⑤ (O) 네 번째 단락에서 "충돌대의 동쪽 부분인 산둥 반도 지역은, 대부분이 산악인 서쪽의 다비 지역과는 달리 높은 산맥이 나타나지 않는데, 이는 충돌 후 발생한 인장력에 의해 높은 산이 낮아졌기 때문인 것으로 추정된다."라고 서술된 부분을 통해 확인된다.

06
정답 ④

분석 및 접근
지문에서 제시된 실험 설계의 과정에서 각 단계의 명확한 목적을 정확하게 이해하고 있어야 해결할 수 있는 문제이다.

해설
① (O) 피험자에게 실험 목적을 숨긴 이유는 실험 목적에 대한 인지가 실험에 미칠 영향을 차단하기 위해서일 것이다.
② (O) 에피네프린 주사액의 효과를 알려 주지 않은 집단 A는 생리적으로 각성되었으나, 각성을 일으킨 맥락에 대한 해석을 제공받지 않은 집단이다. 따라서 집단 B와 집단 A를 비교함으로써 생리적 각성에 의해서만 전적으로 정서 반응이 유발되는지 여부를 확인하려는 목적으로 집단 A를 실험에서 설계하였을 것이다.
③ (O) 생리적 각성을 유발하는 에피네프린 주사액을 투입하지 않은 식염수 주사를 맞은 집단 C가 실험에서 요구되는 이유는 주사를 맞는 행위 자체가 정서 반응에 미치는 영향을 확인하고 실험에서 배제하기 위함이었을 것이다.
④ (X) 실험실에서 질문지를 제공하고 응답하도록 요구한 이유는 비타민과 시각 효과에 대한 실험으로 위장하였기 때문이지, 질문지의 내용이 정서 반응에 영향을 주는지 확인하기 위해서가 아니다. 만약 질문지의 내용이 정서 반응에 영향을 주는지 확인하고자 했다면, 질문지를 제공하지 않은 집단을 추가적으로 설계했어야 한다.
⑤ (O) (가) 그룹과 (나) 그룹으로 나눈 이유는 실험 협력자의 상이한 정서 상태가 정서 반응에 미치는 영향을 확인하기 위함이었을 것이다.

07
정답 ⑤

분석 및 접근
주어진 실험 결과와 실험 결과의 해석 사이의 관계를 이해하고 있는지 확인하는 문제이다.

해설
① (O) 만약 생리적 각성만으로 정서 반응이 달라진다는 가설이 타당하였다면, ㉣에서는 정서 반응이 일어나고, ㉥에서만 정서 반응이 없었어야 한다.
② (O) (가) 그룹과 (나) 그룹에 상이한 정서 행동을 한 실험 협력자가 들어갔음에도 ㉢, ㉣, ㉤, ㉥ 모두에서 정서 반응이 유발되지 않았다는 것은, 실험 협력자의 정서 상태에 대한 피험자의 해석 차이만으로는 피험자의 정서 반응이 유발되지 않았다는 것을 의미한다.
③ (O) ㉠, ㉢, ㉤에서 ㉠만이 정서 반응이 유발되는 결과가 나타났으므로, 이는 생리적 각성과 그 각성에 대한 해석이 피험자의 정서 반응 유발에 함께 영향을 미친다는 가설을 뒷받침한다.
④ (O) ㉠, ㉡에서는 정서 반응이 일어난 반면에 ㉤, ㉥에서는 정서 반응이 없었다는 점은, 생리적 각성이 정서 반응 유발에 영향을 미친다는 점을 의미한다. 또한 ㉠과 ㉡에서 각기 다른 정서 반응이 일어났다는 점은 실험 협력자의 정서 상태에 대한 피험자의 해석 차이가 생리적 각성과 함께 피험자의 정서 반응 유발에 영향을 미친다는 점을 의미한다.
⑤ (X) 주사액의 효과에 대한 사전 정보 제공 여부가 피험자의 정서 반응 유발에 영향을 미친다는 가설을 확인하기 위해서는 ㉠, ㉣과 ㉡, ㉥을 비교하는 것이 아니라 ㉠, ㉢와 ㉡, ㉣을 비교해야 한다.

08
정답 ①

분석 및 접근
지문의 서두에서 여러 가설이 제시되었을 때, 각 가설의 주장에 부합하는 실험 결과가 무엇인지를 추론해낼 수 있어야 한다.

해설
① (O) 제임스의 정서 이론은 생리적 각성이 전적으로 특정 정서 반응을 유발한다는 가설이다. A 집단과 B 집단은 동일한 생리적 각성이 유발되었으므로, 제임스의 정서 이론이 타당하다면 A 집단과 B 집단은 동일한 정서 반응을 보였어야 했다. → 절대적 정답
②, ③, ④, ⑤ (X) C 집단은 생리적 각성이 유발되지 않았으므로 제임스의 정서 이론을 따를 경우 정서 반응이 나타나지 않았어야 한다.

09
정답 ②

분석 및 접근
지문에서 제시된 실험의 특성을 명확하게 이해하고 있어야 해결할 수 있다.

해설
① (X) 두 번째 단락에 따르면, 호르몬 대체 요법은 유방암의 위험성을 높일 수 있다.
② (O) '여성건강연구' 실험에서는 여성 호르몬 투여군과 위약 투여군이 무작위로 배치되었기 때문에 '건강한 소비자 효과'가 영향을 미치지 않았을 것이다.
③ (X) '순응도 바이어스'는 의사에 대한 환자의 신뢰가 높을 때 일어나는 현상이므로, '여성건강연구' 실험에서 위약을 투여한 것과 무관하다.
④ (X) '여성건강연구'에서 눈가림법을 사용한 이유는 피험자가 본인에게 투여된 약을 확인하지 못하게 함으로써 호르몬 투여군과 위약 투여군 사이의 심리적 영향력을 실험 결과로부터 배제하기 위해서이다.
⑤ (X) 네 번째 단락에 따르면, 이전의 일반적인 관찰 연구에서는 '건강한 소비자 효과'와 '순응도 바이어스'의 영향으로 인해 호르몬 대체 요법의 효과가 더 긍정적인 것으로 나타났다.

10   정답 ④

분석 및 접근
㉠ 가설에 대한 내용은 마지막 단락에만 제시되고 있으므로, 마지막 단락을 집중적으로 독해하여 문제를 해결하여야 한다.

해설
④ (O) '여성건강연구'에서는 이전의 일반적인 관찰 연구에 비해 호르몬 대체 요법의 부정적인 효과가 더 높게 나타났으며, ㉠ 가설은 그 원인을 '여성건강연구'에서 에스트로겐과 프로게스틴을 함께 경구 투여했기 때문이라고 주장하고 있다. 따라서 ㉠ 가설을 지지하는 연구 A에서는 복합 투여군에서 유방암의 발생 비율이 단독 투여군보다 더 높게 나타났어야 한다. (또는 단독 투여군에서 유방암의 발생 비율이 복합 투여군보다 더 낮게 나타났어야 한다.)
또한, ㉠ 가설은 '여성건강연구'에서 에스트로겐과 프로게스틴을 복합 투여한 결과가 폐혈전색전증을 유발하는 원인이 간에서 발생하는 대사 작용 때문이라고 주장하고 있다. ㉠ 가설을 지지하는 연구 B에서는 간에서의 대사 작용을 거쳐야 하는 복용 방식인 경구 투여군에서, 간에서의 대사 작용을 거치지 않는 피부 패치 투여군보다 폐혈전색전증의 발생 비율이 더 높게 나타났어야 한다. (또는 피부 패치 투여군에서 폐혈전색전증의 발생 비율이 경구 투여군보다 더 낮게 나타났어야 한다.) → **절대적 정답**

11   정답 ②

분석 및 접근
지문에 제시된 실험 결과로부터 추론할 수 있는 결론이 무엇인지를 판단할 수 있어야 한다.

해설
ⓐ (O) '여성건강연구'에 따르면 호르몬 대체 요법을 받으면 유방암 발생 비율이 증가하지만, 그 결과가 호르몬 대체 요법을 받는 모든 사람이 유방암을 걸리게 된다는 결론을 의미하지는 않으므로 ⓐ는 타당하다.
ⓑ (X) 두 번째 단락에서 "자궁내막암의 발생 빈도는 호르몬 대체 요법군과 위약 투여군 사이에 차이가 없었다."라고 서술되었으며, 이는 호르몬 대체 요법이 자궁내막암 발생 비율과 무관하다는 의미이다. 따라서 자궁내막암의 위험 여부는 호르몬 대체 요법 치료를 받는지 여부를 결정하는 데 영향을 미치는 요인이 될 수 없다.
ⓒ (O) '여성건강연구'에 따르면 호르몬 대체 요법을 받으면 엉덩이뼈 골절의 위험성이 감소하므로 ⓒ는 타당하다.
ⓓ (X) 세 번째 단락에 따르면, 일반적인 관찰 연구에서 "체중이 덜 나가며, 혈압이 낮고 지질 대사도 더 양호"한 여성이 더 많이 피험자에 포함된 결과, 호르몬 대체 요법의 위험성이 더 낮게 도출되었다. 이는 체중이 덜 나가고 혈압이 낮은 경우에 호르몬 대체 요법의 위험이 더 낮다는 의미이므로, ⓓ는 타당하지 않다.

이 책에는 법학전문대학원협의회의 법학적성시험 문제가 수록되어 있습니다.
해당 문제의 저작권은 법학전문대학원협의회에 있습니다.

해커스 LEET

이재빈
언어이해
독해의 기초

개정 2판 2쇄 발행 2026년 1월 5일
개정 2판 1쇄 발행 2024년 10월 31일

지은이	이재빈
펴낸곳	해커스패스
펴낸이	해커스로스쿨 출판팀
주소	서울특별시 강남구 강남대로 428 해커스로스쿨
고객센터	1588-4055
교재 관련 문의	publishing@hackers.com
학원 강의 및 동영상강의	lawschool.Hackers.com
ISBN	979-11-7244-393-1 (13360)
Serial Number	02-02-01

저작권자 ⓒ 2024, 이재빈

이 책의 모든 내용, 이미지, 디자인, 편집 형태는 저작권법에 의해 보호받고 있습니다.
서면에 의한 저자와 출판사의 허락 없이 내용의 일부 혹은 전부를 인용, 발췌하거나 복제, 배포할 수 없습니다.

로스쿨교육 1위,
해커스로스쿨 lawschool.Hackers.com
해커스로스쿨

- 해커스로스쿨 스타강사 이재빈 교수님의 **본 교재 인강**(교재 내 할인쿠폰 수록)

주간동아 선정 2023 한국브랜드만족지수 교육(온·오프라인 로스쿨) 부문 1위